PROLONGATIONS D'ENFER

JOSÉ TOURÉ

avec la collaboration de PATRICK AMORY

PROLONGATIONS D'ENFER

Autobiographie

JCLattès

Je n'ai pas toujours remercié ceux qui m'ont aidé... J'ai souvent pardonné à ceux qui m'ont offensé... Mais, j'ai la liste.

José Touré

L'aventure humaine de Touré m'a inspiré du respect, de la compassion et de la colère. Il fallait créer ce livre d'espoir contre l'immortalité, ce livre de conteur contre les comptables, ce livre d'hommes libres contre les pantins corrompus. Un livre pour les êtres passionnés pour qui la vie est une responsabilité et un plaisir.

Patrick Amory

PROLOGUE

Dire la vérité

J'ai joué le jeu des menteurs, et j'ai perdu mon âme. J'étais jeune et naïf alors, mais ce n'est pas une excuse. Lorsque la gloire te choisit, il faut en être digne.

Moi j'aimais le ballon et l'amitié. J'étais un enfant du Macadam Football. Le succès m'a élu étoile du foot business. J'en suis mort... de honte et de tristesse. J'ai vendu ma peau et ça m'a coûté un max. J'ai décidé de conter mes douleurs pour m'en guérir, et faire cesser les rumeurs. Pour rendre hommage, aussi, à tous ceux qui m'ont aimé et m'aiment encore.

Je me suis épanoui dans un milieu de tricheurs, je n'ai pas su me protéger. Alors je suis devenu un pourri, un enfant gâté par le système, puis un homme ruiné par les escrocs qui s'engraissent sur la jeunesse, la naïveté et le talent.

Aujourd'hui je commence une vie nouvelle. Mais je reviens de loin. Et de cela je devais témoigner, dire toutes mes vérités. Quel qu'en soit le prix.

Une vie, deux compagnons, une conscience...

Avant toute chose, je voudrais rendre hommage à celui qui avec mes mots a fait des phrases, qui avec mes cris a construit un discours.

Patrick Amory est, autant que moi, l'auteur de ce livre et il en est le vrai initiateur.

Amory est mon ami depuis plus d'une décennie. Il m'a vu briller et m'éteindre. Lorsqu'il m'a tendu la main, pour m'aider dans ma vie et pour ce projet, je n'étais plus la star avec qui on fait opportunément un livre facile, je n'étais qu'un malheureux qui gaspillait sa vie dans une errance sans fin, me détruisant systématiquement la nuit, pour mieux me maudire le jour.

Lorsqu'il m'a tendu un miroir et m'a forcé à ouvrir les yeux, je ne me suis pas reconnu. Depuis des années, je ne me regardais plus, je ne me parlais plus. Je ne croyais plus en moi depuis si longtemps.

Sans complaisance, mais avec une immense patience, il m'a forcé à mettre noir sur blanc mon histoire. Cela me faisait moins mal d'écrire que de parler. Je ne mentais pas à la feuille blanche. Au bout de 500 pages écrites de ma main abîmée, après des centaines d'heures à parler de ma putain de vie, j'ai réalisé que j'étais à nouveau assez fort pour me lever et pour marcher, pour dire la vérité et pour penser sans me dérober. Il a été le seul devant qui j'ai accepté de me foutre à poil complètement.

Patrick est mon ami depuis presque quinze ans. Je me reconnais en lui. Mulâtre comme moi, ancien sportif de haut niveau, il possède une connaissance de la vie qui m'a cruellement manqué, à moi, la vedette naïve. Pendant quinze mois il m'a donné son temps. Il m'a fait don d'un morceau de sa vie. Je n'oublierai jamais que, sans être sûr du résultat, il a parié avec moi sur la réussite de notre projet. Ce battant a illuminé le tunnel où je me morfondais.

Ce livre devait s'ouvrir sur ces mots parce que Amory a fait le plus dur, il m'a décidé à revivre. Il a supporté tous mes états et m'a permis d'envisager à nouveau l'avenir. Patrick n'aime pas que je l'appelle « mon frère » – je l'ai trop dit – et il a horreur de jouer les pères. Mais je sais que nous sommes de la même famille.

Compagnon sur le chemin de croix de ma résurrection – difficile, jamais acquise –, il est celui qui m'a prêté sa conscience, sans qui rien de tout ça n'aurait pu exister.

Le livre

« Ce Touré c'est une cloche.

– Peut-être mais ce salopard frappe fort même bourré. Quand tu penses que ce type était une star du foot.

– Tu sais, reprend la première voix, avec les négros faut s'attendre à tout. Surtout au pire. En tout cas il va pas s'en sortir comme ça. »

Je suis affalé par terre sur le ciment qui pue la pisse. Derrière une porte, ces propos élogieux sont échangés par deux policiers du commissariat de Tours. Les dernières paroles racistes m'ont fait hausser les épaules. Je me suis dit : « Il y a des cons partout. » Mais moi qu'est-ce que je fais dans cette cellule?

Les deux compères et un inspecteur viennent me récupérer pour un interrogatoire. J'apprends au passage que j'ai disjoncté sur la voie publique dans la nuit et boxé trois officiers de la force publique. J'ai mal partout, ils ont pas dû se laisser faire.

« Touré, vous êtes une honte pour la jeunesse. » L'entretien commence bien. C'est vrai, j'ai honte de moi et de ce gros pas propre qui me domine avec satisfaction. Tant pis pour ma gueule. Vous imaginez que la conversation entre mon ami policier moraliste et moi ne fut pas longue. Après les formalités ils m'ont remis au trou.

Lorsque mon avocat Me Bouelem Benjedor est arrivé au commissariat, j'avais déjà une tête de bagnard. Pas rasé, la bouche alourdie par l'alcool et le remords, le regard vague, les habits salis par l'interpellation musclée. Je suis au bord de la crise de nerfs. « Maître, Maître, il faut me sortir de là, j'irai tout droit dans un monastère, mais sortez-moi de là. »

Faut croire que même Dieu n'a pas voulu de moi dans un monastère de peur que je n'y sème la discorde et le désordre. Il décida de me mettre au purgatoire pour m'apprendre à réfléchir. C'est vrai que j'en avais vraiment besoin. La suite s'enchaîna, trop rapide. Des photographes et des journalistes, plus excités que des hyènes sur un animal blessé, le tribunal, le procureur, je suis dans le cirage. Je ne comprends rien. Je demande pardon, je pleure. Et c'est fini. Le juge a décidé. Quoi? Que je ressorte face aux flashes et aux caméras impitoyables qui me fixent menottes aux poignets, mains attachées dans le dos avec ma gueule de pauvre type, perdu et triste d'être la vedette de ce cauchemar.

Dans la camionnette qui m'emmène à la prison, les mots du juge m'obsèdent « Comparution directe », « Outrages », « Récidives », « Quatre mois fermes ». Hier j'étais dépressif, bourré de cachets qui, avec un verre d'alcool, m'ont rendu fou. Aujourd'hui je suis mort.

« Allez, courage, ça ira. » Quelques mots d'encouragement d'un maton m'accueillent à la maison d'arrêt. Je remplis un questionnaire. J'ai la tête qui éclate, mon sang bouillant frappe mes tempes et pourtant je frissonne. « Quatre mois fermes. »

« Tout seul ou à deux? me demande une voix.

– Ça m'est égal, répond la mienne.

– D'accord on va le mettre avec Boutrois, il est très bien. » Intérieurement je me demande ce que signifie : « Très bien » en taule.

Je suis à poil. On me fouille. On m'a déjà fouillé au

tribunal. C'est inutile, à moins que ce ne soit pour humilier l'arrivant. Ou qu'ils aient peur que je ne sois descendu du fourgon en route pour acheter une lime et une corde. Je me rhabille. J'entre dans un univers de béton et de fer, déchiré par des bruits secs et froids. Un maton me précède, un autre me suit. La clef, le bruit, la serrure et le fer qui claque le béton. C'est fini. Je suis coffré. Je suis cassé. Je m'assois sur un lit de pensionnat dans cette cellule moins spacieuse qu'une petite salle de bains. Un lavabo, une chiotte, deux pieux, un enfermé qui me salue, et une ouverture si haute, si petite, c'est ma première vision de l'univers carcéral.

Mes yeux fixent le ciment, sur le sol des gouttes tombent. Ce n'est pas la pluie, ce sont mes larmes. Le bruit de la serrure qui s'est fermée a rouvert les vannes. Mes mains serrent ma tête. « Putain, José, tu peux pas tomber plus bas. Ils ont raison, t'es qu'une cloche. Il faut en sortir. C'est injuste, mais il faut réagir. » En moi une idée fait surface. Je dois m'en sortir, réfléchir, ne plus pleurer. J'étais un champion, j'ai su me battre. Je me répète sans cesse qu'il faut réagir.

À partir de cette seconde je cesse de pleurnicher. Je me ferme. Pendant huit jours je ne vais ni parler ni manger. Les autres se font du souci. Moi je me fais du bien. Enfin, après trois ans d'errance délirante, je me cherche, je me retrouve. Je suis parti dans mon labyrinthe intérieur. Je dois comprendre comment la star, le Brésilien, l'enfant du soleil se retrouve là à l'ombre, chez les rejetés, les mal lotis, les mal partis, les pas bien arrivés. Je dois m'expliquer pourquoi j'ai décidé de jouer ces sales prolongations en enfer.

Ce séjour en prison marque le début de ma rédemption.

Des premiers pas aux premiers buts, de l'âge d'or à mon chemin de croix, le film de ma vie défile entre les quatre murs de ma cellule. Ce livre est l'histoire exemplaire d'un homme qui n'a rien d'un modèle mais qui ne se retrouve pas là par hasard. Je ne suis pas tombé si bas tout seul, certains m'ont poussé sans hésitation. Ce récit est celui d'un homme que la gloire a plongé dans le malheur. Je ne dis pas que je suis innocent et les autres coupables, je décide simplement de tout raconter : ma lâcheté et leurs trahisons, tout.

Pour la première fois, depuis si longtemps, je ne veux dire que Ma vérité pour me guérir de toutes les cicatrices de ma vie dorée et ratée.

Première partie

L'ÂGE DE L'INNOCENCE

1. Enfant de la balle

Le ballon c'est toute ma vie

Oui, à cette époque le ballon c'était toute ma vie. Imaginez un peu, mon premier but, je l'ai marqué à deux ans. Un pointu de folie dans lequel j'ai mis tout mon équilibre, m'affalant sur l'herbe, l'exploit accompli.

Les poteaux de mon but montaient jusqu'au ciel, ils étaient noirs comme l'ébène, gonflés de muscles : il s'agissait des jambes de Bako, mon père. Ce jour-là il éclata de rire, me ramassa d'une main en essuyant de l'autre la culotte courte et la veste de mon petit costume bleu ciel; mes chaussures de l'époque étaient d'impeccables bottillons en cuir blanc. J'étais déjà bien sapé... Et même si pour ce premier but mon élégance n'était que vestimentaire, j'étais fier de lire la satisfaction dans les yeux rieurs du père et d'avoir su provoquer son immense sourire.

Ce ballon de foot était un complice pour mon père et moi. Papa était mon géant, ma montagne auprès de qui j'adorais gambader. Une menotte entre ses doigts et j'étais le roi. Ce ballon, c'était la liberté; grâce à lui j'échappais à l'amour maternel de Ginette, ma mère et de Carméle, ma grand-mère. Elles me choyaient, me chouchoutaient trop. Avec ce ballon, je m'évadais. Il nous emmenait au stade mon père et moi pour les entraînements parfois et plus souvent pour les matchs. Le stade c'était mon terrain d'aventure. Avant même de savoir ce qu'était un hors-jeu, je savais escalader une tribune, me glisser dans un vestiaire qui sent fort le camphre et la sueur. Derrière cette planche de bois, à l'entrée, je souriais au type affable qui allait offrir un sirop ou une friandise « au petit Touré »! C'est là que j'ai appris à séduire, à charmer, à m'esquiver... enfin, quand j'échappais à la surveillance de Ginette, qui à cette époque avait une pointe de vitesse largement supérieure à la mienne.

Ce ballon m'a offert une intimité à partager avec Bako, père africain type. Avec moi – et plus tard avec Patrice, mon frère cadet d'un an – il était un véritable papa poule, toujours fier de me promener avec lui en ville ou au stade.

Mon père est un homme serein et calme. Pour le petit enfant que j'étais, il représentait la force douce. Paisible à la ville, il avait sur le terrain des débordements éclairs et des démarrages fulgurants que j'ai vite remarqués. Je le suivais des yeux. Moi, je savais pourquoi il se précipitait ainsi vers le ballon, notre ami. Je comprenais qu'il ne veuille pas le laisser traîner dans les pieds des autres. À ces moments-là, je ne le perdais jamais de vue, il était unique. Il était noir. Sombre de peau, vêtu des couleurs de son club, mais lumineux à la conquête de notre ballon. Nul doute qu'en le regardant j'ai imprimé dans mon cerveau d'enfant l'amour du beau geste, nul doute que, plein d'admiration, j'ai pensé qu'il n'y avait qu'une seule façon de jouer : avec passion et toujours plus d'éclat.

Nomade de la tribu du ballon rond

Je suis un nomade de la tribu du ballon rond. Avec ma famille, tant que mon père était joueur professionnel, nous allions de ville en ville, de club en club comme mes ancêtres africains allaient d'oasis en oasis. C'était une obligation et je ne suis pas une exception. La plupart de mes amis, enfants de footballeurs, ont connu ce mode de vie particulier. On change de ville, d'école, de camarades chaque année, ou tous les deux ans selon les transferts et les réussites paternelles de la saison. Lorsqu'on est enfant, on ne se demande même pas si c'est bien ou pas. C'est comme ça. Ce type de vie forme, je crois, des êtres sociables aux caractères ouverts, très adaptables. Peut-être un peu plus sensibles à l'équilibre familial qui est la référence stable. Dans chaque ville on est quelqu'un : le fils du joueur qui a récemment rejoint l'équipe phare : toujours nouveau mais jamais anonyme. J'aimais le changement. De ces fréquents déménagements j'ai gardé des émotions et des amitiés multiples.

À cette époque je ne savais pas qu'un jour je serais à mon tour joueur pro et nomade du ballon rond, respectant en cela une tradition ancestrale de la famille TOURÉ.

Mon père est arrivé en France en 1957. À dix-huit ans il débarque à Nice avec pour tout bagage son maillot de joueur du club « La Jeanne d'Arc » de Bamako, un physique d'athlète, une petite réputation de dribbleur redoutable et une énorme envie de s'en sortir grâce à son talent. Pour lui, distribuer des lettres et jouer à l'ASPTT de Nice – le club des postiers – le week-end, c'était le paradis. Il était pauvre mais serein. C'est un joueur immigré du ballon, de ceux qui comptent sur deux étoiles pour illuminer leur destin : la chance et le courage. Le jeune postier, en remontant les belles avenues de Cimiez sur son vélo, pédalait dur sous sa casquette, mais ne se départait ni de son sourire ni de son calme. Il nageait dans la sueur et le bonheur. Heureux d'avoir, grâce à ses efforts, le sentiment de bâtir une nouvelle vie.

Mon père pensait à ses cousins moins chanceux qui, restés au Mali, gardaient du bétail dans la poussière à l'ombre d'un baobab millénaire, comme l'avaient fait avant eux des générations de pasteurs anonymes. Il pensait aux temps anciens et à ses grands-oncles chameliers chargés de sel et de peaux, traversant la fournaise du Sahel au cours d'interminables méharées. Lui chevauchait sa bicyclette pour rendre service; lui, avait été choisi pour porter le maillot bleu des postiers niçois. En redescendant des hauts de Nice il jubilait et admirait la baie des Anges turquoise, frisée de palmiers. Bien sûr, être prolo africain il y a trente-cinq ans et se faire parfois traiter de « Nègre », ce n'était pas toujours agréable. Mais l'immigré est ainsi, il a des ressources, des références qui lui donnent la force de rêver et d'oublier l'humiliation. C'est sans doute pour cela que, de tout temps et quelles que soient leur race ou leur nationalié, les immigrés ont supporté la dureté du quotidien : ils savent d'où ils viennent, et ils rêvent très fort à ce qu'ils veulent devenir. Le jeune écervelé que j'étais, roulant en Porsche à vingt piges, a mis quelques années à mesurer ses actes et tenir ce discours. Je crois que les claques, que la vie m'a distribuées, m'ont au moins servi à ça : avoir une conscience, celle qui me permet aujourd'hui d'écrire ce que je n'ai jamais osé dire à mon paternel. C'est-à-dire que je respecte plus le postier pédalant pour échapper à une Afrique mal partie, que n'importe quelle vedette au palmarès en or.

L'Afrique je ne l'ai découverte qu'en décembre 1982, j'avais vingt et un ans et je vous en parlerai plus loin. C'était à l'occasion du jubilé de mon père à Bamako. Les seules informations que j'avais sur ma famille africaine étaient succinctes.

Fils du désert, les Touré sont d'origine maure. Nos racines remontent à l'Égypte, plaque tournante entre le Moyen-Orient des entrepreneurs et des commerçants et l'Afrique généreuse en ressources et en hommes. Sur la route des caravanes, les Touré s'installèrent en Mauritanie avant d'essaimer vers le Sénégal, le Mali et la Guinée.

Mon père avait une grande sœur. Mon grand-père Baby Touré, né au Mali, était musulman et polygame, ma grand-mère, originaire de Guinée, s'appelait Néné et habitait toujours à Bosola, un quartier populaire de Bamako.

Je suis pourtant imprégné de cette Afrique lointaine :

la peau bien sûr, je suis black et ça ne s'oublie pas. Mon langage aussi : facilement, trop facilement, je qualifie mes amis et copains, de frères ou de cousins, mes amies, de grandes ou petites sœurs, c'est le côté Afrique où la famille est élargie, grande, chaleureuse, hospitalière. Peut-être ai-je senti qu'ici, en France, la famille ne suffit pas toujours à protéger l'individu des mauvais esprits. Pourtant la mienne, comme elle était chaude et douce! Elle m'a baigné de bonheur sur les bords de la Méditerranée.

Métis du sud

Je suis un métis du sud. Un mulâtre en fait : mélange de la race noire et blanche. Mais culturellement je suis issu d'un vrai métissage du sud. Enfant, j'entendais souvent des femmes dire de moi – ma grand-mère la première – en caressant mes cheveux crépus et ma peau caramel « José, c'est un soleil ». Eh oui, tout petit déjà je les faisais craquer! Ma mère m'appelait « l'acteur ». C'est mon côté « commedia dell'arte ». Mes souches italiennes... sacré héritage pour un futur footballeur : africain par mon père et moitié napolitain, moitié marseillais, par ma mère. Un cocktail de rêve 1/2 Black star, 1/4 Squaddra Azzura, 1/4 Olympique de Marseille. Quel dommage que je n'y sois pas allé jouer... Au lieu de me perdre sur le rocher princier...

C'est un des grands regrets de ma vie. Ça va en étonner plus d'un, mais je me dis que peut-être, Tapie m'aurait sauvé de la déchéance et de l'escroquerie. Parce que, dans mon histoire en tout cas, les escrocs et les salauds ne sont pas là où l'on nous fait croire qu'ils sont. Et Marseille la délurée, la critiquée, la métisse m'aurait certainement fait plus de bien que Monaco l'aseptisée, l'opulente, la princière. Peut-être que Tapie m'aurait botté le cul pour me faire marcher droit. Peut-être que les Ultras, les Fanatics et les South Winners qui enflamment le vélodrome et inspirent tous les supporters de France et d'Europe m'auraient redonné le goût de la victoire et de l'effort, uniquement pour le plaisir et le respect qu'ils peuvent inspirer à un joueur pro. Peut-être que cette ville où sont nés mon grand-père, ma grand-mère et ma mère m'aurait protégé, avec sa Bonne Mère, de tous les mauvais pères qui m'ont trahi au point de me faire avoir honte de moi et de la confiance qu'ils m'ont extorquée. Marseille restera plus que tous les autres grands clubs d'Europe mon regret, mon erreur fatale peut-être. En 1989 Tapie me voulait, Campora hésitait entre me lâcher ou me garder et moi j'ai refusé de bouger, de choisir, de réagir, continuant à laisser dégénérer sur le rocher, ma passion, pour finir par plonger dans un enfer...

Fils du soleil

Je suis un fils du soleil.

Né un 24 avril 1961, fils de Bako et de Ginette. Lorsque j'étais dans ma période chaotique j'aimais ajouter : à six heures du matin... je sortais des Bains Douches.

Je n'ai rien vu de ma ville natale, Nancy, ni du joli appartement modeste où vivaient mes parents place des Ducs de Bart. J'avais deux mois lorsque mon père est venu jouer à Toulon. Nous habitions sur la route de Hyères, la ville des palmiers et des lauriers-roses. J'ai pris mes premiers bains à la plage de la Capte sur la presqu'île de Giens. Ma mère attendait son deuxième enfant, Patrice, mon frère. Moi, j'en profitais pour fouler la pelouse du stade de Toulon avec mon père. Celle-là même où je serai élu, dix-huit ans plus tard, meilleur joueur du tournoi international, espoir de Toulon, après une finale perdue face au Brésil.

À Limoges, notre soleil fut Idrissa Touré, le cousin de papa qui nous accueillit en août 1962. En novembre, Bako est touché au péroné : fêlure. Ce qui ne l'empêche pas de briller en coupe de France contre le Red Star et Reims. À la fin de la saison, l'avant-centre, mis à rude épreuve par les défenses adverses, doit se faire opérer du genou. Départ pour le Racing et galère parce que ce genou guérit mal. Tradition ou fatalité, moi aussi je verrai ma carrière chamboulée en 1986 par une blessure au genou qui me coûta entre autres, cette saison-là, ma participation avec l'équipe de France à la Coupe du monde du Mexique.

Heureusement pour Bako diminué, José Arribas, le patron de Nantes, le récupère. En 1965, la famille s'installe dans cette ville. Je vais au stade où je joue dans les tribunes avec les fils du merveilleux joueur Ramon Muller, Francisco et Oscar. Oscar que je retrouverai quelques années plus tard en pro, à Nantes. Avec Simon, Suaudeau, Budzinski, Gondet, Muller, mon père s'éclate. Dans un vieux magazine, le *Miroir du football*, je relis le commentaire de Georges Pradels, l'expert intraitable du moment ; il compare mon père au boxeur Sugar Robinson « pour la netteté et le style de ses actions ». Il évoque l'éclat qui m'enthousiasmait toujours lorsque mon papa poule se transformait en félin dans la surface adverse : « Cette force de la nature est admirablement disciplinée. Elle travaille en souplesse. Ce qui permet à Touré d'incroyables déviations, frappes de balle et crochets fulgurants. Touré a mis toutes ses immenses qualités naturelles au service du football collectif. Touré, en quatre-vingt-dix minutes, a fait tout ce qu'un joueur de classe peut faire. » Et Pradels, enthousiaste, de conclure : « Il est bien possible que l'apparition de Touré soit le départ d'une nouvelle étape dans l'ascension de Nantes vers les sommets. » En effet, cette saison-là, Nantes alla en finale de la coupe de France et ne fut battu que sur le fil par Strasbourg après une rencontre fabuleuse. Bako était de la fête.

N'empêche que... les nomades repartirent en juin 1966. L'AJA Ajaccio nouveau promu en division 1 appelait en renfort mon père. En Corse nous avons vécu deux ans. Deux années de rêve pour moi, l'enfant du soleil.

La Corse, c'est l'enfance heureuse.

Nous vivions dans une résidence près du golf d'Ajaccio « Les Orangers ». Je me suis senti sur cette île comme un poisson dans l'eau ou plutôt comme un insulaire sur sa terre. J'avais cinq ans, je devenais un petit mec. J'étais amoureux de la femme du président du club, monsieur Biggi, elle me chouchoutait. Cette période me laisse le souvenir d'une liberté nouvelle et d'un bonheur inégalé jusqu'alors. Je devenais de plus en plus indépendant et un peu rebelle. Un vrai Corse!

La natation est ma première vraie conquête sur cette île. J'ai appris à nager sur la plage de Capitello. Ma mère avait toujours peur. « Jotti, fais attention... Jotti reviens, ne t'éloigne pas. » C'était le surnom qu'elle me donnait. Mais Jotti était fatigué d'autant de prévenances. Atti – le surnom que j'avais choisi pour mon frère Patrice – était encore bébé et plus calme alors que j'en avais assez de cette prise de tête continuelle. Un soir, en rentrant à la maison, j'ai déclaré à mon père qu'il me fallait une autre maman pour la plage, moins autoritaire, et que celle-là devrait rester à la maison.

L'harmonie familiale régnait. Patrice et moi allions à l'école Sainte-Marie, nous obtenions de bons résultats. Et comme Patrice avait un an d'avance, nous étions dans la même classe et toujours en compétition pour être à l'honneur.

Comme tout Africain qui se respecte, mon père avait reformé son clan avec Barou Keïta, grande personnalité et ex-joueur de l'OGC Nice, coéquipier et complice du moment. Les filles de Barou – Olivia et Diane – étaient comme des petites sœurs, je les adorais.

En Corse, si les locaux t'accueillent et t'adoptent, tu es le roi. Mon père était le joker de l'équipe, l'homme des buts. Les Corses avaient une passion pour lui. Il vivait comme un prince. Je me souviens de Marco le chanteur qui me charmait avec ses tours de magie, de Raphaël le pêcheur qui nous ramena des loups, et de la soupe de poissons, des voisins, les Orsi avec qui nous partions à la montagne à Boconiane. J'étais déjà amateur de bonne chère, et je me rappelle les sandwichs à la coppa, les grillades de Figatellis et le Bruchio.

L'inoubliable, pour le petit homme décidé que j'étais alors, c'était nos parties de pêche. Mon père nous emmenait, Patrice et moi, au petit matin sur la grande jetée ou dans la crique du Bœuf. J'aimais plus que tout ces moments passés entre hommes avec pour ultime responsabilité de ne pas laisser tomber à la mer ma canne. Mon père était un as. Sur les bords du Niger il avait pratiqué la pêche, non pas comme simple loisir mais pour remplir la gamelle. Il était capable – contrairement à moi – de rester des heures sans bouger, la canne à la main, les yeux rivés sur le bouchon.

La Corse, c'était la dolce vita. Le matin, mon père nous embarquait dans sa Triumph décapotable pour nous emmener à l'école. C'est peut-être pour ça que je travaillais bien à cette époque. J'étais tellement fier de cette arrivée triomphale et quotidienne, que je devais vouloir être au niveau. Se présenter comme un fils de caïd et ne pas assurer, ça, j'avais déjà compris que c'était impossible.

Mon premier gros chagrin d'enfance fut le départ de Corse. Nomade, tu voyageras. Tel était notre destin et Ajaccio, qui quittait l'élite pour redescendre en division inférieure, n'avait plus les moyens de payer son avant-centre malien. En dix ans le petit postier de Nice avait posé ses crampons sur toutes les pelouses prestigieuses de France. Il était temps de gérer la fin de carrière. Mon père pensait à la reconversion. Son ami Yvon Moknachi, qu'il avait connu à Limoges, organisa l'arrivée de la famille à Blois. Mon frère et moi étions des extraterrestres. Blacks, à l'accent corse, c'était du jamais vu dans le Loir-et-Cher. Mais lorsqu'on est gosse, on s'adapte très vite. Et nous nous fîmes rapidement de nouveaux amis.

Ma mère, vraie Méditerranéenne, pleurait souvent

les premiers temps. Le manque de soleil, la réserve des gens, le vert profond de la Sologne, tout l'attristait. Mon père, lui, commençait un nouveau challenge : finir sa carrière de sportif et commencer une autre vie. À cette époque, les pro du foot devenaient souvent propriétaires de débits de boissons, de restaurants. Leur image publique, leur célébrité et leur goût du contact assuraient de beaux succès à ce type de commerce. Mon père revendit un terrain acquis sur les hauteurs de Carqueiranne près de Toulon et acheta un immeuble pour installer un club : bar et boîte de nuit, dont la réussite fut instantanée. Car, si dans son rôle de père, Bako était calme et paisible, il n'en restait pas moins une force de la nature et un vrai Africain toujours prêt pour faire la fête, danser et faire danser ses amis et clients.

Désormais, moi, le fils du soleil, je n'allais vivre des semaines lumineuses qu'épisodiquement, lors de cette période chérie de tous les enfants que sont les vacances. À Blois, mon existence sans soucis de gamin plein de vie se développait. Mais mes plus beaux souvenirs des moments forts de cet âge de l'innocence me ramènent vers le ciel méditerranéen.

N'allez pas croire que ces instants si chers à mon histoire le sont simplement parce qu'il s'agit de vacances. Non, ce n'est pas si simple. Bien sûr, avec mes ascendances africaines, italiennes et provençales, j'ai pu donner parfois l'image d'une nonchalance proche de la fainéantise, mais il n'en est rien, ceux qui m'ont vu vivre savent que je suis une pile, un monstre d'énergie et que, dès que j'ai plaisir à vivre, rares sont ceux qui peuvent me fatiguer, rares sont ceux qui peuvent me distancer.

Quand je repense à ces vacances, celles qui se situent entre mes sept-huit ans et mes quinze ans, j'ai presque envie d'évoquer avec nostalgie « le temps jadis », celui des contes et légendes. Je suis plein d'une nostalgie du temps passé. Peut-être, mes déchirures profondes et récentes me font-elles, malgré mes trente-trois ans à peine, regretter ainsi mon innocence et cette époque dont je ne me rappelle que la délicatesse, l'humour et l'amour qui régnaient dans la demeure où se rassemblaient tous les Rimbaud – ma mère est une Rimbaud – l'été venu, à Saint-Martin-de-Castillon vers Apt. La maison de famille s'appelait les Claparèdes, ce qui veut dire en patois « les vieilles pierres ». C'était un lieu de réunion, les oncles, tantes, grands-parents et parents, cousins et cousines, telle une tribu de vieille Provence, jouissaient du plaisir de se retrouver. Sous la tonnelle, les rires, les anecdotes et les discours bien arrosés berçaient parfois ma sieste et je me sentais bien, confiant et heureux, comme rassuré par les échos des agapes familiales. J'étais certes un petit nomade, qui se voulait un dur, mais à y bien réfléchir j'avais aussi un cœur d'artichaut, et cette chaleur estivale et familiale éloignait toutes les peurs enfouies dans mes questions d'enfant.

Mais les plus belles histoires de mes vacances c'est de Cuges-les-Pins que je les ramenais. Dans une vaste habitation campagnarde qui appartenait à une grand-tante, je partais avec Marius et Carméle Rimbaud, mon pépé et ma mémé, pour échapper à la canicule marseillaise. Je passais chez eux, au quartier de la Plaine, toutes mes vacances. Mon frère Patrice me rejoignait pendant un mois. Le reste du temps, j'avais pour moi seul l'attention et l'affection de Marius et Carméle. J'adorais ces moments privilégiés. Depuis toujours, j'aime qu'on m'aime. Je fais tout pour ça. Même des conneries! Par exemple, je ne sais jamais dire non, j'ai peur de décevoir.

Cuges-les-Pins est un village typique de Provence, à l'abri d'une vallée sur la vieille route d'Aubagne à Toulon, derrière le fameux garlaban de Marcel Pagnol. Celui où il découvrit l'art du braconnage avec son copain – Lili – et où son père tirait la bartavelle, volatile appelé aussi perdrix rouge ou royale. Si j'avais dû écrire un roman sur mon enfance, je ne l'aurais intitulé ni *Le Château de ma mère*, ni *La Gloire de mon père*, mais *Les Étés chez mes grands-parents*.

Notre campagne était celle des cigales. Les pâtis, les

toilettes en bois – au fond du jardin, les amandiers sur les restaques, les cerisiers espacés dans les vignes, et les sauterelles qui égayaient les siestes dans l'herbe en retombant et chatouillant le dormeur que j'étais et qui n'attendait qu'une occasion pour bouger... Pour moi, la sieste a toujours été un calvaire. Pas de chance, parce que Marius se levait aux aurores et donc, le sommeil du début d'après-midi était sacré.

Je me souviens comme si c'était hier, lorsque mon grand-père me réveillait tôt les lendemains d'orage pour aller « faire les escargots ». Au petit déjeuner, il croquait des tartines de pain à l'huile d'olive avec des anchois dessalés. Parfois, j'avais droit à une bouchée, je cachais ma grimace parce que je n'en aimais pas le goût mais j'étais fier de goûter sa tartine. Dans la fraîcheur matinale, la porte du jardin grinçait, au-delà, vive l'aventure. Tel un Tartarin épique, j'emboîtais le pas à mon pépé, dans la campagne parfumée par la pluie et encore endormie, je me sentais seul au monde avec lui. Chacune de ses remarques sur la nature, chacun de ses mots, je les buvais, je m'en imprégnais. Quelques semaines après, je les ressortais sur un ton sentencieux à Patrice, mon frérot venu me rejoindre. Mon grand-père Marius, fallait pas y toucher. Il était pince-sans-rire; lorsqu'il jouait avec mes osselets, je le trouvais magique. Quand il me fixait de ses yeux verts, je le sentais fort et dur, en confiance avec son monde et sans reproche envers lui-même. Je le mitraillais de questions, juste pour prolonger nos tête-à-tête.

Je vous ai parlé de mon regret de n'avoir pas enflammé un jour le vélodrome, de n'avoir pas été régénéré par la force de l'Olympique de Marseille. C'est aussi – surtout – à cause de lui, Marius Rimbaud né au 19, rue Davin, aux Chartreux. À cette même adresse est née ma mère aussi. L'histoire des Rimbaud est provençale. L'arrière-grand-père de mon grand-père était le maire de Rians, petit village du haut Var. Le père de mon grand-père, Joseph Rimbaud, épousa une fille de tanneur de Romans : Marie-Laurence Bouvier. Ils eurent six garçons.

Tous étaient bruns aux yeux bleus sauf mon grand-père, l'aîné, brun aux yeux verts.

Joseph était carrossier avant d'avoir une entreprise de taxis dans les années trente. Mon grand-père fut son premier chauffeur. Pendant la guerre, il mit son habileté et son expérience au service d'un commandant. Après la guerre, il travailla dans la torréfaction du café à Marseille puis dans la vente des spiritueux. Pépé Marius avait le sens de la famille; travailleur, il était père de deux filles et un garçon que lui avait donnés Carméle. C'était un grand-père plein d'attentions.

Vers neuf ans, mon grand plaisir, le soir, avant le coucher était de feuilleter à ses côtés les albums de famille pour qu'il donne vie aux photos en me racontant des histoires, en imitant les voix des uns et des autres. Tous ces visages en noir et blanc et en sépia, il avait l'art de les ressusciter pour moi. Son père Joseph était comme lui, un pince sans rire. Pour preuve, cette histoire racontée par pépé : un matin où Joseph lisait le journal sur une terrasse du vieux port, un tondeur de chiens s'approcha « O lo tondo lo chien! O lo tondo lo chien! » À cette époque, les gens descendaient leurs chiens au tondeur si besoin. Alors, le bonhomme s'approche de Joseph en criant « O lo tondo lo chien » en regardant le chien couché au pied de sa table. Les yeux dans son journal, le vieux Rimbaud lui lance : « Eh, oui! tonds-le et ne me casse plus les oreilles. » Le tondeur s'accomplit en maugréant. Au bout de quelques minutes il dérange à nouveau le lecteur plongé dans sa gazette : « Eh, je lui fais les pompons? » Pour s'en débarrasser Joseph lui répond avec l'accent de Marseille : « Eh oui, faites-les-lui les pompons, hé! » Aussitôt dit, aussitôt fait; son travail fini, le tondeur s'approche et réclame mille francs de l'époque. Joseph lève enfin les yeux, abaisse d'un geste vif le journal et le regard plein d'étonnement lui dit « mille francs pourquoi? Il n'est pas à moi ce chien! »

À ce même Joseph, un jour, ma mère Ginette apporta une photo de mon père. « Grand-père, regarde, c'est mon fiancé. » Mon arrière-grand-père approcha la photo de ses yeux, la fixa et d'un coup, s'exclama : « Fan des pieds! Il é bien noir, c'est la photo qui fait ça? » Ma mère le rassure – si on peut dire – « Non il est bien noir, comme sur la photo », et lui d'observer longuement le cliché et de lui dire : « Oui, mais en vrai, il est noir mat ou brillant? »

Je jubile encore en pensant à ce personnage sorti tout droit d'un chapitre de Pagnol, sans détour et spontané, exprimant clairement ses sentiments. Cet arrière-grand-père me plaît beaucoup pour cette qualité : il allait droit au but. J'ai hérité de cette impertinence, j'adore balancer des vannes et souvent les gens se demandent si je plaisante ou non.

Mon grand-père Marius était un vrai Méditerranéen, réservé de caractère, mais appréciant la plaisanterie teintée d'insolence. Il avait horreur des emmerdeurs, alors il plaçait toujours une distance entre les gens et lui. Et si certains importuns passaient outre, ça débordait vite. Marius était un malin.

J'ai le souvenir d'un jour où nous étions avec Henri, son ami docker, en pleine circulation dans sa quatre-chevaux grise, toujours impeccable. On était « dans le pâtis » – comme disait pépé – rue Paradis. Henri lui dit : « Tu vois, Marius, le tramway c'est aussi bien, on irait plus vite. » Marius le regarde en haussant les épaules, et sort un sifflet de la boîte à gants. Et tel un agent de la circulation il se met à siffler et à profiter de l'arrêt ou de l'hésitation des conducteurs, surpris par le bruit strident, pour s'infiltrer et sortir en un tour de main du flot de voitures. Moi, je riais comme un fou en regardant les conducteurs ahuris. Marius, toujours pince-sans-rire, se retourne vers moi : « Si tu sais pas être débrouillard dans la vie tu passes jamais. » Puis, donnant une tape amicale à son ami Henri : « Et toi, prépare-toi à payer ta tournée. » Marius, c'était le Marseillais type, authentique, le cœur sur la main, un peu retors mais brave avec les amis et bon avec les siens.

Si mon père et mon pépé Marius m'enseignaient l'art de bien pêcher, avec Carméle, ma grand-mère, j'allais à confesse.

C'est l'origine de ma mauvaise humeur du dimanche matin. Ce jour-là pas de chasse à l'escargot, pas de tenue de Tartarin en goguette. Non, j'attendais sagement ma grand-mère. Sa robe noire, et son chemisier blanc ajustés, elle psocrenait son petit chapeau orné de tulle noir, et nous partions après un dernier examen : « José, regarde-moi. » Elle m'inspectait puis me posait un baiser sur la joue : « Ça va, tu es beau. » Peut-être, mais étriqué et coincé sûrement. Dans mon bermuda noir, ma chemisette blanche, ma veste grise, mes chaussures noires et mes socquettes blanches, je me sentais à l'étroit. Comme déplacé sur cette petite route bordée de platanes. Je me sentais coupé de ce monde de liberté dont je pensais avoir toutes les clefs.

Ces vêtements me grattaient. C'était vraiment une corvée d'aller à l'église et de délaisser mes collines et les champs de lavande. Mais je n'aurais jamais songé à protester ouvertement, encore moins oser me plaindre. Alors, je faisais un peu la tête. Mais Carméle Rimbaud avait une volonté de fer sous une douce apparence de grand-mère. Napolitaine d'origine, Marseillaise de naissance, elle faisait preuve d'une énergie volcanique et c'est elle qui tenait la barre du navire familial qui avançait grâce à son intendance irréprochable. Ses grands yeux noirs – qu'elle a transmis à ma fille Marine – valaient tous les mots de la terre. Un seul regard appuyé et comme une tendre caresse, elle me faisait fondre pour m'éviter de commettre une bêtise, ou elle m'intimait d'un mouvement de paupières l'ordre d'aller faire la sieste, qui représentait pour moi une perte de temps. Quand je pense que j'ai dû me remettre à la sieste, le repos de l'après-midi, à dix-huit ans et pendant plus de dix ans lorsque j'ai été joueur professionnel... Enfin vous l'avez compris, ma grand-mère et moi, c'était plus fort encore que les mots. Lorsque nous arrivions à l'entrée du village, alors que je suivais des yeux le ballet des papillons à l'agonie de leur petite vie, elle me serrait la main, je la regardais, elle me souriait et ses yeux noirs chassaient ma bouderie. Parfois je résistais. Je boudais jusqu'à la sortie de l'église. Après l'office, je bondissais vers la place du village pour parler avec d'autres petits Provençaux endimanchés et pratiquants. Et surtout, j'allais me coller devant la vitrine de la boulangerie pour la dévorer des yeux. Derrière les panisses et les fougasses aux olives, je comptais les fameuses pochettes surprises. Ma grand-mère était très croyante et elle ne désespérait pas de me communiquer son sens religieux. Certes, mon insouciante désinvolture pendant les paroles du sermon ne devait pas être très encourageante. Mais elle pensait qu'avec le temps, la lumière divine entrerait peut-être en moi. Je suis sûr que son rêve le plus secret aurait été de me voir, un jour, habillé en prêtre. J'ai dû la satisfaire en partie lorsque vers vingt ans je suis devenu un adepte du styliste japonais Yoji Yamamoto et de ses austères et superbes costumes noirs pareils à ceux d'un clergyman très relooké. Elle me regardait d'un œil admiratif et hochait la tête en me disant : « José, tu es très beau. » Avec cette force dans les pupilles qu'elle avait quinze ans plus tôt lorsqu'elle me tirait à quatre épingles afin que je sois le plus beau pour aller à la messe.

Ma récompense pour ma participation à la sainte tâche c'était..., vous l'avez deviné, une pochette surprise. J'en raffolais et le plaisir était optimal avant même d'ouvrir le papier cartonné et coloré, je bondissais sur place. Et embrassais très fort Carméle, ma super grand-mère. Son sens du devoir et son amour pour Dieu, elle les tirait de ses origines napolitaines. D'ailleurs, par hasard, Carméle est née sous la protection de la bonne mère dans la cité phocéenne. Elle aurait dû grandir dans « Little Italy », à New York ou dans le quartier des Macaronis à Chicago. Mes arrière-grands-parents, les parents de Carméle, étaient pauvres. Ils vivaient sur l'île d'Ichia au large de Naples. La famille Iorio-Mazella embarqua, un jour plein d'espoir, sur un rafiot surpeuplé, direction la liberté et la fortune. Direction l'Amérique. Aux États-Unis des cousins les attendaient; ils avaient écrit que la vie y était belle. Mais une avarie obligea le cargo à s'arrêter à Marseille et c'est là, au cours de cette escale impromptue, que le frère de ma grand-mère vit le jour. Les Ioro-Mazella s'installèrent et oublièrent leurs rêves et leurs cousins d'Amérique.

Tant mieux pour moi, car grâce à cette avarie, j'ai connu les délices préparés par Carméle. J'ai vu passer lors de mes séjours à Marseille et à Cuges-les-Pins les meilleurs plats que j'aie jamais mangés. Je suis gourmand, certainement, depuis cette époque. Je devrais d'ailleurs dire que je suis devenu gourmet, parce qu'en fait, depuis quelques années, je mange moins mais je tiens à manger bien. Rien ne m'irrite plus qu'un kilo de trop. D'ailleurs, depuis que j'ai arrêté la compétition de haut niveau, je n'ai pas pris un gramme et même ma période « destroy » n'a pas réussi à me déformer ou à entamer mon capital physique. Eh oui, c'est mon côté maniaque! J'ai horreur du laisser-aller vestimentaire et je fais très attention à ne pas engraisser contrairement à certains de mes ex-collègues. Je ne cite personne...

À la table de Carméle il n'y avait pas de place pour un amateur pointilleux mais uniquement pour des gargantuas gourmands et affamés. Sa cuisine était un conservatoire de la gastronomie populaire italo-provençale. J'ai dévoré des gnocchis faits à la main, des vol-au-vent, des pieds-paquets, la polenta, les alouettes sans tête, l'aïoli et de fameuses bouillabaisses. J'arrête. J'en salive encore. Elle avait l'art de rendre appétissant et délicieux le moindre sandwich. À Marseille, plus tard, vers les douze ans, je partais parfois pour la journée avec ma bande. Je préparais mon sac, une serviette de bain, un maillot de rechange et je me plantais près de la table dans la cuisine sombre aux volets presque clos. Il fallait la voir, mémé, ouvrir le gros restaurant croustillant – large baguette de pain – et y mettre les œufs durs, le thon, les anchois, après avoir tapissé la mie d'un filet d'huile d'olive du moulin du Riquet, de belles feuilles de salade ruccola, des tranches de tomates fermes. Elle salait et glissait quelques olives de Nyons. Un pan-bagnat comme ça, jamais je n'en ai vu. Mes copains se marraient eux, ils se moquaient de moi et m'enviaient un peu à la fois, quand ils voyaient mes énormes casse-croûte. Marseille, c'est le temps des copains.

J'avais un groupe de vrais complices et, tous les étés, je les retrouvais. Mes grands-parents vivaient au quartier de la Plaine au 13, rue Saint-Michel, un petit appartement cosy. J'y passais toutes mes vacances. Ma mère était là quelques semaines aussi. On laissait mon père commencer la saison seul et on le rejoignait pour la rentrée des classes. Patrice passait la moitié des vacances aux Claparèdes, le reste avec moi à Cuges-les-Pins. Dans le vieux hangar, un antique camion hors d'état nous servait de jouet grandeur nature. Nous passions des heures dans cette remise. Chauffeurs, routiers, explorateurs, guerriers, je donnais le ton et je n'hésitais pas à aligner une baffe à mon frère s'il me contrariait. C'était rare, il était conciliant. Et moi, je jouais parfois le petit dictateur... L'après-midi, avec lui, les siestes étaient moins longues. Assis sur les tomettes fraîches des chambres, on jouait en silence aux soldats, ou on lisait des bandes dessinées sur les draps blancs de nos lits entourés de grandes armoires sombres parfumées de petits sacs de lavande.

Mais en grandissant, Marseille et ses gentils petits caïds m'attiraient encore plus que la belle Provence de Cuges. Passé dix ans, je préférais rester à la Plaine. Je dormais dans le salon, sur le canapé qui se dépliait. Le tic-tac de la grande horloge ponctuait mon premier sommeil. Et dès le matin, vers sept heures, je me levais, réveillé par ma grand-mère qui s'activait dans la cuisine. Au cours d'un petit déjeuner toujours épique, où je tachais invariablement soit la nappe, soit mon pyjama avec du chocolat ou de la confiture, je me faisais remettre en place par mémé. Elle marmonnait derrière ses lunettes et tirait sur ses cheveux bruns et frisés devant le pastisson que je créais par distraction. Après, j'allais prendre ma douche, moment très important : j'adorais être nickel. Je choisissais avec elle ma tenue selon l'activité du jour. Là aussi, très pointilleux, je voulais toujours être impeccable. Après ça, bonjour les copains.

À cet âge la Plaine, pour moi, se résumait à une grande place avec un jardin et un kiosque où Guignol faisait des spectacles. Il y avait aussi deux cabanes, une pour louer des vélos, l'autre pour acheter des sandwichs et des limonades. Sur cette place, on jouait au foot. Toujours et tous les jours. Mon équipe c'était Nico, les jumeaux Éric et Thierry Decasalta et les deux Christian. Je n'étais pas le plus mature ni le plus costaud, mais balle au pied j'assurais. Vitesse et technique étaient mes bonus. En revanche, j'ai beaucoup appris à la Plaine parce que mes copains étaient un peu plus âgés que moi. Ils étaient déjà branchés sur les filles alors que moi, jusqu'à treize ans, j'étais le super puceau : dans le caleçon bien sûr, mais surtout dans la tête. Eux, c'était des Marseillais, ils parlaient sans arrêt et ils se chambraient à tout va. Au début, ça m'a surpris et même un peu vexé lorsqu'ils éclataient de rire sur une balle vendangée, mais j'ai appris. Quelques saisons plus tard, je me moquais encore plus que le plus Marseillais des Marseillais. La tchatche, voilà ce qu'ils m'ont enseigné mes potes du soleil. On jouait et on s'asseyait pour disserter et déconner sur tout.

À midi, je rentrais manger chez ma grand-mère. C'était à nouveau la grande bouffe. Charcuteries, pâtes fraîches ou raviolis... J'en pouvais plus, mais j'avalais tout. Elle était si contente de me voir dévorer. Certains jours, j'amenais un copain déjeuner. Un dénommé Serge se souviendra lontemps de son repas chez Carméle, elle l'a gavé comme une oie. Il s'est tenu le ventre tout l'après-midi. « Tu arques pas ! » On se moquait de lui. Il a hésité avant de revenir chez mon cordon-bleu autoritaire. Moi, j'avais l'estomac blindé.

En grandissant, j'ai élargi mon champ d'action, la

Plaine et le foot ne nous suffisaient plus, avec les potes on partait soit pour la journée – avec mes pans-bagnats – soit l'après-midi à la plage. « On va à la mer », comme on disait alors. Ma grand-mère me donnait presque à contrecœur mes tickets de bus, le 53 je crois.

« Fais attention José et rentre à l'heure.

– Oui, oui mémé, ça ira, salut, à ce soir. »

Je dévalais les trois étages accroché à la rampe en fer, en dérapant sur les tomettes des escaliers. La bande se réunissait devant le kiosque et nous partions aux Catalans. La plage des Catalans se trouve au début de la Corniche. C'est une grande plage privée, il faut payer pour y accéder. Juste à côté, il y a le cercle des nageurs de Marseille avec ses piscines suspendues devant le Frioul. Sur la plage, il y a des cabines, des matelas, des douches. Moi et mes zigotos, on acquittait notre entrée « jeune » et on était les rois. On se baignait sans arrêt sauf pour se rouler dans le sable, se courser, et faire les malins devant les minettes. Moi je ne la ramenais jamais devant les filles. Avant quatorze-quinze ans, ce n'était vraiment pas mon domaine.

En y réfléchissant, je crois que j'étais timide. Enfin, je suis timide, encore aujourd'hui. Mais en plus, j'étais un peu complexé. D'abord parce que les petits Marseillais avaient la vraie tchatche, c'était déjà des petits « Mias ». Dans le Loir-et-Cher, nous étions vraiment des jeunots, un peu courts, comparés à eux. Et surtout, j'analyse mieux aujourd'hui ce que j'éprouvais : je me sentais mal dans ma peau. Elle me paraissait trop bronzée. Je me sentais différent et, comme je n'osais pas en parler, je n'étais pas à l'aise. Je trouvais plus sympa le fait d'être blond aux yeux bleus que noiraud. Je ne vivais jamais avec des blacks ou des métis, alors j'étais toujours différent. À Blois surtout, en arrivant avec mon frère, on avait fait l'effet de deux spécimens particuliers « avèque » notre « aquecent » « d'Ajaqueccio » et nos peaux encore plus noires à force de vivre sous le soleil corse. Je ne me souviens plus vraiment des quelques réflexions désagréables, ni des regards trop appuyés. Mais quand tu es différent, tu développes un peu de parano, un sens qui permet de voir si les autres t'acceptent à cent pour cent ou s'ils tiquent. Et puis à Marseille, je n'étais pas sur mes terres mais un peu sur le qui-vive, d'où peut-être cette gêne. Mais jamais dans ma bande une seule parole raciste n'est venue me conforter dans mon angoisse. Non, c'était très personnel. Beaucoup de métis, de mulâtres ont dû ressentir ce que j'essaie d'exprimer, ce trouble de n'être pas tout à fait pareil, d'avoir une peau, des cheveux, des traits qui nous distinguent. Quand on est enfant, on adore être conforme, c'est tout simple.

Ça ne m'empêchait pas parfois de délirer à bloc. J'ai assisté, par hasard aux Catalans, au tournage d'une scène du film *French Connection*, je revois encore Gene Hackmann avec son chapeau. Sur le coup, avec mes potes on ne savait pas qui il était. Mais en voyant la répétition d'une bagarre, on s'est mis à mimer une castagne de folie, en gênant l'équipe technique qui n'a pu qu'éclater de rire devant notre enthousiasme, déclenchant notre honte et une fuite haletante vers la mer chaude.

Le soir, on remontait dans la ville. Je devais rentrer à dix-neuf heures au plus tard, mais dès dix-huit heures trente ma grand-mère faisait le gué à sa fenêtre. Elle avait toujours peur qu'il m'arrive quelque chose. Une fois, j'ai oublié l'heure, je peux vous dire qu'elle m'a fait passer l'envie de recommencer. Ah! les yeux noirs et la main leste de mémé.

Pour moi, ce temps-là c'est comme aller à Disneyland aujourd'hui pour ma fille, c'était magique. Purée, quand j'y pense, que c'était bon! Le soir, après un dîner léger – toujours le potage – en pyjama avec mémé et pépé, j'étais bien. Ma grand-mère me prenait pour son bébé. Mon grand-père haussait les sourcils devant ma maestria pour la faire craquer. On était heureux. Ça aussi, c'est tout simple.

Ces vacances à Marseille, même en grandissant, ont continué à me satisfaire pleinement. D'abord avec le temps, je touchais de plus en plus le ballon. Je le caressais quand les autres le frappaient. Je commençais à être le patron balle-au-pied. Et puis, mes stages à Marseille avaient fait de moi un aspirant « Mia » de première. Chambreur et frimeur de quatorze ans, en fait, je soignais mon look comme une bête. Je me douchais deux ou trois fois par jour, plutôt qu'une. Je ne sais pas si j'espérais blanchir. Et puis j'étais passé de la panoplie jean-baskets-Lacoste aux chaussures « Nebuloni » bien connues de tous les authentiques sapeurs latins du moment, le jean serre-noisettes MacKeen et la chemise cintrée à mort avec un grand col italien. Alternant mes deux parfums selon l'humeur, Pino Silvestre comme son nom l'indique à la senteur d'aiguilles de pin et Givenchy Gentlemen, la classe... Je ressemblais un peu à Michaël Jackson jeune avec une boule afro comme coiffure, très difficile à entretenir. Mais je commençais à mieux porter ma négritude, mon africanité comme dirait un intello black au langage précieux. Mes accessoires pour descendre à la Plaine : petites lunettes de soleil rondes et ma chaîne de baptême en or. Quand mon frère venait, il me trouvait très « kèque » et « classieux » aussi. Comme j'avais compris que mes Marseillais me charriaient souvent et en rajoutaient des palanquées, moi aussi, je leur racontais plein d'embrouilles sur ma vie « à Blois près de Paris ». Et lorsque Patrice était là, je le prévenais : « Quoi que je balance comme salade, tu mouftes pas. » Il était clean, il ne mouftait jamais. Il se contentait de me dire en remontant : « Mais pourquoi tu leur racontes tout ça ? » Je haussais les épaules sans même répondre. Malgré tout, allez, une confidence, je restais plus timoré que les cadors de ma bande, et à Marseille, on adore les cadors. Je comprends pourquoi Tapie peut devenir maire de cette ville... Alors, le dimanche après-midi, lorsqu'on allait dans les discothèques pour jeunes dans le vent, Le Faust ou Le Montréal, je n'osais jamais aborder une fille. Je me mettais au centre de la piste et je m'éclatais dès que James Brown, un de mes héros d'enfance, hurlait son « I feel good ».

Ma passion du ballon

Vous vous en doutez, je ne suis pas normal.

Qu'est-ce qui me fait dire ça ? Ma vie et la fièvre forte et longue qui m'a saisi dès qu'un ballon s'est roulé à mes pieds.

L'âge d'or de ma vie, c'est celui du football, du succès et des honneurs. Mais bien avant les buts de rêve et le regard des médias, bien avant les hommages et les millions, il y a eu la passion. Elle s'est emparée de moi comme une de ces fièvres exotiques qui ne vous lâchent périodiquement que pour mieux vous envahir à nouveau, elle a conquis tout mon désir de vivre. On ne peut se raisonner face à la passion. Elle est absolue. Je lui dois tout. Et ironie du sort, elle m'a repris tout ce qu'elle m'avait offert.

Ma passion pour le ballon rond m'a permis de me dépasser. Grâce à elle, je n'ai pas senti la morsure de la douleur sur mes muscles. À cause d'elle, j'ai cru que j'étais élu – pensant que peut-être Dieu me remerciait d'avoir accompagné ma Carméle adorée dans la petite église de Cuges-les-Pins.

Avec facilité, je suis devenu un joker irrésistible. Avec désinvolture, j'ai reçu l'honneur d'être surnommé « Le Brésilien » en hommage au roi Pelé et ses princes du foot. Je me suis laissé qualifier de « Virtuose ». Je me suis défini « Artiste », pour m'opposer aux bourrins qui labourent les terrains.

J'ai volé dans ma tête en plein rêve. J'ai refusé au bon moment d'atterrir pour écouter, regarder, considérer la réalité des choses, des faits et des hommes. J'étais pris par cette lenteur jeune et folle, cet amour insensé pour mon Art. Là est l'erreur : j'étais l'un des seuls à croire en l'art, j'étais sur une autre planète, avec des hommes qui respectaient d'autres règles. Eux jouaient gros, sur ma sueur et mes amortis. Eux misaient lourd sur ma détente et ma vitesse ; ils achetaient ma liberté et mon inspiration. Et je n'ai pas compris que je vendais mon âme et que je ne devais pas venir m'en plaindre.

Un ballon rond m'avait inoculé le plaisir de le caresser. Il m'a gonflé la tête. Il a envahi mon cœur. J'ai cru naïvement qu'un passionné bénéficiait d'une immunité tout-terrain. J'ai commis une erreur. Je n'ai pas fait la part des choses. Le stade, ce n'est pas la ville. L'arbitre, ce n'est pas le juge. Le hors-jeu ce n'est pas le hors-la-loi. La passion m'a confondu. J'ai beaucoup donné et j'ai trop reçu.

Mon amour pour le ballon rond est immense, était immense. J'ai eu la chance d'exprimer mon talent et d'être reconnu. Mais j'ai commis la folie de ne pas sortir de mon état passionnel ; comme un typhon, il a fini par m'aspirer pour mieux me briser.

De cette belle fièvre, je vais vous conter les moments forts par le détail. Pourrais-je vous dire avec des mots ce qui se vit au niveau de la cellule, de la pulsion et de l'âme ? Pourrais-je faire comprendre comment le « fils du soleil » s'est aveuglé à la lumière du reflet de son personnage ? Pourrais-je expliquer comment José, le timide trop sensible, s'est laissé bouffer par Touré le personnage plein de gloire et d'angoisse ! Je vais essayer honnêtement de tout vous dire.

Mais vous avez déjà compris : la passion, absolue et unique, est une maîtresse délicieuse et fatale. Une illusion mensongère et terrible. Pourtant, je ne regrette pas de l'avoir rencontrée. J'aurais seulement dû, si c'était à refaire, savoir sortir de cette flamme constante pour me regarder avec humour. J'aurais dû laisser José respirer, j'aurais dû, de temps en temps, ranger Touré aux vestiaires et vivre nu pour ne pas oublier le goût des vrais sentiments, ceux qui au début de cette histoire m'avaient rendu si heureux, m'avaient donné tant de force puisée auprès de gens sains et authentiques.

Pour que plus jamais un seul jeune footballeur, un

seul jeune sportif ne se consume dans le feu de sa passion, j'ai décidé de tout dire, parce que rien n'est plus triste que de se sentir réduit en cendres à trente ans.

Mon premier match international

Cet après-midi-là, pas un journaliste, pas de billet, pas de protocole et pourtant un véritable enjeu : la gagne. L'envie de remporter mon premier match international m'avait empêché de manger mon dessert.

« Match à trois heures cet après-midi, n'oubliez pas d'apporter un tricot bleu. » J'avais lancé la consigne, mais j'avais peur qu'un étourdi oublie. J'avais mis une semaine à organiser cette rencontre. J'étais allé avec mon gardien de but, Mouloud, de l'autre côté du quartier chez Portos. On s'était mis d'accord, « mercredi à trois heures place René-Coty », le match avait lieu dans notre ZUP au nord de Blois, sur notre terrain. « Mais avec notre ballon » avait imposé le capitaine de l'équipe du Portugal. Car il s'agissait bien d'un match au sommet : France-Portugal. Eux, joueraient en jaune et vert : ils se prenaient pour des Brésiliens, ces Portos. Et nous, en bleu comme de vrais tricolores.

J'avais onze ans et j'ai eu du mal à m'endormir la veille. La pression, celle du jeu et de l'envie de marquer, m'envahissait déjà. Chaque soir, après l'école, toute l'équipe avait préparé la rencontre. Cette semaine-là, pas un seul membre de notre sélection n'avait fait la moindre bêtise, que ce soit à l'école ou à la maison, car il était convenu que nous devions ne rater, sous aucun prétexte l'entraînement, donc toute punition était interdite.

J'étais tellement excité que chaque jour à table j'en parlais à mes parents avec Patrice. Tout le quartier était au courant. Et les meilleurs du groupe avaient été désignés pour ce grand événement. Comme dans toutes les bandes, il y avait des disputes, mais là, on se battait pour la même cause : manger les Portos. C'était l'union sacrée, c'était beau à voir.

L'équipe de France réunissait mes potes du quartier. La plupart habitaient le grand immeuble où mes parents logeaient au premier étage, une vraie tour de Babel : l'équipe en était le reflet. Il y avait Mouloud, Jean-Gilles Girollet, René Paulus, Miguel, dit La Merguez, Amar, Thierry Bonnet, Jean-Claude Legout, Patrice et moi.

C'était ça notre France et nous étions de jeunes coqs, vêtus de bleu et alignés solennellement entre les platanes avant de serrer la main des Portugais, fiers comme des conquérants. Le match fut difficile. Grâce à un arbitre neutre et respecté, un grand de dix-huit ans, les disputes ne troublèrent pas trop la partie. La France gagna trois à un et j'inscrivis le premier et le troisième but. Deux coups de patte en finesse après avoir mis dans le vent un arrière un peu lourd. Au coup de sifflet final, nous avons hurlé de joie. Moi, je n'ai pas oublié d'aller serrer la main de mes adversaires valeureux... avec une vraie estime et un petit sourire satisfait au coin des lèvres, mon côté marseillais, cultivé à la Plaine, l'été...

Ma passion a grandi dans la rue. Dans mon quartier, sur la place René-Coty à la ZUP de Blois. Pratiquement chaque soir, je jouais avec les copains.

La place René-Coty était le point de ralliement. Le quartier s'organisait autour de « ma » tour de douze étages ; dans le prolongement, il y avait un long bâtiment en forme de L sous lequel un préau abritait nos commerçants : Vaché l'épicier, Montaru le boucher, Petit la chevaline, Bauger le boulanger. Il y avait aussi la pharmacie, la poissonnerie et le bureau de tabac. Le quartier était vivant, bien achalandé. Et puis, il y avait le cœur : la place, faite de dallages clairs, avec un bassin excentré et des rangées de jeunes platanes bien alignés qui nous servaient de poteaux de but.

Le niveau social était moyen, il n'y avait pas de très pauvres et pas de riches. Tout le monde vivait bien, en parfaite harmonie. Certains voisins avaient entre eux de vraies affinités, comme partout. Je n'ai aucun souvenir de délinquance. Il faut dire que presque tout le monde se connaissait.

Bien sûr, notre tour de Babel était déjà le melting des potes : Français, Espagnols, Beurs et Blacks – avec les Touré – vivaient en bonne entente. Dans notre bande, je n'ai jamais entendu proférer une seule insulte raciste ou nationaliste. On se traitait de cons, bien sûr ! Mais ni d'Arabes, ni de Nègres, ni d'Espagnols... Je crois que le racisme n'existe pas chez les enfants, n'existe pas dans le football des rues. Ce sont les adultes, les nations, les politiques, les fédérations qui inventent et perpétuent le racisme. En tout cas, place René-Coty jouait une belle équipe.

Notre ZUP, je l'aimais. Rien à voir avec les banlieues dures de la ceinture parisienne. Plus tard, en stage ou en équipe « junior et espoir », j'ai rencontré de jeunes footballeurs, fils de ces zones difficiles où les bandes s'affrontent, où le racisme est quotidien. J'ai senti chez eux la violence et le désir de revanche. Moi je n'ai pas vécu ces sentiments. Je me sentais black et différent, mais jamais rejeté ou déclassé. Un jour, les frères Boli sont venus à Nantes en stage. Roger, déjà costaud et Basile, un vrai fil de fer, maigre avec une grosse tête, un clou ! Ils me vénéraient, je ne le savais pas. J'en ai reparlé il y a peu avec Basile. À l'époque, je n'avais rien remarqué. Toujours aussi distrait et insouciant. Mais je me souviens que Roger m'avait demandé mon short et Basile mon maillot. Basile, ce printemps, m'a confié que pour les deux frères africains immigrés à Romainville, je représentais un exemple, un modèle, celui du noir – fils d'Africain – qui réussit par le ballon. Je n'ai que cinq ou six ans de différence avec Roger et Basile mais eux, à quatorze-quinze ans, me voyaient comme une vedette, moi, le jeune de vingt ans, joker du grand club de Nantes. Et ils puisaient de l'espoir dans mon succès. Basile m'a raconté : « Mon frère Roger est revenu dans la chambre avec ton short. Le short de Touré ! J'étais fou. Alors je suis venu te demander ton tricot. Toi, t'étais cool et tu nous donnais tout ce qu'on te demandait. Le plus marrant, c'est que Roger a joué à l'entraînement avec ton short jusqu'à ce que son gros cul musclé n'y rentre plus. Et il l'a toujours gardé. Moi aussi, je sais encore où est ton maillot. »

Ça m'a fait drôle que Base me raconte ça. Je me suis senti fier et nostalgique. C'était il y a treize-quatorze ans. Nos destinées nous ont amenés les uns et les autres vers des réalités très différentes. C'est vrai qu'à cette époque, je n'avais pas conscience de mon statut, tout juste avais-je deviné chez ces jeunes Africains la rage de vaincre, je croyais que c'était simplement la gagne. Je n'ai compris que plus tard que cette rage était plaquée sur une conscience presque politique de leur race et de la lutte qui devait les mener à réussir leur destin.

Moi, à cause de mon enfance de miel et de soleil, à cause de ma ZUP douce à vivre, je suis resté très naïf et presque inculte en ce qui concerne la réflexion sociale ou politique. Cette immaturité a favorisé l'expression de ma passion, mais aussi contribué à ma chute future, je ne me suis jamais armé pour lutter contre l'adversité.

Il faut dire que Blois n'a rien à voir avec le Romainville des Boli, les Minguettes de Fernandez ou les quartiers nord marseillais de Tigana; comme eux, j'ai cultivé ma passion sur le macadam, mais mon bitume à moi se trouvait au milieu de verdure et de forêts. À deux pas de chez moi, de ma tour, il y avait des fermes entourées de champs de maïs et de vergers. C'est là que j'allais me faire péter le ventre, à l'époque des cerises en maraudant avec les copains. Il y avait des mares à la lisière des bois où, avec Patrice, nous pêchions les têtards. Voilà sans doute pourquoi, dans le monde du football, on me retrouve dans la famille des talentueux et des doués plutôt que chez les bourrins enragés et laborieux comme Basile, mon frère noir que je respecte pour ce qu'il est devenu, sur le terrain comme à la ville. Le Black Boli a souffert, il s'est forgé, lui, le petit clou, un physique et un mental à la dimension de sa volonté et de sa générosité : énormes. Chapeau, Base!

2. Rêves de foot

Macadam Football

La terre est ronde comme un ballon. Et le football est le Sport planétaire.

Comme seuls peuvent y parvenir les jeux Olympiques, la coupe du Monde de foot rassemble, à la même heure, des milliards de téléspectateurs. Objectif : voir vingt-deux acteurs se disputer un ballon. Des milliards de personnes, de races, de nations, de religions différentes qui pendant quatre-vingt-dix minutes respectent une même culture.

Aux jeux Olympiques, il y a des dizaines de disciplines, lors d'une coupe du Monde de foot, il n'y a qu'un sport. Le foot est un langage universel. Je l'ai ressenti dans tous les pays que j'ai visités au cours de ma carrière : en Europe de l'Est et de l'Ouest, en Afrique, aux États-Unis, en Polynésie, en Océanie, les gens sont venus vers moi parce qu'ils comprenaient mes gestes et mon jeu. Nous n'étions pas souvent capables de parler la même langue, mais notre passion partagée donnait un sens à notre rencontre. Avec le temps, j'ai compris beaucoup de ce qui fait l'authenticité de ce sport, le football fleurit dans la rue. C'est ainsi que je l'aime : quand il est pur. Je suis fier d'avoir conquis une petite notoriété dans cette activité parce qu'elle est ouverte à tous. Je suis, moi aussi, un footballeur qui a vécu ses premières sélections dans son quartier.

Les meilleurs footballeurs ne doivent rien aux finances de leurs parents, ni aux cours particuliers de tel ou tel professeur. Les stars du foot deviennent milliardaires, mais sont toutes issues de milieux pauvres ou très modestes. Ces frères de la rue, ces amoureux du Macadam Football, doivent tout à l'amitié et à la solidarité. Parce qu'il est impossible de devenir un grand footballeur tout seul, dans son coin, avec son ballon.

La passion est un phénomène individuel, elle fond sur vous comme la foudre. Mais le foot est une œuvre collective. Enfant, j'ai vécu ce phénomène, j'ai aimé mettre au service de ma bande, de mes amis, ma fièvre si personnelle. J'ai espéré, par cet acte, devenir le frère des enfants des favellas du Brésil. Eux, comme tous les petits Boli d'Afrique, dribblent dans la poussière, et nous sommes tous des enfiévrés, des adeptes maladifs du Macadam Football, cette forme si pure, si originelle de ce sport vénéré par une planète entière.

Le baiser de Pelé

Mes héros, lorsque j'avais onze ans, en 1972, s'appelaient James Brown et Pelé. Ils prenaient la place, dans mon hit-parade perso, de Zorro et Tarzan. Ils étaient noirs – comme mon père – et ils étaient forts. L'un me faisait swinguer, devant la glace de ma chambre, en pattes d'eph' et débardeur serré. L'autre m'inspirait, balle au pied, des danses victorieuses sur la place René-Coty.

J'appelais mon frère Jairzhino. Parce qu'il faut mettre ça au point. À cet âge-là, Patrice était meilleur que moi. Moi, j'étais lumineux et inconstant, mais lui était fort et régulier. À dix ans, il ressemblait au joueur brésilien qui enflamma la coupe du Monde de 1970, semblable à Jairzhino, il jouait comme un éclair tranchant et inarrêtable. Avec les modèles qui étaient les nôtres, dois-je préciser que le Brésil était notre pays de référence. Le Brésil était notre Eldorado.

L'un des plus beaux jours de ma vie, c'est le jour où Pelé m'a pris dans ses bras pour m'embrasser. C'est arrivé lors d'un voyage sportif avec les Girondins de Bordeaux. Nous étions partis fin 1987, début 1988 à Los Angeles, participer à un tournoi avec le Dynamo de Kiev, la sélection chilienne et d'autres belles équipes. Notre délégation fut accueillie par une ribambelle d'officiels, parmi eux, Arantes Milton Do Nascimento dit Pelé. Mon héros d'adolescence, le Dieu noir de la planète foot, l'un des hommes les plus adulés au monde, un enfant des favellas devenu grand sorcier du foot-business. Ça m'a fait frissonner de voir qu'il était là pour nous accueillir. Et puis, l'incroyable s'est produit. Lors de la petite cérémonie qui a suivi notre arrivée, il s'est penché vers un de nos accompagnateurs et a dit : « Touré, where is José Touré? » On est venu me chercher. « Pelé veut te voir. » Pelé m'avait fait demander, on ne refuse rien au roi. J'y suis allé, un peu impressionné. Lorsque je suis arrivé devant lui, je n'en menais pas large, il m'a souri et, sans un mot, m'a pris dans ses bras : « José Touré, Le Brésilien », a-t-il soufflé en m'embrassant sur les joues et en me donnant une accolade de quelques secondes.

J'ai repensé des milliers de fois à ces secondes d'éternité. Il savait qu'on m'appelait « Le Brésilien » en France. Des joueurs et des officiels de son pays m'avaient déjà remarqué en 1978, lors de la finale contre le Brésil au tournoi international. Espoir de Toulon, où j'avais été sacré meilleur joueur du tournoi. Et puis, le foot est planétaire. TV Globo, la chaîne la plus populaire du pays, permettait aux cent millions de fanatiques brésiliens de foot de suivre les plus beaux buts du championnat français. Grâce à ces extraits et à ma renommée, en 1986, j'avais été classé septième joueur mondial par la bible du foot brésilienne, qui faisait de moi – avant ma blessure de mars 1986 – un des joueurs les plus attendus au Mexique pour la coupe du Monde. Voilà pourquoi Pelé m'embrassait pour me féliciter. Dans ses yeux, j'ai lu plein de belles choses, un message où le plaisir, l'encouragement et une sorte de reconnaissance se mêlaient. J'aurais dû parler plus avec lui. Cette accolade était merveilleuse. Mais malheureusement, ce n'était pas un antidote assez puissant pour me protéger des poisons de la vie.

Pourtant, mon Dieu m'avait embrassé, j'aurais dû être béni.

Brésil, terre de foot

Il y a peu de temps, j'ai regardé à la télé un reportage remarquable sur le foot au Brésil. Je ne suis jamais allé au pays des matchs sur le sable, sur la plage de Copacabana où les buts sont aussi beaux que les filles resplendissantes de soleil et de vie. J'aurais aimé, comme un Carioca, jouer la nuit sur les terrains de Botafogo illuminés, au pied du Pain de Sucre. Il n'y a pas dans cette nostalgie – cette « saudade » comme on dit au Brésil – que du folklore. Non, je crois vraiment que je suis primaire – ce qui ne signifie pas « simple », car je suis complexe – et que mon sens du football était comme un art naïf, semblable à celui des peintres caraïbes ou des musiciens de Bahia. Je vénère, dans le foot, la ferveur et la fougue, la pulsion et la victoire, seulement si elles sont flamboyantes et colorées.

On m'a fait brésilien à l'époque où la presse sportive faisait ses choux gras de mon bonheur. Avant de se jeter sur mes erreurs pour noircir son papier et ma conscience. Le 5 avril 1983, un article de *France Football* titrait en grosses lettres rouges « TOURÉ, LE BRÉSILIEN ». Le journaliste écrivait : « Le style décontracté, presque brésilien, presque insolent aussi, José Touré est devenu en huit mois l'un des rouages essentiels, l'une des figures marquantes du FC Nantes, sur lequel Jean-Claude Suaudeau s'est appuyé pour bâtir une équipe solide et conquérante. Désormais, on ne peut plus parler de Touré au conditionnel. C'est fini. Il a réussi. Seule l'étendue de cette réussite reste à définir... »

Le surnom de « Brésilien », je l'ai définitivement acquis suite à la finale de la coupe de France, Nantes-PSG, au Parc des Princes, en 1983, perdue par nous, les Nantais, trois à deux ; mais où un but comme je les aime, beau et facile, me fit entrer dans la légende de la coupe. Je tiens à dire, cependant, que je me sentais africain et français où plutôt très français et un peu africain – normal je n'ai jamais vécu en Afrique – et que ce label sud-américain m'amusait et m'agaçait aussi un peu. Peut-être que je feignais seulement d'être agacé...

En y réfléchissant, je me demande si je n'aurais pas dû vivre ma passion au Brésil. Parce que mon insolence, mon insouciance, mon immaturité face aux arcanes – et aux arnaques – du foot-business m'auraient, je crois, coûté moins cher au pays du Carnaval qu'ici, dans ce peuple de Descartes où seule la raison est reine. Pauvre de moi, qui croyais que ma passion m'avait fait roi.

Je repense à ce documentaire. Saviez-vous qu'au Brésil, même les aveugles jouent au foot ? Voilà pourquoi je pense que j'y aurais été plus à ma place. Sans plaisanter, les aveugles jouent au foot, là-bas, avec un ballon sonore. Dans les buts, deux gardiens, handicapés de la vue à seulement 50 %, aident leurs équipiers, non-voyants, en les guidant de la voix, s'alliant au son du ballon.

Les images qui m'ont toujours fait le plus frissonner sont celles du public du Maracana lorsque les Torsidas – les clubs de supporters – déclenchent leurs frénétiques sambas dans les gradins et agitent les couleurs de leurs clubs mythiques : Flamingo, Botafogo, Fulminense, Vasco de Gama... J'ai toujours eu la chair de poule devant ces messes païennes. Quel joueur n'a pas rêvé d'être emporté par cette masse ? Deux cent mille cœurs passionnés qui pulsent des centaines de milliers de litres de sang, pleins de ce virus régénérant : l'amour du foot. Deux cent mille âmes qui n'ont pour seule richesse que l'adoration de leur équipe, la vénération de leurs artistes.

Dans ce film, un journaliste local explique que le peuple brésilien n'admire ni son armée ni ses monuments, mais qu'il idolâtre ses footballeurs et ses stades. J'ai dû rêver souvent de cette fusion idéale entre mon sport, mon geste, un stade et un public : une communion si forte que la mort aurait pu être le couronnement du match réussi. J'ai dû en rêver...

J'ai aussi appris, devant ces images, que même au pays des métis, là où la population est si belle et sensuelle de s'être mélangée, malgré tout, le Noir est encore le coupable.

Quant à moi j'ai découvert le racisme dès que le succès est venu me désigner comme la cible idéale des rumeurs et des calomnies. Je vous raconterai comment, dès les débuts de ma célébrité à Nantes, la jalousie s'exacerbe sur ceux qui sont différents, surtout si leur peau les distingue trop.

Au Brésil aussi, l'homme noir souffre d'être noir. En 1950, la « seleçao » perd deux à un contre l'Uruguay en finale de la Coupe du monde dans le chaudron bouillant d'un Maracana bâti pour l'événement. Terrible coup du sort : en fin de match, l'Uruguay porte l'estocade, laissant KO, debout et pétrifiés plus de deux cent quarante mille spectateurs agglutinés pour voir leur équipe triompher. Un seul homme bouge à quatre pattes, groggy lui aussi, Barboza, le goal noir, victime d'une défense trop perméable.

« Eh bien, vous voyez, je ne sais pas pourquoi, raconte Maocir Barboza. On m'a accusé d'être LE responsable de cette défaite. On a accusé les trois joueurs noirs de l'équipe. C'est vrai qu'à cette époque, pour jouer dans la " seleçao " en étant noir, il fallait être vraiment plus fort que tous les autres joueurs blancs. »

Ce type d'histoire me fait enrager. Le foot aussi entretient l'injustice même s'il est parfois un espoir.

L'histoire de José Do Santos en est l'exemple. Do Santos, c'est le footballeur aux trois coupes du Monde, un phénomène, le buteur aux cinq cents buts. Son histoire est tragique. Sa mère, malade mentale, s'est arrosée d'essence sous ses yeux et s'est immolée devant lui, il avait cinq ans. Il a vu cette belle plante de un mètre soixante-dix-huit se réduire à trente centimètres de charbon. Il est resté seul dans une famille défavorisée, constituée d'hommes, où on a voulu lui faire tenir tous les rôles d'une femme. Pour sauvegarder son intégrité, physique et morale, ne pas être nié, ne pas être violé, il a résisté avec des bâtons et des couteaux.

« Je suis devenu une bête féroce. Un délinquant d'une violence inouïe comme les favellas en sécrètent trop souvent. » Incroyable, l'homme qui parle est beau comme le sont les vieux Noirs, cheveux crépus blancs, allure fière dans un costume ajusté, avec une chemise blanche et une large cravate. « C'est le ballon qui m'a sauvé. » Et en s'exprimant sur le stade, Do Santos a échappé à l'asile et à la prison. Le football l'a sauvé de la maladie et du crime. Mais lui aussi raconte que, dans les années 50-60, le racisme sévissait : « Il était plus facile de devenir un grand footballeur dans ce pays si tu avais les yeux bleus et les cheveux blonds. »

Heureusement, la passion n'a pas de couleur. Et même aujourd'hui, la tendance a viré au black. En Italie par exemple, la réussite de mon copain nantais Marcel Dessailly au Milan AC a créé un vrai mouvement de mode. Celui que les Tifosis appellent « Il Gigante Nero », le géant noir, solide dans son fond de jeu et brillant par son potentiel physique hors du commun, est devenu un modèle parfaitement intégré dans la meilleure équipe d'Europe. Les Noirs impressionnent l'Italie désormais, et cette saison Abedi Pelé, Angloma, Cyprien ont rejoint Marcel et Asprilla – le Colombien de Parme, les perles noires du Calcio.

À l'OM aussi, Raymond Goethals avait créé un mythe avec sa garde noire de la grande époque : Jocelyn

Angloma, Marcel Dessailly et Basile Boli. Les trois intraitables de la ligne arrière ont mené de belles campagnes européennes et remporté avec leurs potes la première coupe d'Europe française, renforçant une réalité et prouvant que tout ce qui est black n'est pas obligatoirement fragile et fantasque. Allez demander aux avants milanais si la garde noire faisait dans la fantaisie.

Pour en finir avec le Brésil et ce petit film, j'ai entendu Socrates et je me suis vraiment posé des questions : les footballeurs sont-ils toujours cons ? Non, en regardant cet ancien capitaine de l'équipe du Brésil, qui a su mener une carrière mondialement reconnue et finir ses études de médecine, j'ai l'exemple même du battant qui a su gérer un destin. Pour l'anecdote, Raï, l'actuel capitaine contesté de la « seleçao » et joueur au PSG, est le demi-frère de Socrates. Lui, le footeux-médecin, parlait de son action avec ses coéquipiers du club de Corintho « pour créer, dit-il, une force collective face aux dirigeants, pour définir un pouvoir de décision propre aux joueurs. En faisant cela, j'avais l'impression de contribuer au mouvement démocratique dont le Brésil a besoin. » Costaud le Socrates, je n'ai jamais entendu quoi que ce soit de pareil en France. Je n'y ai, non plus, rien vécu de semblable. Le Brésil a un football fort et brillant, plein des défauts de nos sociétés, mais là ses racines m'ont paru plus profondes que les nôtres. C'est bizarre, chez nous, les fils des rues ont la mémoire courte. Ils se laissent mettre au pas par des patrons de club en costume bien taillé. Parce qu'ils croient avoir touché le jackpot, les potes des quartiers essaient trop souvent de s'en tirer perso, chacun avec son homme d'affaires ou son escroc attitré. Eh oui, la passion s'abîme avec le succès et le fric, les enfants de l'amitié et du Macadam Football, jouent, chacun pour leur bourse et certains y laissent leur peau. Moi, par exemple, je ne connaissais pas Socrates lorsque je me suis fait dépouiller avec assurance, comme d'autres, car je ne suis pas le seul malheureusement.

Fou de sport

Des médailles d'or en chocolat j'en ai gagné des dizaines sur l'arène imaginaire des compétitions rêvées de mon enfance. Je me suis senti très tôt l'étoffe d'un héros olympique.

Je parle beaucoup de ma passion pour le ballon. Mais quand j'étais gosse, je vouais une immense passion au sport en général. Dans ma mythologie d'enfant, je me voyais couvert de médailles olympiques. J'avais dix ans.

J'y croyais sans pouvoir imaginer qu'en 1984, à Los Angeles, je serais réellement sacré champion. Encore une rencontre avec le Brésil et une finale victorieuse pour l'équipe de France que je vécus malheureusement assis sur le banc de touche, suite à une blessure en quart de finale contre l'Égypte. Ce qui n'enleva rien à la joie de recevoir avec les copains, sur la plus haute marche du podium, l'or olympique.

Mis à part ce sacro-saint foot avec qui j'avais rendez-vous chaque soir après l'école, j'avais un besoin énorme de découvrir les autres sports et de m'exprimer en les pratiquant de façon presque fanatique, totale en tout cas.

Je me référais sans cesse aux jeux Olympiques. À cause des images de la télévision, je me voyais athlète et nageur. La natation, je la pratiquais les mercredis et samedis après-midi à la piscine municipale de Blois. Je voulais nager aussi vite que mon idole américaine : John Naber. Fallait me voir tout maigrichon en train de me battre avec l'eau dans l'illusion d'une glisse idéale! Je n'ai pas donné le temps aux chronomètres de concrétiser mes rêves de gloires aquatiques.

Je me suis plus vite réalisé en athlétisme. Là, j'évoluais en pleine euphorie, après les jeux de Mexico en 1968, une nouvelle vague d'athlètes noirs et blancs inventaient et imposaient une façon moderne d'être sportifs. Ils étaient forts, beaux et si décontractés. Ça me bluffait. Je trouvais dans leur allure souple et sûre un modèle à suivre. Je copiais leur façon de se concentrer. J'imitais leur démarche assurée et leurs habitudes vestimentaires. J'avais une licence scolaire au club de mon école Notre-Dame-des-Aydes, le club s'appelait l'Abeille des Aydes. Je courais vite mais c'est en saut en hauteur que mes qualités me rapportaient le plus de satisfaction. À quinze ans, je franchissais un mètre quatre-vingts, un record honorable en 1975.

N'allez pas croire que je me prenais la tête : mon plus grand plaisir était d'abord et avant tout de participer. Le baron de Coubertin avait en moi un adepte de l'Esprit olympique. Et bien sûr j'essayais de gagner.

Je vivais dans un état de boulimie sportive. Il n'était pas rare que je parte jouer au foot certains matins en championnat cadet avec l'US Chitenay, le club de mes douze ans, et que l'après-midi j'arrive essoufflé au stade de Blois pour prendre part à plusieurs épreuves d'une compétition d'athlétisme. J'avais une fantastique réserve d'énergie et d'enthousiasme.

J'ai eu ma période basket, mais elle n'a pas duré. Le côté cinq fautes personnelles me bridait trop. J'étais un explosif et j'avais du mal à m'exprimer dans ce sport de fillette, comme je l'ai qualifié en l'abandonnant. Et puis, comme tous les gosses de mon quartier, lorsqu'il y avait le tour de France, je devenais un as du vélo, un allumé du dérailleur. Avec ma bande, nous organisions des compétitions, des relais, des courses contre la montre, des boucles infernales où j'usais autant les boyaux de mes roues que mes genoux en voulant trop attaquer dans les virages. Alors là, il fallait me voir, quand je prenais ma bicyclette, j'étais un vrai pro. Je m'y croyais. Je m'identifiais complètement aux champions du tour. Je n'enfourchais ma selle que coiffé de ma casquette aux couleurs des meilleures équipes et je n'oubliais jamais mon bidon de flotte. Mais cet engouement s'évanouissait chaque été après la fièvre du tour. Le foot reprenait ses droits sur moi. J'aimais vraiment ça plus que tous les autres sports. J'étais doué, donc c'était plus facile, je me faisais plaisir. Je m'exprimais complètement. Les victoires collectives me remplissaient de bonheur, je découvrais sans cesse les joies de l'amitié à travers cette passion partagée.

3. Mon foot passion

Mon frère, mon complice

Toute cette époque de folie sportive, je l'ai d'abord vécue avec Patrice, mon frère. Pat et moi nous n'avons pas tout à fait un an d'écart. Il est né le 16 avril 1962 et moi le 24 avril 1961. Nous étions un peu comme des jumeaux aux caractères très différents : lui le calme, moi, l'intrépide.

Aux yeux de mon père, il était pourtant plus doué que moi au foot. Plus agile et plus rapide, il faisait exploser systématiquement toutes les défenses lorsqu'on jouait en bas de chez nous. D'où son surnom de Jairzhino. Nos duels gentiment fratricides avaient lieu dans le couloir de l'appartement : de fabuleux un contre un ou de terribles concours de tirs devant lesquels ma mère hurlait ayant peur qu'on brise tout. Nous avions chacun notre bannière et nous y étions fidèles. Le choix avait été très simple, lui était né à Marseille, moi à Nancy, donc, dans le long corridor se jouaient des matchs au sommet : Nancy-Marseille, ça cartonnait sec.

Nos confrontations atteignaient leur paroxysme une semaine par an. À partir du jour de l'anniversaire de Pat et jusqu'à la veille du mien. Chaque année entre le 16 et le 24 avril nous décrétions : « Ça y est nous avons le même âge, on est à armes égales, on va voir qui est le plus fort. »

On ne pouvait plus se contenter de nos incontournables Nancy-Marseille. Non, cette semaine-là se jouaient les Olympiades des Touré. Le long couloir ne suffisait pas à ces joutes totales où les courses à vélo, les acrobaties aux barres de fer de la ZUP, les concours de sauts près des mares de la forêt devaient nous départager. Tous les mois d'avril entre huit et quatorze ans, des combats permanents remplirent cette fameuse période où nous étions à égalité d'âge. Pat et moi étions très liés, et ces rivalités, organisées et consenties par nous deux, ne faisaient que renforcer notre fraternité. Pat, c'est mon complice de cette époque. Il connaissait par cœur mes défauts et ma force. C'était mon cadet, je le protégeais et je lui racontais à tout bout de champ des blagues et des imbécillités qui le faisaient rire. J'aimais le voir rire, et il ne lui en fallait pas beaucoup.

Ensemble, nous partagions mille secrets. Par exemple le plus caché de tous : Pat et moi avions un problème. Allez savoir pourquoi, jusqu'à l'âge de dix-onze ans nous avons fait pipi au lit, ce qui avait une conséquence fâcheuse sur notre pratique du football. Je vais vous expliquer... Le soir, après l'école, nous jetions nos cartables dans notre chambre et repartions, une tartine à la main, taper dans le ballon sur la place. Ma mère s'époumonait à nous ordonner de revenir, après le goûter, faire nos devoirs et prendre notre douche. Mais invariablement nous étions soudain frappés de surdité. Alors, comble de l'insulte, elle se mettait à la fenêtre, nous appelait en brandissant les couches culottes plastiques qui protégeaient nos lits de nos accidents nocturnes. Nous réagissions instantanément à la vue de ces horreurs. Comme des fusées, rouges de fureur, nous remontions illico presto. En arrivant dans l'appartement nous tempêtions contre le procédé déloyal utilisé par notre mère, qui répliquait que nous n'avions qu'à obéir. À l'âge de dix ans, Patrice arrêta de faire pipi au lit le premier, moi, bien sûr, je fis de même à sa suite. Nous n'avons plus jamais eu honte de ces couches détestées. Dès lors, ma mère eut bien du mal à nous convaincre de cesser nos parties de foot pour monter apprendre nos leçons.

En ce qui concerne ces années-là, et mes relations avec mon frère, je n'ai qu'un regret, un remords même : celui de l'avoir convaincu, un matin, de venir jouer au basket avec moi. Ce matin-là Jairzhino a enfilé une nouvelle peau, celle d'un Magic Johnson ou d'un Jordan Air. Le voilà, le traître, qui s'est pris d'intérêt pour ce sport où je me sentais si mal. J'ai tout essayé pour l'en dissuader, je l'ai traité de fillette, je lui ai tenu des discours bidon comme quoi le foot, c'était un sport d'homme, le sport roi. J'ai essayé de le déstabiliser pour qu'il y revienne avec moi. Aucun argument ne changea sa décision. Nous ne fréquentions plus les mêmes copains, mais je m'entendais toujours bien avec lui. Et puis, nos olympiades à la Touré ne s'arrêtèrent pas pour autant, nos duels fraternels furent longtemps de purs moments de plaisir.

Plus tard encore, le foot nous a vraiment séparés. Le jour où je suis devenu une petite vedette en herbe et surtout lorsque je suis parti à Nantes, en formation. D'ailleurs, ensemble, nous ne parlions jamais de foot, nous n'avons jamais évoqué ma carrière. Lors de nos rencontres, je lui parlais de ma vie, de mes voyages, mais jamais de foot, je savais que ça ne l'intéressait pas trop, alors je m'abstenais. J'ai toujours pensé qu'il était mon complice, qu'il connaissait mes capacités. Qu'il croyait en moi. C'était comme acquis et tacite entre nous. Alors pudeur ou insouciance, je n'ai pas creusé plus profond. La seule chose qui compta dès que je devins un homme public c'était la quiétude retrouvée en famille. On s'affrontait alors au tennis avec un engagement comparable à nos tournois passés. Et aucun des deux ne cédait facilement le moindre point.

Je l'ai toujours considéré comme mon petit frère et j'ai trouvé normal, lorsque mes salaires me l'ont permis, de lui donner un coup de main pour l'achat d'une voiture ou du premier appartement. Quand je jouais, je pensais aussi à lui. Mais je sais qu'il n'a pas dû être facile d'être le frère de José Touré. Patrice est sobre, sérieux, franc et fier. J'ai beaucoup de respect pour l'homme qui fait maintenant de la radio et possède son affaire dans le tourisme à Saint-Martin, aux Antilles françaises. Il ne se laisse envahir par personne et il sait dire : « non », contrairement à moi. Lorsque j'étais au top, il s'abstenait de déclarer qu'il était le frère de Touré, le footballeur, pour être tranquille, il n'avait pas envie qu'on l'importune avec moi et le foot. Je comprends ça.

Une des contraintes de mon métier, c'est cette distance qu'il impose par rapport à ceux qu'on aime. On joue deux fois par semaine, on voyage sans cesse. On perd de vue les êtres les plus chers. J'ai un peu négligé mon frère au moment fort de ma carrière. Mais je ne pouvais faire autrement. Beaucoup de footballeurs happés par le rythme trépidant connaissent et mesurent un jour ce vide. Récemment, David Ginola m'a parlé de ce même sentiment : à vingt-six ans, il découvrait l'espacement des relations que ce métier avait créé entre lui et son frère. On se quitte à quinze ans et à vingt-cinq ans – ou plus – on se sent étranger, comme appartenant à des planètes différentes, avec des parcours d'hommes qui nous rendent parfois distants.

Aujourd'hui, j'avoue que j'essaie de me rapprocher de mon frère et que je regrette de ne pas avoir su entretenir le fil de notre complicité, de n'avoir pas pris le temps de lui parler de ma vie et de certains de mes problèmes. De n'avoir pas cru bon de l'écouter. Lorsque j'ai plongé, il était là, discret comme toujours et un peu impuissant face au désastre. Je n'oublierai jamais quelques lettres et ces mots : « José je crois en toi, aie la foi en Dieu, ça t'aidera à remonter, tu ne peux pas être allé si haut et rester là, blessé, réagis et tous tes ennemis s'en repentiront un jour, vas-y Jo, réagis. »

Pat, c'est un type présent dans ces moments-là, il a le sens de l'utile. Depuis quelques mois, lorsqu'on se téléphone on se fend la poire comme à la belle époque sur les plages d'Ajaccio ou sur la place René-Coty à Blois. Lui, est content de me voir redevenir moi-même et moi, heureux d'avoir à nouveau envie de lui dire que la vie est belle. Nos chemins se sont rapprochés, je me sens moins seul à présent.

Premier baiser, premier frisson

Les autres frères, ceux de la rue, ne seront jamais aussi importants que Pat, mais j'ai grandi avec eux. Nous avons partagé les moments forts d'une adolescence turbulente. Ceux où les premiers buts et les premiers matchs sont aussi importants que les premiers flirts et les premiers baisers.

Mon premier baiser fut moins glorieux que mes premiers cartons sportifs. Je vous l'ai confié, super puceau j'étais, et les filles représentaient un mystère pour moi. J'avais un problème à douze ans, je ne savais pas « rouler une pelle » comme on disait. La première fois que j'ai vu un copain faire ça avec une fille, dans un hangar à vélos de la cité, j'étais là à côté d'eux, les yeux grands ouverts, à me demander comment ils réglaient leur affaire. Et mon premier essai ne fut pas une réussite.

Elle s'appelait Brigitte Raymond. Elle était grande, avait de longs cheveux, et se trouvait très convoitée par les jeunes mâles du quartier. Elle avait seize ans et déjà un sacré tableau de chasse à son actif. Mon ami Jean-Gilles était, lui aussi, amoureux d'elle mais elle jeta son dévolu sur moi. Mon pote jaloux me tira la gueule mais je ne pensais qu'à une seule chose : Brigitte. Nous nous sommes donné rendez-vous devant chez elle. Cet après-midi-là, avant l'heure cruciale j'ai passé un long moment dans ma chambre à donner le plus de style possible à mon habillement. Devant ma glace, j'ai cherché ce qu'il y avait de plus smart à mettre pour la circonstance. Le choix fait, j'ai pris mon vélo pour aller au rendez-vous, parfumé et bien coiffé. Je m'en souviens encore parfaitement, j'avais le cœur qui battait très fort, motivé mais tout de même très intimidé. J'étais fier d'aller à la conquête de Brigitte.

Je me suis assis à côté d'elle dans la cage d'escalier sans trop savoir quoi lui dire, j'avais douze ans. Sachant qu'elle voulait sortir avec moi – une de ses copines avait passé le message à un de mes compères –, je m'efforçais de prendre un peu d'assurance et je lui mis la main autour du cou. Elle me regarda avec un large sourire, me tendit ses lèvres et prit l'initiative du baiser. Cela a duré deux secondes. Elle me repoussa pour me dire comme dégoûtée : « Mais tu ne sais pas embrasser. » Non je ne savais pas. Quand j'ai senti sa langue pénétrer et fouiller ma bouche, je ne comprenais pas ce que, moi, je devais faire, je n'eus pas le réflexe d'en faire autant. Elle s'est foutue de moi, l'idiote, au lieu de m'apprendre. Je suis repartir, sonné par ses ricanements. Je pédalais, les larmes au bord des yeux, humilié dans ma fierté de petit homme et catastrophé en pensant aux conséquences lorsque tous mes potes sauraient que moi, José, j'étais incapable de rouler une pelle. C'est alors que j'ai appris que les femmes pouvaient me faire frissonner mais pas seulement de bonheur.

Le football des copains

Le plaisir de bouger et le désir de briller ne pouvaient que me pousser à devenir un vrai compétiteur. La rue est le merveilleux creuset, où la passion s'affirme, mais c'est sur le stade que mon ambition devait prendre forme.

Qu'un fils de footballeur vibre pour le football et veuille devenir footballeur, quoi de plus normal, direz-vous. Pourtant, ça n'a rien d'obligatoire. D'ailleurs les fils de footballeurs d'un bon niveau qui eux-mêmes réussissent dans le milieu sont très rares. Et mon père n'a jamais rien fait pour me pousser vers ce métier. Soyons clair, il n'a pas voulu nous décourager non plus, mais sa principale préoccupation était que nous recevions une bonne éducation. Mon frère et moi avons toujours fréquenté des institutions religieuses, symbole du sérieux, de la rigueur pour ma mère et garantie pour mon père d'un encadrement sans défaut. Ça devait le rassurer, lui, le musulman, de nous savoir inscrits dans un monde qui s'occupait autant de l'instruction que de l'éducation morale et physique. Il lisait toujours avec attention nos carnets scolaires, et rien ne le remplissait plus d'aise que les bons commentaires de nos professeurs et les bonnes notes.

Je mesure aujourd'hui la chance de Pat et la mienne d'avoir eu un père si raisonné. J'ai vu tant de parents tout au long de ma carrière martyriser leurs enfants à vouloir en faire des bêtes de foot, des as du tennis ou autres. Parfois, les parents projettent leurs désirs et leurs frustrations sur leur progéniture. Aujourd'hui, on voit trop de petits esclaves des sports rentables, au mieux, des apprentis forçats, à qui les adultes ont inculqué des rêves de gloire et de fortune, leur volant leur enfance et leur plaisir pour les amener très souvent à la déception de ne pas devenir l'élu, le champion et à finir avec un sentiment d'échec. Je plains ces gosses abîmés et je suis sûr qu'il faut laisser le temps à l'enfant de définir ses rêves, puis ses objectifs sous peine d'en faire un désillusionné, ou un sportif de cristal, prêt à voler en éclats à la moindre contradiction. Pour moi, Sport rime toujours avec Plaisir ; trop de monde l'associe au mot Profit, en spéculant sur les pactoles hypothétiques que les victoires procurent aux vedettes. Mes héros d'enfance, je ne savais pas qu'ils faisaient un métier en me fascinant. Et mon père a laissé mon plaisir me guider. C'est parfait ainsi.

J'ai commencé à jouer en club à onze ans en benjamin à Blois, le club où mon père terminait sa carrière en Championnat de France Amateur. J'ai rencontré là mon premier entraîneur-éducateur : Alain Charlot.

Monsieur Charlot, comme je l'appelais, fait partie de cette armée de l'ombre, de ceux qui tissent anonymement la force de la Fédération française de football. Ces êtres généreux ont la vocation de transmettre une passion, ils ne sont pas de la catégorie qui tirent la couverture à eux en cherchant les honneurs. Ces éducateurs-entraîneurs passent leurs soirées et leurs week-ends sur les stades et les routes de France, ils existent dans toutes les fédérations, ils ont le virus du sport, ils le communiquent et l'entretiennent. Ils donnent tout à la jeunesse. Ils aiment transmettre. Éducateurs, profs d'éducation physique, instits ou autres, ces bénévoles – très souvent – offrent sans compter leur temps aux enfants membres de leur association et de leur club. Ils rêvent de réussite pour leurs poulains et leurs élèves, mais pas d'une gloire clinquante, plutôt d'une harmonie dans l'équipe, juste de l'expression accomplie d'un goût commun. Bien sûr, parmi ces volontaires des fédérations sportives il y a parfois des sergents recruteurs rébarbatifs. Mais ils sont rares. Alain Charlot était un bon pédagogue, à mes débuts il a fait mieux qu'entretenir ma flamme, il l'a nourrie. C'était un animateur formidable et tellement disponible. À travers son exemple je voulais rendre hommage à tous ces anti-héros discrets du football.

Mon père passait de temps en temps lors de nos entraînements mais il ne s'attardait jamais. Pour ne pas me troubler. De la même façon, il ne m'a jamais fait de « démonstration » de foot. Il évitait même de m'en parler, sans doute me jugeait-il déjà assez allumé comme ça.

Ses premiers mots sur une de mes prestations furent comme souvent – venant de lui – des paroles de sagesse. Je jouais en minime contre un patelin voisin, mes parents étaient venus me voir. À cause de leur présence, je voulais tout montrer, mon talent, mon courage... TOUT. Normal pour un gosse aussi impétueux. Sur le chemin du retour, dans la voiture, mon père m'a dit : « Tu sais José, tu penses trop à dribbler. Le foot ce n'est pas ça ou alors il faut jouer seul. » J'ai enregistré cette phrase. Et j'ai compris la leçon. Ces quelques mots ont eu plus de poids qu'un discours. D'ailleurs, aujourd'hui encore, je suis plus sensible à quelques mots qu'aux longues déclarations et les seules personnes qui ont une bonne influence sur moi le savent.

En y réfléchissant, je trouve l'attitude de mon père très positive; il a refusé de favoriser un transfert trop évident du fils sur son père. Il a tenu à ce que Patrice et moi nous puissions nous épanouir librement. Et lorsque Pat s'est pris d'intérêt pour le basket, jamais mon père n'a essayé de le ramener vers le foot.

Pourtant c'est à Bako, mon père, que je dois un des tournants de ma jeune vie de footballeur. À douze ans je n'avais pas changé, rien ne me faisait plus plaisir que d'aller avec lui me promener, faire une course. Dans le milieu de femmes où j'évoluais, ma grand-mère – femme forte – et ma mère – femme aimante – débordante de crainte, la stature et l'allure de Bako me rassuraient. Séguéla aurait pu inventer pour lui le slogan de 1981, Bako, c'était ma force tranquille, celle vers laquelle je me tournais loin des jacasseries et des câlins féminins.

Nous revenions de faire quelques commissions dans Blois lorsque nous rencontrâmes Claude Berquez, un de ses copains. Berquez était le président de l'US Chitenay, un homme entreprenant et dynamique.

Chitenay est un petit village de trois cents habitants à vingt-cinq kilomètres au sud de Blois. Bizarrement l'AJ Blois où j'ai eu ma première licence était le club phare de la région. Mais moi, ce qui me fascinait à l'US Chitenay que j'avais déjà rencontré deux fois, c'était le standing. Les joueurs étaient dotés du même survêt, du même sac, ça faisait très pro. Cette panoplie m'attirait. Berquez savait trouver les budgets et les jeunes de son petit club avaient une sacrée allure. Alors a commencé une période de rêve : celle du Foot des Copains; une nouvelle vie où je tournais le dos au Macadam Football et à mes naïves épopées pour découvrir le sport en club et ses joies.

Je n'avais pas la grosse tête et je ne me souviens vraiment ni de mes buts ni de mes matchs de cette époque. Je crois avoir remporté en minime le titre départemental avec Chitenay. Mes vraies émotions étaient ailleurs, dans la vie de ce groupe. Avec mes potes Maublanc, Houdin, Girolet, Kergall, Fortin, Roubehie, Moreno, Termoir, Paulin, Bonnet. Ma joie de vivre, je la puisais et je la partageais avec eux.

Bien sûr, j'ai appris à dribbler encore mieux et à tirer des deux pieds. Mais franchement, c'était le cadet de mes soucis. Avec eux j'étais sous la bienveillante autorité de Bernard Croizet, un entraîneur-éducateur de cette espèce rare des généreux, discrets du foot français. Lui a su nous organiser et nous faire apprécier l'essentiel : l'amitié et l'envie commune de gagner.

Lorsque j'évoque cette époque de ma vie, je repense aux étapes essentielles que j'ai traversées. Aux premières boums et à l'esprit baba cool qui régnait dans ce début des années 70. Avec mes meilleurs amis, nous écoutions dans une remise les Pink Floyd, Rick Wakman et Neil Young. Nous portions l'uniforme du moment, sabots aux pieds avec Levis 501, gros pull shetland et l'écharpe de cinq mètres de long enroulée autour du cou. On s'achetait des cigarettes P4 qu'on fumait dans un coin isolé, nous délectant du goût du tabac et de l'interdit.

Puis les filles devinrent un pôle d'attraction permanent. La période des pantalons taille haute en Alpaga marqua nos débuts de séducteurs adolescents. Les must de nos quatorze ans étaient les costumes Jean Raymond, les imitations Weston et l'imper à la Bogart. La musique disco, plus favorable à la drague, berça nos rêves de conquêtes avec Cerrone, Boney M., Gloria Gaynor, Donna Summer.

J'essayais d'être bon dans tous les domaines pour impressionner et faire plaisir à mon père dont j'admirais la personnalité. Je le craignais et j'en étais hyper fier.

Tout ça semble bien loin du foot, il n'en est rien. « Tout ça », c'était l'avant et l'après foot. Ma vie, c'était le foot, et tout le foot se diluait dans ma vie. Tenez, mes problèmes de premiers baisers, eh bien, c'est par le foot que je les ai résolus.

Mon capitaine d'équipe Patrice Moreno m'avait briefé et donnait les indications stratégiques. « Tu invites une fille à danser un slow, après tu lui offres un verre, tu lui fais quelques compliments, puis au slow suivant, tu la serres de plus en plus, si elle se laisse faire, tu colles ta joue contre la sienne. Tu commences à lui donner des baisers dans le cou, tu remontes doucement jusqu'à sa bouche et tu l'embrasses. » Voilà, il suffisait de m'expliquer. C'est avec Sylvie que j'ai appliqué la méthode. Ça a tellement bien marché que j'ai passé mon après-midi sur elle à l'embrasser jusqu'à l'étouffer. D'ailleurs, le mercredi suivant à la boum, elle ne voulait plus voir ma tête, je l'avais traumatisée !

Avec Maublanc et Houdin, nous partagions tout : nos premiers titres de champion et même notre dépucelage. Je suis fier de les avoir aidés à réaliser ce grand moment – si court pourtant – dans la vie d'un petit mec.

Elle travaillait chez le médecin du quartier. Elle s'appelait Chantal. Je l'avais croisée plusieurs fois dans la rue, et nous avions sympathisé. Vers quatorze ans je me débrouillais mieux avec les filles. Ma tchatche acquise lors des vacances marseillaises et mes nouvelles connaissances techniques pour embrasser me rassuraient. Alors, avec cette Chantal qui était grosse et pas jolie, mais abordable, je jouais l'homme calme et sûr de lui. Jusqu'au jour où je l'ai convaincue de monter sur une mob prêtée par un copain pour faire une virée. Je l'ai emmenée dans un petit bois derrière le cimetière. Un endroit romantique et discret. Je sentais Chantal très disponible. Je ne m'étais pas trompé. J'ai découvert dans cette nature si généreuse de la Sologne le corps d'une femme. Comme un gourmand – trop pressé – je voulais tout goûter. Mes yeux, mes mains, ma bouche se disputaient les sensations. J'ai eu là cette fille facile qui m'a offert mon premier rapport sexuel éclair. Ça soulage et ça flatte, même si on se dit qu'on doit vraiment pouvoir mieux faire.

Chantal était une aubaine pour de petits branleurs qui rêvaient de ne plus l'être. La semaine suivante chez Houdin, ses parents travaillaient, je l'ai amenée. Mes deux potes s'étaient cachés. Sur le canapé du salon, je repartis à l'exploration de la femme, cette inconnue. Puis je parvins à convaincre la bonne Chantal de faire profiter mes copains de son ouverture d'esprit. Maublanc se dégonfla, Houdin, en revanche, perdit avec ma conquête ce fameux pucelage qu'on traîne comme un boulet à quatorze ans, lorsqu'on joue aux hommes sur les stades et dans la vie.

Sur le stade de Chitenay, couvert de bosses et de boue en hiver et desséché en été, je jouais plus que je ne m'entraînais. Je n'ai pas pris le foot au sérieux avant longtemps, je l'ai toujours pris « au plaisir ». Ce terrain posé entre une petite départementale et la forêt était un lieu d'expression, pas de pressions. J'aimais la victoire et j'évitais l'effort.

Bernard Croizet me confia un jour lorsque j'étais nantais et professionnel : « Bien sûr tu pouvais être époustouflant. Mais tu disparaissais aussi totalement pendant un match, sans que je sache pourquoi. Tu étais facile et inconstant. La grande différence avec certains des copains de l'équipe qui avaient une technique comparable ou meilleure que la tienne, c'est que tu avais un potentiel physique impressionnant. » Pourtant, je n'étais qu'un maigrichon pas bien grand, avec ma boule de cheveux à l'afro, et mes yeux pétillants. J'étais toujours prêt à faire une plaisanterie. C'est à nouveau Bernard Croizet qui me rappela mes pitreries : « Tu étais terriblement espiègle. Le sac ou les godasses planqués, les serviettes trempées, c'était toi. Un jour qu'on menait largement au score, je t'ai vu dribbler le gardien adverse, l'attendre, le redribbler avant de lui rendre le ballon en souriant. T'étais espiègle. Et, malgré ta facilité, tu la ramenais pas. D'ailleurs, tous les copains étaient fiers parce que lorsque tu es parti à Nantes, tu revenais nous voir fréquemment. »

J'étais un joueur et un chambreur : personne ne me

voyait grand champion, tant mieux, moi non plus. J'en avais rêvé, j'en rêvais encore, mais je ne me prenais surtout pas la tête avec des projets ambitieux. J'étais du style « Carpe Diem ». Un associé idéal pour « Le Cercle des joueurs disparus » dans un monde où je n'aimais déjà pas les gens qui se prennent au sérieux.

Pourtant, ces années-là, j'ai franchi une étape sans le vouloir, sans le savoir. En quittant l'insouciante époque du Macadam Football et de l'enfance, j'ai mis un pied dans un milieu très différent. Avec l'adolescence, j'ai fait un pas vers le monde des adultes. J'ai choisi un club parce que les sponsors habillaient bien les enfants. J'ai franchi le Rubicon. On ne revient pas aux origines naïves et aux racines innocentes ; le football était déjà un poulailler plein de poules aux œufs d'or. Je ne savais pas qu'autour de ces poulaillers, des renards rôdent pour voler les plus belles proies. Peut-être que mon père, lui, le savait. Peut-être est-ce la raison pour laquelle il ne m'a pas trop vite poussé vers ce milieu qu'il savait dur. Et qu'il m'a mis entre les mains d'un ami, Claude Berquez, en qui il avait toute confiance, afin de me protéger, moi l'enfant rêveur, arrivant sur le terrain des hommes avides de victoires et de gains.

Mon père spirituel

Claude Berquez ne déçut pas mon père, il s'occupa de moi à merveille. Il venait me chercher le dimanche matin pour aller jouer, je mangeais chez lui. Il me couvait, et devint très vite mon second papa poule.

À l'époque, les Berquez louaient une jolie maison à l'entrée de Chitenay. J'aimais cette bâtisse tout en longueur, rustique, avec des poutres apparentes, carrelée à l'ancienne. C'était une très charmante chaumière. Quant à Claudette, la femme de Berquez, franchement, je ne l'aimais pas. Je la trouvais sournoise et intéressée. D'origine paysanne elle s'était enbourgeoisée aux côtés de son mari et ça lui allait très mal. Un jour, j'ai découvert qu'elle trompait Claude avec un de mes copains, ça n'a fait que renforcer mon sentiment négatif envers elle. J'étais mal et même lorsque Claude l'apprit, bien plus tard, je ne lui en ai pas parlé tellement j'avais les boules. Avec Claude, je me sentais bien. Il y eut très tôt de la complicité entre nous. J'étais fier et heureux qu'il vienne me chercher. J'aimais manger chez lui pour parler de foot. Je sentais que sa bonne femme ne m'appréciait pas trop et je la comprenais parce qu'il s'occupait de moi comme d'un fils. Je m'en foutais : avec lui s'était super. J'ai lu plus tard dans un article du journal *L'Équipe*, écrit par ce fidèle et bon Michel Nait-Challal, que Claude Berquez partageait mes sentiments, voilà ce qu'il racontait lorsque je jouais en 1987 à Bordeaux, à propos de notre rencontre des débuts 1970 :

« Un jour j'ai vu jouer José dans un match à sept, il était pupille. J'ai été sidéré par sa facilité. J'ai demandé à son père de l'inscrire dans mon équipe de football. Il m'a regardé et m'a dit : “ Si tu le veux, prends-le. ” Bako Touré pensait que son fils s'exprimerait mieux au sein d'un petit club. J'ai effectué un transfert sur José Touré. Il a réalisé la carrière sportive que j'aurais aimé réussir. C'est un peu mon fils spirituel. Je dois dire que c'était un garçon réellement attachant. J'allais le chercher à la ZUP, à Blois, tous les matins d'avant match. Je me souviens de son survêtement rouge et de son petit sac bleu. Il n'était pas frimeur pour un rond. Un gosse tout simple, qui prenait un plaisir fou à taper dans un ballon et à retrouver ses copains de Chitenay. Il déjeunait chez nous ou chez ses coéquipiers. Il offrait toujours une rose ou un paquet de chocolats à la maîtresse de maison. C'était un garçon sensible, décontracté et naturellement gai. Et puis, quel joueur! Un dribble naturel et un extraordinaire jeu de tête. »

J'aimais Claude. Claude m'aimait. Ma vie pendant cette période du Football des Copains était ensoleillée par l'amitié. Claude Berquez est devenu mon père spirituel.

Mon père a fait un acte fondateur essentiel en Afrique et primordial pour moi, l'enfant joueur. À ce moment-là, il m'a confié à cet homme. Et le jour où Bako – mon père, mon héros – est parti, le triste et mémorable jour où mes parents ont divorcé, j'ai comblé, avec Claude Berquez, mon manque. À quinze ans, un garçon a le besoin fondamental de son père. Moi, j'ai ressenti un grand vide. J'ai joué le jeu à fond avec celui qui avait demandé à Bako – mon père – de lui confier ma passion.

Claude Berquez sera l'homme clef de ma vie d'homme et de ma carrière de joueur professionnel. Il m'a protégé, m'a aimé, m'a conseillé et m'a guidé. Et puis, un jour maudit, il m'a tué en me trahissant pour une grosse poignée d'argent; il m'a donné envie d'arrêter de vivre.

Mais entre ce jour béni où j'ai découvert le foot des copains et ce jour maudit où j'ai découvert le foot des coquins, il y a eu les années d'or, celles qui ont transformé doucement l'enfant joueur en joueur professionnel. Un sacré itinéraire où de quinze à vingt ans j'ai fait mes classes. De vingt à vingt-cinq ans j'ai eu mes plus belles réussites professionnelles et de vingt-cinq à vingt-neuf ans, j'ai lutté avant de tout quitter, parce qu'en perdant l'amitié d'un seul homme – Claude Berquez – un pan trop grand de ma vie s'effondrait. À cet instant j'ai connu la ruine – mais on y survit – en revanche, je n'ai pu me retrouver dans les ruines de quinze ans d'illusions perdues et d'une si belle affection volée.

Le divorce

C'est un événement que je ne peux pas raconter... Vingt ans après – c'est arrivé en 1976 –, je ne l'ai toujours pas digéré. Je n'ai pas pris de distance avec cette douleur. Elle s'est inscrite dans toutes mes fibres et je la sens si forte, si déterminante dans les mauvais choix qui ont suivi, que j'essaie plus de la noyer que de la discerner.

J'avais quinze ans. Il y avait de l'eau dans le gaz entre mes parents. Rien n'allait plus. Des disputes incessantes, la bagarre non-stop, enfin le coup classique avec les enfants au milieu. J'étais l'aîné, ma mère venait pleurer avec moi et me prenait à témoin. Je souffrais d'impuissance. Mon frère ne disait rien, quand je dis qu'il ne disait rien, c'est qu'il ne laissait rien paraître de sa tristesse. Moi, j'étais chamboulé. Petit mec, mais encore enfant, je défendais ma mère et je commençais à détester mon père : une haine terrible qui me fit m'opposer à lui physiquement, sentiment anormal qui me blessa et me sépara de lui pendant des années. Si longtemps... Et puis, l'insupportable devait cesser. C'était très difficile à vivre parce que ma mère était triste et que chacun de nous est malheureux quand sa maman est peinée, puis parce que j'admirais mon père et qu'il prenait au quotidien une part importante dans ma vie. J'avais senti qu'entre mes parents, depuis quelque temps, ça n'était plus le grand amour, mais je pensais plus à une mauvaise période qu'à une cassure définitive. Je prenais parti pour ma mère parce que je voulais la défendre, sans savoir pourquoi ils se disputaient, c'était naturel. Je n'acceptais pas l'attitude de mon père : il était le chef de famille et, à mon avis, il n'avait pas le droit de créer cette ambiance, son rôle était de protéger, non de diviser.

La fin des disputes me déchirait. Mon père partait en claquant la porte. Ma mère s'apitoyait sur son sort, dans un coin. J'essayais de la consoler. Un matin j'ai craqué, mon père cherchait des poux à ma mère pour une histoire de dossier égaré, juste pour faire monter la pression. Je suis rentré dans le salon et j'ai gueulé : « Tu nous emmerdes maintenant, puisque tu n'aimes plus maman, qu'est-ce que tu attends pour partir ? Nous ici on n'attend plus que ça. » J'en pleurai de rage. Ce fut la fin de toutes relations avec mon père jusqu'à son départ.

Je repense souvent à ce jour d'orage qui déchira la famille et à mon explosion rebelle, à ces mots hurlés trop fort. « Si c'est ça, alors pars, laisse-nous. » Et il est parti.

Et il nous a laissés. Il a fait ce que j'avais dit. Il a cru ce que je ne voulais surtout pas voir se réaliser. Mon père, ce héros, nous abandonnait. Il est allé en Afrique ouvrir une discothèque et un restaurant. Le pire, c'est qu'il me laissait là, en révolte contre lui, sans que nous nous expliquions.

Patrice, ma mère et moi nous sommes installés dans un gentil petit bonheur à trois. J'ai redoublé. J'ai été encore plus intrépide dans la rue et indiscipliné en tout. J'ai aimé plus fort mes copains, le ballon. Je me suis confié corps et âme à Claude Berquez. En lui je trouvais un peu de l'amour paternel laissé sous forme d'une procuration.

Papa poule a décidé de partir vivre en Afrique. Au fond de moi, mon cœur criait « le traître », et le plus dur c'est que pour rassurer ma super maman pleine de courage, je n'ai jamais laissé couler ce fiel de la déception enfouie en moi. J'ai ravalé mes cris et ma peine. J'ai construit ma nouvelle vie sur cette faille béante. J'avais mal et je souriais. La lâcheté des adultes, la dure loi de la vie de couple m'imposaient le mensonge et la tricherie. Je n'ai trouvé personne à qui me confier. J'ai refermé ma plaie sans la nettoyer. L'échec de mes parents a infecté ma joie de vivre. Je me le suis caché longtemps. Mais aujourd'hui j'en suis conscient, je ne m'en suis jamais remis. Le monde des adultes m'avait déçu.

Heureusement Claude Berquez était là, il me réconfortait. Je me sentais protégé avec lui et j'en avais besoin car ma mère et ma grand-mère ne pouvaient pas m'apporter cette sécurité qui me manquait sans Bako : elles me gavaient d'amour. Mais à quinze ans, j'avais d'autres besoins.

Claude m'expliqua qu'il ne fallait pas que j'en veuille à mon père, que je ne devais pas le juger. Ce fut une des raisons supplémentaires pour lesquelles je le respectais : il protégeait son ami de ma rancœur.

À Chitenay je me construisis une grande deuxième famille. Après les matchs je mangeais souvent chez Bernard Croizet, mon entraîneur, ou dans la famille Cizel, chez mon copain Christophe avec qui je jouais. Ma dernière année au club, l'équipe a remporté le titre de champion du Loir-et-Cher. Le petit club de patelin avait fait sa loi, celle de l'amitié. Ça peut paraître idiot avec tout ce que j'ai pu gagner par la suite, mais j'en suis toujours très fier et cela reste un souvenir inoubliable.

Mais vous l'avez compris, en 1976, lorsque Bako est parti, quelque chose s'est cassé tout au fond du petit José, je ne sais pas comment le définir, confiance ou sérénité, jamais plus le bonheur de l'après-divorce n'aura l'intensité de celui d'autrefois. Même si j'ai voulu lutter contre ce sentiment, j'ai toujours perdu. J'ai eu tort, mais c'est ainsi, mon plus grand échec ce n'est pas le mien, c'est celui que d'autres, sans le vouloir, m'ont imposé, parce que je les aimais trop, parce que, simplement, tout s'est passé au moment où j'avais tant besoin d'eux... ensemble.

DEUXIÈME PARTIE

L'ÂGE D'OR

1. Formation nantaise

Mon stage à Nantes

Contrôle du genou, cafouillages et centre derrière les buts, voilà comment je me suis fait remarquer cet été 1977 lors de ma semaine de stage à Nantes.

Et ce petit homme sec qui n'arrête pas de me gueuler dessus chaque fois que je rate un truc. Mais qui c'est ce roquet qui me les gonfle grave? Renseignements pris, cet aboyeur a joué avec papa dans les années 60, ici même, à Nantes, et il s'occupe des jeunes. Il s'appelle Jean-Claude Suaudeau, on l'appelle Coco. Et moi, je pense de plus en plus que je n'ai rien à foutre ici.

Chaque jour, ce « Coco » me terrorise. Plus il gueule, plus je fais n'importe quoi. Et puis ses exercices « technico-tactiques » comme il dit, je ne les assimile pas, je m'en fous même. Ce stage est une catastrophe. Pourtant, ça avait bien commencé... enfin comme j'aime, quoi, tranquillement. Je suis arrivé le premier jour au centre, rue de la Ville-en-Bois, près de la place Canclos. Je n'ai jamais vu un centre, avant. Celui-là est une villa de deux étages, en pleine ville, où logent une dizaine de jeunes joueurs. Le premier que j'ai rencontré, c'est Michel Bibard, les autres étaient à l'entraînement de l'après-midi. Bibard était au repos avant un match avec les pros. Le pauvre se reposait donc avant que j'arrive et que je le mitraille de mille questions sur les conditions d'entraînement, l'ambiance et tous les secrets sur les pros, un véritable interrogatoire. Sympa, il répond patiemment. Il a dû être comme ça lui aussi, impatient de découvrir et anxieux de savoir ce qui se passe vraiment dans un centre de formation.

Celui de Nantes est célèbre. C'est Yvon Moknachi qui, avec le directeur technique régional du Loir-et-Cher, Roger Meersman, m'a fait inscrire à ce stage. Il y a un an, José Arribas, l'entraîneur « Historique » du grand Nantes, parti à l'OM, m'a sollicité pour aller en formation à Marseille mais ma mère n'a pas voulu, elle voulait que je finisse mes études. Mes études, mon œil! En fait, elle ne voulait pas que j'aille si loin. Nantes, ça l'a rassurée, elle m'a laissé tenter ma chance.

Quel stage galère! Tous les matins, Antoine Madani vient me chercher à l'hôtel Graslin où je suis logé. Et tous les matins, il fait la gueule. Ça doit l'emmerder de me récupérer. Il ne dit pas un mot, il ne sourit pas. Pourtant, avec sa coupe à la Jackson Five et sa peau chocolat, il ne devrait pas me snober, ce frère. En fait, je le découvrirai plus tard, Antoine est un garçon timide mais un bon compagnon. C'est moi qui flippais pour rien.

Une seule chose m'excitait, croiser les professionnels. J'étais un vrai gamin dans la tête. Et pas bien costaud de toute façon, à seize ans j'étais plutôt fluet, pas encore formé physiquement, je devais mesurer un mètre soixante-douze pour une soixantaine de kilos.

Les entraînements de cette semaine étaient bien différents de ceux effectués à Chitenay ; je me sentais perdu. Jusqu'à cet après-midi à la fin du stage, rendez-vous aux Basses Landes – le QG des pros – pour un match contre eux. Je l'attendais tellement cet instant!

Ceux qui m'observent depuis le début du stage n'en reviennent pas. Une révélation! Je fais une belle prestation. Je me sens à l'aise, inspiré, tout simplement en confiance et heureux de jouer.

Car c'était là mon problème. Je ne m'entraînais pas,

je n'étais pas là pour bosser, j'étais venu pour jouer. Ce match a été déterminant pour moi, grâce à cette joie que j'ai éprouvée à me frotter à mes héros, la bande d'Henri Michel, j'ai pu montrer de quoi j'étais capable et faire étalage d'un certain talent.

Le fameux « Coco » m'a inscrit sur ses fiches. J'étais retenu, fier comme un roi d'avoir été choisi. Ma nouvelle vie de foot commençait.

Débuts difficiles

À l'époque, j'étais un vrai chahuteur, et très soupe au lait ; je n'aimais pas qu'on me marche sur les pieds, mais j'adorais brancher les gens. Je manquais énormément de maturité parce que je n'étais pas affranchi dans le sens où, pour avoir des droits dans un centre de formation, il faut faire ses preuves à chaque entraînement. C'est crampons au pied que tu gagnes le droit de l'ouvrir à la cantine ou dans les couloirs du dortoir. Ça, j'avais du mal à m'y faire, pas parce que je manquais d'ambition mais parce que le foot n'était qu'un jeu où j'exprimais ma passion. Je ne montrais pas, en arrivant au centre en septembre, après mon stage, l'esprit de conquête de certains. J'avais parfois la grosse tête parce que j'avais l'intuition de mon talent mais je n'avais pas les dents assez longues pour faire ma loi.

Alors, parfois, je faisais la gueule pour une connerie. Et chez moi, faire la gueule, ça ne durait pas une heure : je pouvais rester une semaine sans parler à personne. Bonjour l'ambiance !

Je me suis fait très vite un vrai copain, un jeunot comme moi. Je l'avais rencontré en avril de la même année, à la coupe nationale des cadets, au Touquet. Il m'avait annoncé fièrement qu'il avait signé au F.C. Nantes. Je lui avais dit que j'y serais en stage en juin. Avec ce petit brun bouclé, timide dans la vie, et solide sur le terrain, j'allais faire un sacré bout de chemin de l'apprentissage à Nantes jusqu'à l'équipe de France, cet ami c'est William Ayache.

Willy et moi nous étions complémentaires, lui anxieux avant les matchs, moi, déconneur, je l'aidais à combattre le stress. Lui hyper professionnel et sérieux, moi facile et inconstant, il me ramenait à la réalité du métier. Nous étions inséparables. Et les règles de l'amitié ont toujours régi nos rapports. La vie, beaucoup plus tard, nous a éloignés l'un de l'autre mais je n'oublie pas l'ami avec qui j'ai partagé une passion intense pour le ballon et avec qui j'ai fait les difficiles premiers pas dans la profession.

Sacré Willy, cinq jours après nos débuts au centre pour nos deux années d'aspirants – avant l'année de stagiaire, puis si le destin et le talent le voulaient, le premier contrat de professionnel – il me percuta violemment et je fus hospitalisé cinq jours pour traumatisme crânien. Un duel aérien avec William et un coup de tête sur ma tempe m'avaient mis KO. Grâce à lui, j'ai tout de suite fait connaissance avec le kiné Auguste Breteaudeau, notre gourou, un fidèle pilier du F.C. Nantes puisqu'il avait soigné mon père, et avec notre docteur André Lescodron, dit Dédé.

Remis sur pied, je n'attendis que quelques semaines pour me faire une double entorse de la cheville et être plâtré pendant cinq semaines. Voilà le bilan de ma progression avant la trêve hivernale de la saison 1977-1978.

Suaudeau, mon pygmalion

Suaudeau se posait des questions sur ce garçon talentueux, enthousiaste mais fragile. Et puis, pendant cette trêve, après m'être bien remis de cette double entorse, aidé par ce sorcier de Breteaudeau superkiné, je fus le seul jeune Nantais à être sélectionné en équipe de France junior. Henri Guérin, le patron des juniors tricolores, m'emmenait avec l'équipe à San Remo pour un tournoi international.

Je me souviendrai toujours de la manière dont je l'ai appris. Ce matin-là, je pars aux Basses Landes où se situaient les quartiers d'entraînement du club. C'était l'âge de pierre par rapport au centre de la Jonelière en construction où j'allais finir mes années de formation. Je revenais du lavomatic où j'étais allé faire ma lessive. Je croise Maxime Bossis, qui était un monstre pour moi. Le grand Max, un gars discret, parlait peu. Les pros, dans ma tête, c'était des monuments. Il était rare que je les rencontre sauf pour des galops d'entraînements, ou des petits matchs. Et là il ne fallait pas se montrer trop virtuose ou arrogant dans sa façon de jouer. Je l'avais été, très vite ils m'avaient mis à l'heure par un efficace rappel à l'ordre sous forme d'un pressing appuyé au niveau des chevilles. C'est ça le respect, ça se cultive. Et pas question qu'un jeune l'oublie. Mis au pas, lorsque je rencontrais un pro, je le saluais toujours avec retenue et déférence.

Ce que je fais en croisant le grand Max qui me répond avec un petit sourire : « Félicitations », et continue son chemin. Je n'ose pas le rattraper pour avoir des explications. Je continue jusqu'au baraquement, style maison de chantier qui servait de vestiaires aux jeunes. Là, les copains m'ovationnent et m'apprennent ma première sélection en équipe de France. Au milieu de leurs encouragements et félicitations, j'ai pensé d'abord à Bossis et à son petit mot ; ce jour-là ce geste était plus important que la sélection.

Comme toujours, en situation extrême de compétition, je fis un supertournoi. J'étais comme un poisson dans l'eau. Facile et créatif, j'eus droit aux louanges de la presse locale italienne. À dix-sept ans, revêtir un maillot de l'équipe de France, c'était un rêve de gosse qui s'accomplissait. Jouer contre la Bulgarie, l'Italie... J'avais encore en tête mon premier match international imaginaire joué avec les potes, place René-Coty contre les Portos. C'est à tout ça que je pensais. J'aurais aussi aimé que mes copains de Chitenay et de Blois soient là pour m'encourager, pour être fiers de moi. Je les imaginais disant : « Eh, c'est José! C'est notre pote, on le connaît! »

Ce maillot tricolore est le seul que j'aie conservé de toute ma carrière de footballeur. Les autres, je les ai tous offerts pour faire partager mon bonheur. Mais celui-là est bien plié dans une armoire parfumée d'un petit sac de thym qu'avait fait ma grand-mère, à la campagne, à Fougères. Ce tournoi m'avait fait mûrir. Suaudeau a bien vu qu'à mon retour j'avais pris conscience d'une autre dimension. D'une part, j'étais le seul Nantais sélectionné, donc j'avais eu à cœur de représenter mon club et puis j'avais goûté aux honneurs, aux vrais. Je muais, je me sentais bien dans ma nouvelle peau, je m'éloignais du Macadam Football pour prendre plus au sérieux le football des grands clubs.

C'était bon d'avoir gagné en assurance. De retour à Nantes, le regard des autres sur moi a changé, j'étais comme un soldat qui revient du front, médaillé. J'étais d'ailleurs à la limite de l'enflure de tête. J'avais, pour la première fois, à un haut niveau pu exprimer mes possibilités et prendre conscience de mon potentiel. Mes rapports avec monsieur Suaudeau changèrent. Je ne l'appelais pas encore Coco. Mais ça viendrait.

Pourtant, je ne l'aimais pas au début, ce gueulard sans psychologie. Il me gonflait, il trouvait que j'étais bidon dans mes contrôles, que je ne travaillais pas assez, que je trichais. Bref il n'y avait rien de bon chez moi pour lui, sauf l'enthousiasme et encore, il considérait que je ne le mettais pas assez au service de mon travail. Il n'aimait pas mes plaisanteries. Au début, nos rapports furent bloqués, très difficiles.

Il a fallu que le petit « fils du soleil », le gâté à sa maman, le caractère épineux s'érode au contact de la vie quotidienne de groupe et en compétition.

Ce fut beaucoup plus tard que j'ai compris que, s'il me demandait beaucoup, c'est qu'il estimait que j'en avais les capacités. Dès lors plus j'ai pris goût à l'effort, que ce soit qualitativement ou quantitativement, plus nos rapports sont naturellement devenus simples et proches, dans la vie comme sur le terrain.

Le jour où j'ai accepté de m'adapter à son point de vue, de cesser de me rebeller contre sa façon de me voir, alors j'ai progressé très vite, je ne l'ai plus considéré comme un chef, un entraîneur hurleur, mais comme un père qui conseille son fils. D'ailleurs, pour me chambrer, à cette époque, les copains me surnommaient parfois « le fils de Coco ». Aujourd'hui, depuis que je vais mieux, c'est une des premières personnes que j'ai contactées pour lui raconter mes projets, lui dire que je sortais enfin d'un enfer. Je tenais à le rassurer sur mon sort car je crois à un attachement réciproque. Coco Suaudeau m'a aidé à me découvrir, il est le Pygmalion qui m'a fait footballeur.

Ce fut dur et lui, Coco, fut dur avec moi. Je n'oublierai jamais une entrevue à la fin de mon année de stagiaire, j'avais dix-neuf ans, je devais passer pro quelques semaines plus tard. Mes premiers pas avec les pros avaient été couronnés par la chance et des buts. Ça m'avait un peu monté au bonnet. Les journaux m'appelaient « Touré la chance », « le Joker ». *L'Équipe* m'avait donné la une me comparant à mon père Bako Touré, « une famille de buteurs ». Suaudeau avait senti qu'il fallait agir. Il me convoqua dans son bureau. On a beau avoir pris du volume de jeu, une convocation dans le bureau de l'entraîneur, c'est sérieux. J'étais dans mes petits souliers. Suaudeau m'attaqua bille en tête : « Tu n'as pas pris conscience de tes réelles possibilités et donc tu ne te donnes pas le choix de les exploiter. Au train où tu évolues mentalement par rapport à ce métier, si tu ne changes pas du tout au tout je ne te ferai pas signer pro à Nantes. Tu n'as pas l'esprit pour réussir dans ce sport chez nous. »

Pendant l'entretien je n'ai rien laissé paraître. Je me doutais qu'il ne me ferait aucun cadeau mais là, j'étais assommé. Je peux l'avouer, je suis allé pleurer de rage et de déception dans ma chambre.

Cette étape me fit réagir. Coco Suaudeau m'avait piqué au vif. Le lendemain, je me mis au travail comme un âne et humblement : oui, j'ai bossé comme un âne humble. C'est ça l'école du foot, le talent ne suffit pas. Et tes maîtres te le font rentrer dans la tronche à coups de calottes, si tu ne supportes pas, retourne dans la rue. Mais moi, j'avais choisi, fini le macadam, bonjour le gazon.

Voilà ce que m'a appris Coco : distinguer le foot de quartier où la seule règle pour jouer était de finir ses devoirs avant d'aller taper le ballon, et le football des grands clubs où seuls les plus forts s'expriment. Être fort, ça ne suffit pas, il faut vouloir être *chez* les plus forts.

Et puis son génie, Coco l'exprime sur un terrain. Lorsque je regarde jouer Barcelone à la télé, je vois ce que j'ai appris avec Coco Suaudeau, le jeu sans le ballon en mouvement, la disponibilité autour du ballon, la maîtrise technique, tout ça je l'ai vécu à Nantes. Le football, c'est la rigueur, c'est vrai, c'est l'efficacité, c'est vrai aussi, mais c'est avant tout de l'enthousiasme à communiquer et Barcelone, comme le FC Nantes, en sont les reflets. Suaudeau est habité par la passion et ses entraînements sont pleins d'imagination, tu ne t'ennuies jamais avec lui, tu découvres et tu partages. J'aurais pu rester cinq heures sur le terrain dès qu'il m'a fait comprendre que je ne travaillais pas pour lui mais pour moi.

La maman de Nantes

Suzon, c'était notre maman à la maison de la Ville-en-Bois, au centre de formation. Petite et un peu forte, elle était la mama. Elle préparait tous nos repas. Elle habitait là, au rez-de-chaussée de la maison de deux étages. Son rôle primordial nous rappelait à tous, les jeunes en apprentissage, la vie de famille et la douceur de l'enfance. Comme une mère aime l'être, Suzon était omniprésente. J'adorais sa cuisine. Avec Fabrice Picot, Fabrice Poullain, Seth Adonkor, Michel Bibard, nous étions des ogres et Suzon était fière de nous voir finir et lécher tous ses bons plats. Notre préféré était une sorte de chou farci qui n'avait strictement rien à voir avec la diététique sportive, nous l'appelions le plat syrien. Mais elle ne se contentait pas de nous régaler. Elle nous dépannait pour tout, il lui arrivait de faire nos ourlets de pantalons, de repasser nos chemises. Quelle femme merveilleuse! Lorsque nous sommes partis au centre de la Jonelière en 1979 hyper moderne et bien pensé – rien n'était plus pareil avec Suzon, la dimension du lieu ne nous permettait plus l'intimité qui en avait fait notre fée du logis. Elle était devenue minuscule dans l'immense et froide cantine où la surveillance diététique des menus interdisait les gourmandises. Nous n'avions plus le droit d'aller en cuisine papoter avec notre mama pour savoir ce qu'elle préparait de bon. Perdue dans la salle à manger grande comme un hall de gare, Suzon n'était plus si heureuse qu'avant. Et petit à petit, son rôle devint mineur, elle nous quitta.

Avec son départ, j'ai perdu encore un petit bout de temps passé, de la famille, de l'insouciance, de la chaleur humaine. Il était vraiment temps de réaliser que le foot allait devenir mon métier.

2. Premiers matchs, premiers succès

La loi de la jungle

Être pro, pour moi, ce n'était pas évident. Dans ma tête, je ne suis devenu un professionnel que le jour où j'ai compris que l'enthousiasme des débuts ne suffisait plus à ce niveau : à la passion se substituait la pression.

Mon école de la vie, je l'ai vécue à Nantes. Mes classes d'homme, je les ai accomplies au centre de formation. À l'époque où tous les jeunes de dix-sept-dix-huit ans musardent après les cours et rentrent chez eux le soir. Avec mes potes du centre, on se musclait les cuisses, Suaudeau nous mettait du plomb sur les épaules et dans la tête, on était prêt à cirer les pompes des pros, nos modèles, et on savait que sous peine de tacles magistraux, il convenait de ne pas bousculer la hiérarchie.

En réalité, j'ai choisi ce métier sans savoir au début ce qu'il représentait vraiment comme contrainte. J'aimais le folklore du milieu, dans les vestiaires de Chitenay je jouais au pro, avec mes souliers à crampons bien cirés, mes protège-tibias et mon tube d'Algipan pour faire briller mes cuisses plus que pour les chauffer. Mais être pro, ce n'est pas ça. Ma « supériorité » et ma facilité m'avaient amené à briller au petit niveau chez les très jeunes. Il m'a fallu accepter d'apprendre et décider de travailler.

Au commencement, être pro de foot, c'était – je le croyais du moins – éviter la contrainte d'aller à l'école, je ne concevais pas cette activité comme un travail.

Le départ de mon père en Afrique m'a poussé vraiment vers ce destin. Quand j'ai décidé de devenir footballeur professionnel, j'ai voulu prendre en main ma destinée, motivé par deux forces opposées, la rancune que je ressentais vis-à-vis de mon père et sa fierté que j'imaginais, à me voir suivre ses traces. Mais le plus important était de prouver à ma mère qu'elle pourrait s'appuyer sur moi plus tard.

Ma mère, après avoir hésité, fit tout pour soutenir mes efforts. À dix-huit ans je me suis fait une entorse du genou, j'étais en deuxième année, aspirant à Nantes. Arrêté, en soins et repos obligatoires, je vivais très mal le statut de blessé.

C'est terrible ce métier quand tu es blessé, tu es à l'écart, tu n'appartiens plus au même monde que les autres, les actifs. Trop susceptible, trop fier aussi, je n'ai pas supporté cette mise au rancart de fait. J'ai commencé à faire la gueule. J'ai appelé ma mère pour lui dire : « Le foot, ce n'est pas pour moi, je boucle mes valises et je rentre à la maison. » Ma mère me répondit texto : « Si tu arrêtes le football pour si peu, tu ne réussiras rien, ni là ni ailleurs. Si tu arrêtes le foot dès à présent, tu ne seras jamais un homme, et si tu rentres à la maison tu ne seras plus mon fils. » Clac. Elle a raccroché. Ce jour-là j'ai compris que le football que je vivais maintenant ce n'était plus de la rigolade, que le foot ce n'était plus un jeu, que c'était la jungle. Et là, celui qui arrête de se battre se fait bouffer. Le message était clair : Tu te bas ou tu meurs. Je n'ai pas bouclé mes valises et je suis resté dans la jungle... à Nantes.

Les femmes

Anne-Laure B. fut mon premier amour. Lorsque je l'ai rencontrée j'avais douze ans et elle dix. Je l'ai aimée dès que nous avons échangé un regard. À l'époque, son école était en face de la mienne, et on se croisait souvent. Ses copines gloussaient de rire lorsqu'elles me voyaient, elles savaient que nous éprouvions un sentiment l'un pour l'autre, que j'étais son amoureux, très platonique. Anne-Laure rougissait. En grandissant, elle est devenue une très belle fille. Je fondais pour elle, ses cheveux couleur de miel, ses taches de rousseur et son petit nez en trompette. Je l'ai embrassée la première fois devant chez elle dans une des ruelles du vieux Blois. J'avais dix-sept ans et un tourbillon de bonheur se leva en moi.

J'étais à Nantes, je jouais en troisième division en équipe réserve. Après les matchs, je prenais le train pour la rejoindre. Pendant le voyage, elle me faisait rêver. Nous nous rencontrions à la sauvette comme de véritables amants; nous nous cachions pour nous embrasser. Non que nous craignions d'être surpris, mais nous nous plaisions à jouer cette comédie, nous avions l'impression d'être des oiseaux se cachant pour s'aimer en secret, buvant la liberté d'être à deux, rien que deux. Ses parents vivaient séparés. Sa mère ne m'appréciait pas beaucoup, elle ne devait pas aimer les Blacks. Donc, je n'allais chez elle qu'en clandestin. Elle habitait dans une ancienne demeure du vieux Blois, sa chambre était dans un pigeonnier. La première fois que nous avons fait l'amour Anne-Laure m'a envoûté. Sa mère était absente, elle a allumé un immense feu de cheminée, je me suis installé dans un canapé et elle s'est mise au piano. Elle a joué un air style Bylilis. J'étais dans le cosmos. La suite s'est jouée sur le tapis, devant la cheminée, sous une couverture en fourrure; notre étreinte dura toute la nuit. Pour un sacré romantique comme moi, ce fut le nirvana.

Pour la rejoindre et échapper à la vigilance de sa mère lorsqu'elle était présente, je devenais un casse-cou. J'entrais dans la cour et grimpais jusqu'à une étroite lucarne qui donnait directement sur l'escalier en colimaçon accédant à sa chambre. Je devenais un ange de la nuit, pris entre la peur et l'excitation de la situation.

Anne-Laure savait créer des ambiances fascinantes. Elle préparait un plateau repas, allumait des bougies parfumées et m'emmenait dans ses bras aux sommets du plaisir. C'était sublime.

Cette belle histoire ne m'éloignait pas de ma mère à qui je vouais un amour filial sans faille. Elle était attentive et omniprésente. Généralement, les adolescents prennent leurs distances avec leur mère. Pas moi, je restais continuellement en relation privilégiée avec elle. Je la tenais au courant de ce que je faisais, non pas que je sois exemplaire, mais j'avais besoin de tout lui dire, c'était naturel. Lorsque j'étais amoureux, ça se voyait, je déjeunais à peine, je ressortais très vite, je vivais une frénésie qui me transportait sur un nuage, même aux temps des amours platoniques. Ma mère m'observait avec indulgence. J'oubliais tout, l'école, le foot, les copains, le temps d'une aventure pour les baisers tendres et les caresses de la découverte. J'étais fébrile et hésitant, obnubilé par mon allure. Aux débuts de ma vie amoureuse, les filles étaient une découverte absolue et délicieuse. Dès que j'en avais une en tête, je déconnectais pour ne penser qu'à ça.

Je me suis fiancé à dix-neuf ans; très vite, j'ai compris mon erreur. Je n'étais prêt ni à en finir avec le célibat ni à consacrer mon amour des femmes à une seule.

Mon métier marchait bien, je commençais à gagner ma vie, à rêver de voitures rapides, de fringues raffinées et de voyages aux États-Unis. J'ai mis très vite fin à cette liaison. Pour vivre des aventures charnelles où ma seule soif était la conquête du corps féminin en évitant d'investir mon esprit.

Mon statut de star m'attirait des proies faciles. Mais j'essayais d'éviter ce qu'entre nous, les joueurs, nous appelions les pétasses qui chassent la vedette pour épater la galerie et tenter d'accrocher le jackpot. J'en ai connu des pétroleuses, des jolies et des pas fraîches, qui n'avaient qu'un objectif, se faire sauter par un mec connu, peut-être avec l'idée de mettre le grappin dessus, mais surtout pour raconter, pour exister. Ce genre de filles n'est pas très dangereux, trop naïves pour être malignes. À l'aube de mes vingt ans, j'étais plein de vie, de puissance et de satisfaction. Je naviguais à vue : un nez en trompette mutin, une belle paire de miches, un déclic et je devenais vulnérable, faible et fort et dur à la fois. J'étais un égoïste et un sentimental rêveur. J'écrivais des poèmes sur les femmes que j'idéalisais et sur les fleurs. J'aspirais à la solitude du romantique. Jamais je ne me suis considéré comme un tombeur, il m'arrivait de ne pas avoir de partenaire pendant trois mois. Et puis, il y avait la pulsion et ses coups de folie. Je me souviens d'un jour de fête et d'un beau but qui décupla mes forces : je sacrifiais trois belles, à quelques heures d'intervalle, sur l'autel de mon désir. En fait, elles s'étaient jetées sur le jeune champion. Je me dis que l'homme a de la chance de savoir rendre érotique sa sexualité et de savoir tringler avec imagination les filles de passage.

Ce chapitre sera court, même si c'est l'un des plus fournis et divers de ma vie, parce que l'inventaire des conquêtes a un côté frime et lourd que je réprouve et puis, par discrétion, parce que c'était souvent avec des amis joueurs – déjà mariés – que s'opéraient nos chasses, ou que nous devenions les proies des Dianes chasseresses.

En province autant qu'à Paris, certaines femmes sont attirées par le muscle et la gloire. Par le fait, peut-être que le footballeur a la réputation d'être primaire, donc pas trop compliqué, peut-être aussi nous imaginent-elles pourvus d'une plus grande bestialité que leurs maris ou compagnons habituels. C'est bizarre cet aspect de la femelle qui frissonne pour l'homme connu. Durant mes longues nuits avec certains collègues du ballon – mariés – donc sans nom, puis avec mes amis Yannick Noah, Patrick Bruel, Julien Clerc entre autres, j'ai toujours senti les filles frémir autant devant la beauté de ceux-là que devant leur célébrité. Cette dernière a valu à des amis dont je tairais le nom, et qui sont pourtant laids et peu appétissants, de profiter de la curiosité gourmande des chaudes aventurières de la nuit. J'en souris encore.

En fait, la culture du corps et celle du sport font de leurs disciples de grands consommateurs d'émotions sensuelles et de nuits chaudes. Je ne sais si les choses ont changé, mais je me souviens avec jubilation de certaines sorties, notamment après nos matchs en équipe de France, à l'étranger, dans des bouges de luxe où des gazelles d'enfer attendaient les coqs pleins de désirs après une semaine de mise au vert. J'ai autant de souvenirs de parties de rire incroyables que nous vivions dans ces lieux que des parties de culs que nous offraient toujours des hôtes généreux dans ces bordels de choix. J'espère que mes confidences ne vont pas contrarier les futures sélections de joueurs aux épouses trop jalouses. J'imagine qu'aujourd'hui, le sérieux des carrières des joueurs et les craintes qui font de l'amour un danger pour la santé ont relégué aux oubliettes ces nuits folles où les guerriers prenaient un repos bien mérité.

Pro et heureux

La vie d'artiste c'était pas pour tout de suite, j'étais stagiaire lorsque Jean Vincent, l'entraîneur du FC Nantes en 1979, me fit confiance. Ce qui signifiait me désigner comme remplaçant. Place terrible, parce qu'être dans l'équipe est une grande satisfaction, mais rester tout le match sur le banc est une frustration.

Ça fait partie de l'apprentissage du métier, cette attente qui mêle dans la tête reconnaissance et déception. Ce poste laisse un goût d'amertume après l'espoir.

En fait, les toutes premières fois, c'est un peu plus simple, quand tu es jeune joueur – j'avais dix-neuf ans – tu jubiles d'être là assis *dans* l'action. Parce que l'action commence avant l'arrivée aux vestiaires. L'avant-match, c'est un rituel : la sieste, la collation, les plaisanteries de certains et le calme d'autres, le dernier briefing de l'entraîneur...

Lors de ma première invitation chez les pros, je m'étais fait tout petit au cours de ce rituel. Dans le vestiaire, je m'étais installé là où je ne dérangeais pas, comme un gentil remplaçant. Ce jour-là, je jouais encore les décontractés, mais surtout je la fermais. Ici pas question d'envoyer les vannes que j'aimais lancer même lors d'une sélection tricolore en junior. En fait, on me disait moqueur, mais c'était ma façon d'évacuer la pression.

Là, chez les pros, j'observais tout, autour de moi il n'y avait que des « pointures » qui m'imposaient le respect. Le premier de tous, Henri Michel, le capitaine courage, « le soleil des Canaris » comme le désignait la presse sportive. J'admirais en bloc sa hargne et son brio, son accent et son élégance. Né à Aix-en-Provence, Henri me semblait sorti tout droit des livres d'Alphonse Daudet que je lisais quelques années auparavant. Autour de lui, une partie de l'équipe de France du moment, un bouquet d'internationaux qui m'en imposait : Pécout, Amisse, Tusseau, Rampillon, Bossis, Bertrand Demanes, Baronchelli et les étrangers, les deux frères Trossero, Enzo surtout, un maestro. Je n'irai pas vous dire que j'avais de l'estime pour tous ceux-là, non, mais du respect, oui, parce qu'ils savaient jouer au ballon. Parce qu'ils pouvaient me mettre dans le vent. Parce que c'était des solides. À Nantes l'équipe pro vivait unie comme une bande. La saison précédente, tous avaient décidé de porter la moustache jusqu'à la victoire en finale de la coupe de France contre l'AJ Auxerre. Avec cette moustache Henri Michel ressemblait plus encore à un flibustier prêt à tous les abordages et ne baissant jamais pavillon.

Plus tard, lorsque la vie d'artiste a commencé, dans le vestiaire, la bande m'a laissé choisir un endroit – toujours le même – près de lui ; je profitais de son rayonnement. Et le jour où Henri quitta le club, symboliquement, je pris sa place dans le vestiaire de Nantes. Chaque joueur aime avoir ainsi ses marques. En quelques mois, j'ai acquis la confiance des grands avant d'en faire partie. J'étais le petit protégé de Mickey – Henri Michel –, le chef à l'accent chantant et à la bonne humeur modeste.

Mais ce samedi 19 octobre 1979, j'étais loin de cette position sur la proue de la caravelle nantaise. Mon cœur battait la chamade et je relaçais fébrilement mes lacets pour la énième fois. Les toujours redoutables Bastiais venaient nous rendre visite. Les Corses, je connaissais leur courage et leur panache. Les Corses, même sans arme, sur un terrain, sont toujours dangereux. La saison précédente, Bastia avait atteint la finale de la coupe d'Europe de l'UEFA (l'équipe était très spectaculaire). Le rendez-vous avec mon destin, c'était pour la quatre-vingt-quatrième minute. Jean Vincent s'est levé, m'a pris par le maillot comme un épouvantail. « José, prépare-toi. » Je n'ai pas eu le temps de vraiment me préparer, mais je m'en moquais, prêt, je l'étais depuis toujours pour cette entrée, devant des milliers de Nantais un peu réservés mais capables de faire vibrer le stade Marcel Saupin. La suite, il faut la relire dans les archives de la presse spécialisée. Moi, je me souviens d'avoir couru, je ne sais plus où, d'être tombé dans les bras de tous. Au milieu des sourires j'ai reconnu le regard de braise d'Henri Michel, il me remerciait, il me félicitait. J'avais des geysers de sang dans les tempes et je ne sentais plus la pesanteur.

À peine rentré pour ma première apparition en division un, « je » venais d'inscrire un but. Mon premier but chez les pros : j'étais fier. Mais je n'ai aucun détail tactique ni technique en mémoire. J'ai commencé à mettre un pied dans la légende en reprenant un centre destiné à Pécout.

Jean Vincent, que j'appréciais vraiment, m'autorisa à rentrer ce week-end-là à Blois. Ma mère, l'oreille collée à la radio, avait entendu mon nom crié pour la première fois par le commentateur : « Touré, le jeune José Touré, dix-neuf ans, donne la victoire à Nantes. » À la gare, mes potes m'attendaient – eux aussi fidèles au poste, avaient vécu en direct mon premier but. Ils étaient là, les copains d'adolescence, Jean-Louis, Michel, Salomon, Laurent, venus fêter mon coup de chance. Cette nuit-là, nous avons fait la tournée des grands ducs. Partout, nous étions les patrons, partout, restaurants, boîtes, bars : les amis nous accueillaient à bras ouverts. La nouvelle de mon but s'était répandue comme une rumeur. Cette nuit-là nous étions les rois de Blois et de Navarre.

Les autres buts, les autres matchs, sincèrement, je ne sais plus, je ne me souviens plus. J'ai dû relire mes archives et téléphoner à mon ami de *L'Équipe Magazine*, Michel Nait-Challal pour retrouver les dates et les détails de ma carrière. Les spécialistes sportifs et les supporters connaissent mieux les faits et gestes des joueurs sur le terrain que les joueurs eux-mêmes.

Moi ce que j'ai en tête, ce sont des moments, des émotions, des impressions. Toujours, le détail s'est estompé au profit d'un souvenir : celui de la bouffée de plaisir.

La suite s'enchaîne comme une sarabande où les buts et les victoires me font collectionner les surnoms que la presse sportive donne aux joueurs pour mieux les définir. Quatre jours après ma belle nuit de fête et l'inscription de mon nom au palmarès du buteur du championnat contre Bastia, Jean Vincent, notre entraîneur, fit ce qu'il faut pour que je devienne pour le public et la presse le « Touré Porte-Chance » annonciateur du « Joker », par lequel on me désigna longtemps chez les Nantais avant que je ne devienne titulaire à part entière, puis « Brésilien ».

Le soir du mercredi 24 octobre 1979 une deuxième fois, Jean Vincent me lança dans un stade bouillant et piaffant d'impatience. Les matchs de coupe d'Europe sont plus intenses et attendus que ceux de championnat de France. Ce soir-là, Steaua Bucarest nous menait la vie dure égalisant par deux fois aux deux buts de Pécout. Enzo Trossero sort à la soixante-seizième minute, je rentre. Six minutes après, un but de la tête, « un but de lumière » dira un allumé. Merci Amisse pour ton centre superbe. Changement de décors, nouveau costume, un but ça vous change un homme.

À la fin du match, mon petit coin de vestiaire était envahi par la presse. Étonné et flatté, je répondais des banalités, j'affichais un succès modeste, car si frais, que je ne tenais pas à jouer les malins.

Ce soir-là, dans l'euphorie, j'entendis scander mon nom, des milliers de supporters m'ovationnaient. Je ne savais que faire. Les grandes joies peuvent rendre timide, j'étais gai et comme nu face à la vibration du public. Je leur avais offert ce but, je leur offrais mon corps. J'étais comme un gladiateur triomphant à qui la foule rend la vie et la liberté.

Avec Michel Denisot, je fis ma première interview télé. Michel, comme un autre journaliste, Michel Drucker, faisait partie des professionnels de la presse que nous apprécions. Ils étaient sincères, ils aimaient le foot et leurs questions n'avaient ni le goût amer ni le manque de saveur de bon nombre de frustrés et d'idiots qui font ce métier.

La vie d'un joker n'est pas marrante, même si elle amuse les analystes. Le 2 décembre, je rentre à la soixante-quatrième minute contre l'OM que Nantes assomme quatre à un. Une semaine plus tard, Jean Vincent me titularise avec les pros. Je me rapproche d'Henri Michel, le 7 décembre pour la vingtième journée du championnat, Nantes reçoit Lens, nous dominons, trois buts à zéro. En coupe d'Europe contre le Dynamo de Moscou, j'ai marqué à nouveau.

Le surnom de « joker » que je n'aimais pas n'était pas prêt de me lâcher; je ne l'appréciais pas car je doutais jusqu'à la dernière minute de mon entrée dans le jeu.

À cette époque, en 1979 je n'avais pas encore signé

mon contrat de professionnel. Il me restait beaucoup à apprendre avant de devenir un indispensable et un vrai titulaire de ce grand club nantais. Mais j'avais goûté à la victoire, j'avais connu le succès, je me disais que ces événements-là, j'en ferais bien des habitudes.

L'indépendance, quel Bonheur!

Lorsque j'ai signé pro j'ai commencé à gagner ma vie. Pas une fortune : bien moins de dix mille francs par mois. Mais je me sentais enfin autonome.

Depuis mes seize ans, je vivais en groupe, à la maison de la rue Ville-en-Bois, puis au centre de la Jonelière. Je les adorais mes copains, ensemble on vivait une grande aventure : réaliser notre rêve, devenir professionnel au sein d'un des clubs phares de France et d'Europe. Mais je les avais eus sur le dos jour et nuit pendant trois ans. Après, ce fut l'armée, le bataillon de Joinville, les rigolades et les grandes bouffes, mais là encore, aucun répit, la solitude et l'intimité me manquaient souvent.

À vingt et un ans, je découvrais la douceur de vivre seul. Je m'installai boulevard Guisthau dans le centre de Nantes. Mon appart était tout simple : deux petites chambres, un salon et une cuisine, wc, salle de bains. Mais c'était à moi. Un lieu clair et chaud, toujours impeccable, je suis un vrai maniaque du ménage et du rangement. J'avais choisi un canapé et des fauteuils style colonial en osier, sur le sol un tapis First Time, de grandes plantes vertes, dans le salon trônait mon piano droit Yamaha laqué noir.

Le piano, c'était ma folie du moment. Je voulais apprendre à jouer de cet instrument et je regrettais de n'avoir pas accepté d'aller prendre des cours de solfège à sept-huit ans lorsque ma mère me l'avait proposé. J'avais besoin de déconnecter du foot, de calmer le jeu. Le piano me semblait être l'idéal pour sortir un peu de ma passion.

Le jour où j'ai décidé ça, je suis parti seul chez un marchand de pianos. J'avais l'impression d'être déjà

Chopin, en regardant tous les modèles et le vendeur lui aussi devait me prendre pour un virtuose, il me conseilla comme si j'étais un maestro. Quand il commença à me fatiguer avec des discours techniques auxquels je ne comprenais rien, je remis les pieds sur terre pour lui préciser : « Le piano que je veux, c'est pour apprendre à jouer ! » J'avais envie de rire devant sa mine. Peut-être m'avait-il reconnu et avait-il cru que Touré jouait avec ses mains comme avec ses pieds.

Malheureusement, j'en étais loin. Une fois le piano livré et installé, je me suis mis en quête d'un professeur. Par une annonce, je le rencontrai rapidement : un baba cool, cheveux longs, sourire narquois, il était drôle. Je l'adoptai. Mais à l'usage, le professeur était mou, et surtout il s'ingéniait à vouloir m'apprendre à jouer de cet instrument en m'assommant de références footballistiques, de comparaisons plus ou moins pertinentes sur ce qu'était son sport favori. Tu parles d'un exutoire, apprendre le piano avec un prof fou de foot qui me commentait tous mes matchs. Moi qui voulais faire le vide ! Je regardais de plus en plus ce piano comme un objet de décoration de luxe dans mon petit appart. Finalement, un après-midi, à l'heure du cours, mon fanatique prof sonna, j'entrouvris la porte impoliment, le laissant sur le palier pour lui expliquer que j'avais vendu le piano afin d'acheter une guitare Gibson 1967 sous prétexte que j'avais envie de changement. J'en avais tellement marre de ses réflexions que je me suis senti obligé de lui mentir, il m'avait écœuré du piano. Comment le lui avouer ? En fait, je n'ai jamais vendu le piano et j'avais bien, pour la beauté de l'objet, acheté une Gibson 1967 magnifique.

C'est terrible cette histoire, mais de tout temps, aujourd'hui encore, les gens me parlent toujours de ma vie comme d'un match. Comme si tout ce qui me concernait devait être comparé au foot. C'est fatigant et je fuis systématiquement ceux qui me voient uniquement comme un champion ou me prennent peut-être pour un abruti qui ne parle que le langage de son sport.

Je ne me sentais pas matérialiste à ce moment-là de ma vie, mais je commençais à être fasciné par le bel objet. Les revues de déco et les beaux livres de design s'empilaient dans mon havre de paix. J'ai pu dès cette époque m'offrir de beaux vêtements. Souvenez-vous, déjà enfant j'étais très concerné par les problèmes d'élégance. Mes goûts en 1982 étaient très éclectiques, je m'habillais français : Agnès B., Mugler, Montana et je découvrais les stylistes japonais Yoji Yamamoto et Issey Miyake. J'achetais déjà beaucoup plus d'habits que je n'en avais l'utilité et aujourd'hui encore, je retrouve des vêtements de 1982 que je n'ai jamais portés. J'achetais des choses rien que pour les conserver dans mon armoire. Rien que pour les regarder, les toucher, les posséder.

Mes visites à Paris, dans les boutiques de prêt-à-porter de luxe, étaient des pèlerinages. Quel pied! Au fur et à mesure de mes apparitions, j'ai fini par être l'ami de tous les directeurs, vendeurs et vendeuses des beaux endroits, ceux où les griffes de luxe excitaient ma passion de la sape. Comme tout le monde, en évoluant, j'ai vu certains de mes goûts changer, mais celui que j'ai pour les fringues élégantes n'a jamais disparu, au contraire il est devenu maladif, poussé à son paroxysme lorsque, joueur à Bordeaux, puis à Monaco, je pouvais me permettre d'acheter sans compter tout ce qui me semblait créatif et beau. Je continuais à stocker sans les porter parfois les pièces des collections de mes créateurs préférés et à vivre tout seul le rituel jouissif d'ouvrir mon dressing pour y voir pliés parfaitement les habits de mes rêves.

J'étais heureux à Nantes. Je me suis toujours considéré dans cette ville comme dans mon jardin. J'y avais vécu enfant, mon père avait jalonné mon parcours, à seize ans, j'étais venu y découvrir la vie d'adulte. Dans le stade, je me battais pour les couleurs de cette ville et de cette région. Je m'y sentais chez moi. Je vivais simplement : réveil à sept heures trente, petit déjeuner copieux, entraînement le matin, petites commissions et déjeuner à la maison – le plus souvent sur un plateau devant la télé – ensuite, sieste d'une heure, retour au stade et champ libre à dix-sept heures pour bouquiner mes livres de déco et d'art, aller faire un tour avec des copains en ville, ou préparer chez moi des pâtes au saumon ou un filet mignon pour des invités. Le soir, je sortais très rarement. Lorsque je vais bien j'ai besoin de beaucoup de sommeil : dix-douze heures par nuit, et je m'endors vers vingt-deux heures. Ce que je faisais alors volontiers car j'étais fatigué par l'entraînement.

Voilà la vie tranquille d'un jeune footballeur, entre les matchs et les éclats, après l'effort et la pression, mon havre de paix était mon oasis indispensable pour repartir de plus belle, vivre mes ambitions et ma passion toujours intacte pour ce sacré ballon. Mon statut de professionnel n'avait rien changé à mon envie de jouer, de me faire plaisir, de partager mes joies en équipe.

Bonjour l'Afrique

Mes vraies retrouvailles avec mon père ont eu lieu sur la terre de mes ancêtres peuls, au Mali. Bien sûr, depuis le divorce de mes parents, nous nous étions revus mais nous n'avions pas vécu ensemble plusieurs jours. À l'occasion de son jubilé à Bamako, le football nous a rapprochés.

Le jubilé est une fête qui célèbre la fin de carrière d'un joueur par un ou plusieurs grands matchs. Le 20 décembre 1982, l'hiver malien pose ses trente degrés de touffeur humide sur mes épaules. Dès que la porte du DC10 s'ouvre, l'Afrique me salue. Le soleil cogne dur, mon cœur aussi. Derrière l'aéroport, sur le bord de la route, j'aperçois les manguiers qui abritent des femmes africaines à la démarche somptueuse. Chargées comme des bêtes de somme, simplement drapées dans leurs étoffes chatoyantes, elles avancent, altières comme des princesses, avec leur fardeau de petit bois, pour le foyer, posé sur la tête. Quelle élégance provocatrice! quelle cambrure! quel port de tête! Les Africaines paraissent divines à celui qui aime les belles formes...

Lorsque nous descendons de l'avion, mon père m'accueille d'un grand sourire; au pied des marches, ses invités. Le gratin du football africain est venu célébrer l'événement. Roger Milla me saisit par les épaules : « Voilà le pays, José, tu vas voir, c'est chaud. » Son rire accompagne mes premiers pas vers ma terre d'origine. Derrière moi, Bagayoko, Diallo, Ba, M'Bida saluent mon père et son oncle Marc Traoré, grand organisateur du jubilé avec la fédération et le gouvernement maliens qui ont voulu rendre hommage au héros de la coupe des Nations de 1972 à Yaoundé. Mon père avait survolé le tournoi au sein des « Aigles » du Mali.

Pour l'état civil, il s'appelle Bassidiki Touré. Sur tous les stades de France, ses amis le prénomment « BAKO ». mais au Mali et à Bamako particulièrement, depuis sa prestation de 1972 il est « BAKOHORE » : l'Homme noir.

En son honneur, les autorités maliennes ont préparé cette célébration, parce qu'ici, « l'Homme noir » est une légende du ballon rond. Je suis son invité, il sera mon guide initiatique. Bonjour l'Afrique!

Sur la route vers notre hôtel, je ne parle plus. Ce qui s'offre aux yeux est trop fort. J'arrive direct de Nantes et de Blois, cités calmes et verdoyantes pour plonger dans un chaos joyeux. Je découvre comme un enfant les faubourgs poussiéreux où a grandi mon père. Je comprends d'où « l'Homme noir » s'est échappé pour vivre son aventure de petit postier niçois jusqu'à son sacre de champion de France avec le football-club nantais.

Le paysage que je découvre est comme la nature humaine africaine, d'un côté, le désordre brouillon de la rue, plus loin, le calme majestueux du Niger. Sur la terre, des chèvres efflanquées disputent la piste à une armada de vélos zigzaguant sous des chargements hallucinants. Je devine à peine le cadre et les roues tant débordent les cargaisons les plus diverses : grappes de seaux en plastique, amoncellements de feuilles de bananier. De jeunes hommes fins et musclés poussent le guidon à pied. Devant les échoppes en planches mal assemblées, des gamins poursuivent en riant des chizens craintifs et maigres. Les hommes, assis là, semblent moins troublés que moi par les fessiers splendides des femmes qui déambulent, portant sur leur tête des plateaux de fruits, ou des ballots de tissus. Comme pour augmenter le brouhaha, les klaxons têtus et les moteurs pétaradants de véhicules d'un autre âge couvrent les cris et les bruits des faubourgs.

Je deviens le témoin d'une Afrique contrastée, riche en hommes, pauvre en moyens modernes. J'entre, les yeux écarquillés, dans cet étrange exotisme du tiers monde où la misère et la beauté se mêlent pour intriguer et séduire. Je me sens comme un petit con, riche et à l'aise, placé soudain face à une réalité inconnue. De l'autre côté de la route, au-delà du capharnaüm ambiant, des odeurs fortes et de la cacophonie assourdissante, le Niger étale la nonchalance d'une Afrique millénaire. Des pirogues glissent sur le sombre ruban liquide. La nuit tombe, des milliers de petits feux précèdent les étoiles au ras du sol. Dieu, que c'est beau l'Afrique, la nuit.

Lorsque mon père m'emmène chez mes oncles et mes tantes je suis groggy par le voyage et ce spectacle. Des dizaines de cousins-cousines sont là pour voir l'Africain de Nancy, le Joker de Nantes, le Minet de Marseille, le Coq de l'équipe de France; moi leur cousin de là-bas, étourdi, je souris. Bonjour l'Afrique!

La nuit chaude a calmé Bamako. Avec Oscar Muller – mon partenaire nantais et ami d'enfance – et Brigitte, sa femme, nous prenons un verre avec les « jubilaires » au « Black & White ». Ousmane, le digne propriétaire nous reçoit en seigneur. Il a le geste ample et le phrasé du grand patron : « Tu sais, José, ici on suit tous les résultats du football français. Quand Nantes perd, il y a beaucoup de Bamakois qui sont peinés. Lorsque l'équipe de France a perdu contre l'Allemagne en coupe du Monde, la ville s'est tue. Un grand silence s'est abattu. Mais lorsque tu marques, cousin, la fête est belle. »

Je n'en reviens pas. Que d'amour conjugué pour le ballon et la France. L'Afrique est fidèle.

Dans la rue, la moindre balade est un parcours du combattant. Impossible de faire un pas sans être sollicité, interrogé, félicité. Un gamin m'attend devant l'hôtel et me demande de signer le maillot nantais qu'il porte fièrement.

Le « téléphone arabe » fonctionne en France, à Bamako on parle de « téléphone cancan ». Eh bien tout le monde est abonné à celui-là. Surtout les pauvres des zones urbaines : pour notre premier entraînement au stade, ils sont cinq mille fanatiques admirateurs assis dans les tribunes libres d'accès. Je sens le bon public. Pour amuser la galerie je jongle, pose le ballon sur la tête, le laisse rouler jusqu'à ma nuque, le bloque quelques secondes et d'un coup d'épaule, je l'envoie à Oscar Muller, ravi de vivre cette ambiance au point qu'il finira par se faire faire, à l'africaine, des tresses de rasta. La foule vibre devant nos jonglages. L'Afrique est bon enfant. Je me sens vraiment fils de l'Afrique.

Des ribambelles de gosses scandent « José, José », je n'arrive pas à croire que ces bandes en haillons me connaissent. Et je n'arrive pas à m'en dépêtrer à la fin de la séance. Au retour, intrépides, certains d'entre eux s'accrochent à notre bus, sur les garde-boue, suspendus aux fenêtres, le chauffeur s'arrête une première fois pour les chasser. Ils s'enfuient en riant et regrimpent dès que le chauffeur redémarre. Le manège se reproduit une ou deux fois encore. Excédé, le chauffeur stoppe, sort comme un éclair armé d'un bâton, fait fuir les enfants en assommant au passage un maladroit peu rapide. Je proteste. L'Afrique n'est pas toujours bon enfant.

À la fin des premiers jours, mon bilan est clair. Je suis ému par cet enthousiasme, ces pitreries, cette sincère euphorie. Je m'en sens si proche depuis ma tendre enfance. Je me sens issu de ce chaos et de cette sérénité. Je vois autour de moi ce que je cache au fond de mon être : cette incroyable énergie prête à jaillir en joie de vivre à la moindre occasion.

Le jour du match, l'impression de force que peut dégager ce continent s'intensifie. Sur les kilomètres qui séparent la ville du stade, la foule, main dans la main, marche en flot ininterrompu vers le lieu de la fête. Soldats, civils progressent sur le bord de la route. Autour du stade, les pentes douces et vertes des Monts Mendigues sont couvertes de spectateurs sans billet, et sur les gradins, autour du terrain, vingt-cinq mille payants ont pris place. Rejoints par des centaines de resquilleurs qui escaladent les clôtures profitant d'un service d'ordre plus occupé à nous saluer qu'à surveiller. La foule est joyeuse, des vendeurs de fruits et des enfants marchands déambulent avec leur petit commerce. Je pense au stade nantais, si souvent plein d'un public réservé au point qu'on se demande s'il est venu pour participer ou pour critiquer.

Je joue bien sûr avec les « jubilaires » ; nous portons un maillot blanc marqué « Jubilé Bako Touré ». Devant un tel public, le match est épique, parfois comique. Les gens commentent, vivent tout. Je n'ai jamais vu ça. Ils applaudissent avant la fin de l'action. Ils se moquent d'un contrôle raté, mais bondissent au moindre exploit. C'est du théâtre populaire. C'est Guignol. C'est un spectacle total.

La virée d'après-match m'étonne. Au « Harlem City », un petit café de Banco, les toasts en mon honneur font se vider des caisses de bières de soixante-quinze centilitres. Les discours en bambara s'animent au fur et à mesure que les lèvres se trempent dans la mousse. Sous prétexte d'une pause pipi, je m'échappe avant de me noyer dans le houblon et l'euphorie de ce misérable bouge où l'analyse du match allumera tous les esprits, la nuit entière.

Noël en famille. Les Touré sont musulmans, mais en Afrique, toute fête est bonne à vivre. Je mange le « To » de bouillis, les galettes de mil, le canard siffleur. Ma grand-mère, Néné, ne s'occupe que de moi. Elle me sert le premier, elle me choisit les meilleurs morceaux. Le jour de nos retrouvailles elle a pleuré et ne m'a pas lâché la main. Elle a tenu à rester à Basola; mon père aurait pu l'installer ailleurs mais elle tient à son quartier pauvre. Depuis peu, il y a l'électricité, mais pas d'eau. Dans la cour, des chèvres se baladent librement. La mosquée n'est pas loin. Néné cuisine dans un simple four à pain et se lave au puits. Elle est petite, la taille fine, elle porte un boubou, et un foulard près du visage. Son visage sculpté de belles rides, dont les traits réguliers me rappellent ceux de mon père. Son regard est profond – comment dire? – serein et direct. Elle est superbe.

Je n'en reviens pas, je suis son petit-fils. Je la regarde de loin, de si loin. Je l'admire comme un curieux. C'est ma grand-mère, elle ne parle pas français, je ne parle pas bambara. Mais nous nous passons des mots. Seuls nos mains, nos yeux et nos cœurs communiquent, c'est suffisant.

Tard dans la nuit, chez des cousins, je goûte les têtes de moutons en ragoût, c'est l'équivalent de la soupe à l'oignon pour les noctambules locaux. Par politesse, du bout des lèvres, je me plie au rituel, mais je ne finirai pas toutes mes nuits avec ces têtes-là.

Le lendemain un prêtre d'un autre âge, mi-pionnier mi-illuminé, célèbre la messe de Noël, je suis invité. Des tam-tams et des danses rendent l'office incroyable, la petite église en plein air est posée sur la rive du Niger, elle déborde de bonnes âmes enfiévrées par cette version endiablée de la messe et, dans la vase, quelques hippopotames viennent assister à cette crèche vivante où les chèvres et les ânes africains broutent derrière l'autel.

Le dernier match du jubilé nous oppose aux redoutables « Aigles » de la sélection nationale. C'est la rencontre choc. De tous les quartiers, la foule afflue à pied

– l'Afrique marche – de Niarela, de Bazola le quartier de mon père et de Néné ma grand-mère, je rencontre même un groupe de jeunes garçons footballeurs et supporters partis à pied et en taxi brousse, il y a trois jours, de Ségou à deux cent quarante kilomètres de Bamako.

L'Afrique m'a conquis! À mon tour de jouer : en quelques tours de magie j'enflamme les gradins. Amortis poitrine, jonglage en pleine course, lobs et reprises de volées acrobatiques, je sors tous ces cadeaux de ma hotte et les offre à ces jeunes qui ont marché des jours entiers pour venir assister à un match. Il faut leur procurer quatre-vingt-dix minutes de bonheur inoubliable, il faut se mettre au tempo de ce peuple si ouvert à la joie. Je deviens l'idole du stade. « L'Homme noir » et son « fils » sont unis et égaux au sommet de l'applaudimètre de Bamako. Notre victoire sur les « Aigles » n'a aucune importance. La cohue de fin de match m'offre le plus beau bain de foule de ma vie. Une immense mer humaine m'inonde, m'avale, me porte. Ils sont gentils, sans violence, ils veulent tous un mot, un sourire, un geste, ils demandent l'amitié. Je ne vis que pour ça depuis si longtemps. Je me sens si proche d'eux. Je suis leur frère.

Comme le veut la tradition, le match sera rejoué autour des canettes de bière géantes et des brochettes. Des conteurs du cru enjolivent tous les gestes dignes de leur saga orale. Les officiels n'échappent pas à ce talent d'orateur que porte tout Africain admiratif. Pour le ministre des Sports, de la Jeunesse et des Arts, Bakohore devient « le digne fils du Mali qui en France sut être un bon ambassadeur de son pays ».

Comme un visiteur dans ma propre maison, je regarde cette Afrique qui m'est proche mais qui m'étonne à chaque seconde sans jamais me déranger.

Une nuit, je partage la douceur de l'instant et la fraîcheur d'une bière avec Seydou, un illettré qui me récite les plus beaux épisodes de la vie de Pelé de sa première coupe du Monde en Suède jusqu'aux derniers matchs et m'étonne avec sa verve de griot. J'écoute ses mots, j'ai l'impression qu'ils coulent doucement dans mes veines. Je sens l'Afrique puissante m'envahir. Je revois en flash les belles mains fripées, pleines d'histoires, de ma grand-mère que je ne comprends pas.

Je quitte l'Afrique et son peuple en or, enrichi d'une expérience unique. La folie du jubilé m'a empêché de parler vraiment avec mon père, mais nous sommes à nouveau fiers l'un de l'autre. Lui « l'Aigle » à la retraite, royal sur son sol natal, moi, l'enfant prodige au dribble prometteur. Mon cœur est plein de force et de soleil. Je ne sais pas quand je reviendrai, j'ai tant à faire, tant à voir dans ma nouvelle vie de vedette du football. Mais un jour, c'est sûr, je reviendrai, peut-être pour me reposer des exploits arrachés et des matchs combats. Je reviendrai sentir la vibration de cette terre, j'aime trop la belle indifférence du Niger et la folle énergie de ses rives. Je suis l'Afrique, elle pulse dans mon sang. Maintenant, je le sais. Salut l'Afrique.

3. Les coulisses de la gloire

La poule aux œufs d'or

Ce chapitre pourrait aussi être une fable intitulée « La Poule aux œufs d'or et les Renards ». Je peux en parler aujourd'hui avec le recul et avec humour. Mais à vingt ans, je ne comprenais rien à cette fable, je ne savais pas qui était la poule aux œufs d'or et qui était le renard. Je n'avais pas compris que le club de Nantes ne formait pas de jeunes joueurs pour la beauté du geste, mais pour bénéficier de leur talent à moindre coût. Aujourd'hui encore, nombreux sont les joueurs nantais formés maison qui flambent et marquent avantageusement en n'étant payés que des clopinettes.

Je n'ai pas échappé à ce schéma. En revanche, grâce à la vigilance de mes amis du moment : Claude Berquez et Maître Albert Vignoles, j'ai échappé à une belle arnaque montée par les dirigeants de Nantes. Dans cette fable, j'étais la poule aux œufs d'or et Robert Budzinsky, le directeur sportif du club, était le renard.

Pour que vous compreniez bien pourquoi je me définis comme la poule aux œufs d'or, il convient que je vous rappelle quelques faits de ma vie footballistique, non par gloriole ou autosatisfaction, mais pour expliquer l'appétit du renard à mon égard.

En 1986 dans un petit livre intitulé *Le Football raconté par José Touré* je résumais en quelques mots ma saison 82-83, celle qui marque mes vrais débuts à un haut niveau et me fait désigner comme « Le Brésilien » de Nantes et du championnat de France.

« 1982-1983 : une saison fantastique. Jean-Claude Suaudeau quittait le centre de formation et devenait notre entraîneur. J'étais vraiment heureux de le retrouver. Je me souviens de ses déclarations ; il réclamait une " polyvalence à la brésilienne ". L'expression m'avait plu, la référence au Brésil indiquait clairement un retour au beau jeu. Nous avons gagné le championnat avec dix points d'avance sur Bordeaux, nous possédions la meilleure attaque, la meilleure défense. Nous aurions dû réussir le doublé mais, en finale de la coupe, au Parc des Princes, nous n'avons pas su nous mettre à l'abri du retour du Paris-Saint-Germain. Ce ne sont pourtant pas les occasions qui ont manqué !

« Quelques semaines auparavant, j'avais été sélectionné pour la première fois en équipe de France, à Paris, contre la Yougoslavie. Ni Platini, ni Giresse n'étaient là ; je portais le numéro dix. Nous avons réussi un festival (quatre-zéro) et j'ai eu le bonheur de marquer un but exceptionnel. Quelle année ! »

Cette année-là fut celle de l'affirmation de mon talent. En 1981-1982 des problèmes internes au club avaient empêché l'équipe de s'exprimer sereinement. Notre entraîneur, Jean Vincent, très contesté, fut épaulé puis remplacé par Jean-Claude Suaudeau. Le FC Nantes digérait le départ de son meneur Henri Michel. Vincent passait la main, Suaudeau prenait les rênes. Le club finit sixième du championnat alors qu'il était champion en titre. Piètre résultat pour les dirigeants. Mais moi, avec vingt-cinq matchs joués et treize buts, je devenais le meilleur buteur du club. Pas mal à vingt ans.

Le bonheur allait arriver l'année de mes vingt et un ans. Je commençais à m'exprimer dans le rôle de meneur de jeu : numéro dix. Le club et moi allions reconquérir le titre de champion de France et échouer d'un petit but en finale de la coupe de France face au PSG et à Safet Sujic.

J'étais devenu une pièce maîtresse de la superbe mécanique à jouer mise au point par Coco Suaudeau. Lui – mon pygmalion –, qui avait su me botter le cul et ne pas me laisser me complaire dans ma nonchalance satisfaite, était devenu le patron du FC Nantes.

J'étais enthousiaste parce que la formule de Suaudeau m'allait à ravir, il voulait faire du jeu de Nantes un mélange de Brésil et d'Angleterre. Il axait tout sur l'attaque et la vitesse de jeu. Aujourd'hui, j'apprécie les toujours superbes envolées des Loko-Pedros et la fluidité du jeu nantais. La griffe Suaudeau est encore là. Des jeunes, de l'enthousiasme, un fond de jeu et la volonté d'aller vite pour marquer.

En 1982-1983 nous étions une bande de dynamiteurs. La preuve, nos scores : Nantes-Bordeaux, quatre-zéro en coupe de France, Metz Nantes zéro-quatre en championnat. L'équipe tournait à fond. J'adorais le jeu de gaucher d'Amisse. J'avais mon pote, Willy Ayache, derrière moi. Le grand Max était notre capitaine, je le respectais toujours ; même s'il n'était pas le dernier à me serrer dans ses bras lorsque j'inscrivais un but, nos rapports avaient changé, nous étions partenaires. Il y avait Bertrand Demannes, Bibard, Rio, Muller, Tusseau, Baronchelli, Halilhodzic. Du solide. J'étais le numéro dix, j'en étais fier. La légende des numéros dix m'a toujours fasciné. Le football moderne est devenu trop rigoureux, ce poste est celui de la liberté et de la création. Pelé et Zico comme Maradona, Platini et Giresse en France, font partie de ces numéros dix légendaires interprétant à leur façon ce rôle d'improvisateur.

Vous savez, pour moi, football a toujours rimé avec plaisir et liberté. Les souvenirs que j'en garde sont plus des émotions que du détail dont je me fous. J'ai dû relire mes archives pour vous raconter certains événements. Pourtant sans certains éléments, l'histoire n'existe pas.

Lors du match de coupe contre Bordeaux, la presse

avait fait un comparatif : « Touré et Giresse : Envol et Solitude. » Être comparé à Gigi à cette époque, c'était un honneur. Moi, le jeunot qui admirais tout chez ce maestro. Pour Braun, journaliste à *L'Équipe*, les numéros dix « ce sont ces joueurs d'attaque, chefs d'orchestre, tireurs de ficelles, stratèges, ces créateurs de jeu... ils doivent allier poésie et réalisme ». Je me souviens de sa conclusion après ce match où nous avions écrasé les Girondins « Alain Giresse avait le front bas et Touré l'aisance d'un conquérant ». Attention, cela ne signifie pas que Gigi n'avait pas encore quelques leçons à donner au débutant en plein envol, mais à vingt et un ans je prenais mes marques parmi les virtuoses.

Je me souviens bien que cette année-là j'ai joué comme j'en ai rêvé, facile et efficace. La presse n'imprimait que des louanges à mon égard : « une touche de swing, deux doigts de samba » titrait Montaignac à l'époque où je devenais pour tous « Le Brésilien » et où *L'Équipe* me soignait – elle qui finirait par me vomir dessus. Pauvre presse...

J'étais au paradis. Les beaux matchs se suivaient sans jamais se ressembler. Mon rôle était de distribuer les ballons, d'orienter le jeu, de marquer des buts. Mais j'aimais avant tout créer. C'est à cette époque que je me suis mis en tête d'adopter ce titre dangereux d'Artiste.

Parce que dans le monde aujourd'hui, un artiste est en danger permanent. Il vole au-dessus de la réalité, on le dit génial, et il se croit génial, il se pense pur. Il a tort. J'avais tort. J'ai décollé dans l'illusion sans même voir que ceux de ma famille, cette fameuse famille du foot, s'organisaient pour me voler. Eux ne voyaient en moi qu'une source de profit à exploiter le mieux possible.

Comment peut-on devenir si vulnérable? Je ne crois pas avoir eu spécialement la grosse tête. Non, c'est que soudain le corps s'exprime à 100 %, que la chaussure épouse le ballon, que chaque action est une caresse ou un éclair, au choix. Que la réussite enivre. Que la chronique encense et que les défenses naturelles – la méfiance, la lucidité, l'objectivité – disparaissent dans ce climat apparemment si favorable. Là encore, c'est en feuilletant la presse de mars 1983 que je relis dans *L'Équipe* l'article de Robert Vergne : « La métamorphose de Touré : le nouvel homme fort de Nantes. » Un bilan d'une carrière naissante.

« Il convient toujours de se méfier avec les jeunes footballeurs lorsqu'ils accomplissent un exploit : d'abord ne pas contribuer à leur enfler la tête par un excès d'éloges, même les plus justifiés. Ensuite parce qu'une longue expérience nous a appris que l'on n'est jamais certain que les lendemains chanteront.... Michel Hidalgo a retenu José Touré dans l'équipe olympique. Il y a gros à parier que le sélectionneur n'aura pas à regretter le choix qu'il a effectué avec José Touré qui vient de signer à Metz l'une des plus belles pages de gloire de sa jeune carrière " le meilleur match que je lui ai vu faire " assure Maxime Bossis qui sait de quoi il parle. Préparateur du premier but et du troisième à la suite d'une passe extraordinaire à Amisse, auteur du deuxième à la suite de deux exploits techniques, coauteur du quatrième, voilà bien une performance qui ne se voit pas tous les jours. Ce qui frappe chez Touré depuis quelque temps c'est son audace de vieux briscard et son autorité technique. »

Mes buts, mes passes et ces lignes berçaient mon plaisir de créer un jeu plaisant. J'avais la certitude que mon destin était bien là, sur ces terrains, à m'exprimer sans hésitation, à briller sans labeur, à gagner avec élégance. Je ne pensais qu'à jouer.

Au début des années 80, deux grands numéros dix me laissaient pousser dans leur ombre : Giresse et Platini. Un jour béni, l'un et l'autre étant forfaits en équipe de France, Hidalgo me lança dans le bain pour France-Yougoslavie à Paris.

Mémorable match, la veille de mes vingt-deux ans, le samedi 23 avril 1983, le destin une fois encore m'emmena vers le succès. La pression était énorme. J'adorai. J'étais gorgé de la satisfaction de venir jouer au Parc des Princes avec Tigana, Rocheteau, Amoros, Bellone, Fernandez, Bossis et les jeunots Ferreri, Le Roux. Quel cadeau!

Ce match déclencha tant de choses. Sur le terrain, je mêlai le bon et le moins bon. Mais j'eus la belle idée de marquer un but canon à ma façon. « Un but à la Pelé » titrait la une de *L'Équipe*, « Un but d'anthologie » écrivit Thierry Roland dans *Le Journal du dimanche*. « Touré le félin » posait sa griffe sur la sélection tricolore en faisant rêver les foules. Je l'aime, ce but : contrôle haut placé de la poitrine et reprise de volée d'une frappe très pure et franche du coup de pied, un coup d'œil vers la lucarne et c'est là, sous la barre transversale que le ballon alla se loger. Svilar, le goal yougoslave, sortit quelques minutes plus tard, écœuré par les deux buts de Rocheteau et ceux des novices : Le Roux et moi.

Ce rendez-vous avec le panache et la reconnaissance, je le remettais deux mois après, samedi 11 juin, dans ce même Parc des Princes. On dit que c'est mon plus beau but. *France-Soir* le célébra par une pleine page : « Le fantastique exploit technique de José Touré. » Sur une passe d'Adonkor, je contrôle la balle de la poitrine en sautant, je jongle avec le ballon et, après deux contrôles du pied droit, j'ajuste Baratelli d'un tir du gauche dans l'angle fermé sans que le ballon touche le sol. Un beau but peut-être, mais une défaite amère contre le PSG, j'échouai avec le FC Nantes à une longueur de la coupe de France. Pourtant, la presse et le public me tressaient des couronnes de lauriers. Le duo infernal de commentateurs Thierry Roland et Jean-Michel Larqué évoquaient le but d'un « Pelezino », du « Brésilien » français. Je gagnai ainsi définitivement mon titre de noblesse.

L'affaire Budzinsky

Au même moment, alors que les journalistes et la foule m'acclamaient, une drôle de lutte m'opposait à mon club par l'intermédiaire de ma garde du moment : Berquez et Vignoles. L'argent bien sûr était au centre du débat. Un footballeur débutant gagne très peu d'argent. Lorsque j'étais au centre de formation, la première année, je ne touchais que trois cents francs par mois environ, en seconde année, dans les cinq cents francs, puis en tant que stagiaire, c'était dans les mille deux cents francs sans les primes. Lorsque j'ai commencé à faire mes apparitions fracassantes en pro, les primes me permettaient de gagner dans les trois mille francs. J'ai signé pro en juillet 1980 pour un salaire mensuel de quatre mille cinq cents francs sans les primes. Comme je jouais régulièrement, je gagnais à mes débuts pro à peu près quatre-vingt mille francs par an. Lorsque je suis parti à l'armée, je n'avais pas de frais, alors je dépensais mon argent dans les petits restos, les fringues et ma nouvelle voiture achetée à crédit : une Golf décapotable. Pourtant, en janvier 1982, mon banquier, inquiet par un découvert de soixante-dix mille francs, appelle le club pour leur signaler mes dépenses inconsidérées. Je me souviens très bien de la suite, Sylvain Ichoua vice-président du FC Nantes et Robert Budzinsky le directeur sportif me convoquent. Bud me réprimande comme un gamin – que j'étais – en me reprochant de mal gérer mon budget et en soulignant que les problèmes d'argent affectaient les performances d'un joueur. Moi, bien sûr, j'étais mal à l'aise, je reconnaissais mes dépenses, et surtout mes impôts non réglés. Mes patrons me proposaient alors, pour solder la situation et retrouver ma sérénité, de prolonger mon contrat de deux ans. J'avais signé en juillet 1980 jusqu'à juillet 1984, je pouvais donc prolonger de juillet 1984 à juillet 1986. Au passage et à la signature, je m'y retrouvais puisque le club me versait deux cent mille francs pour éponger mes dettes. Le FC Nantes, lui, y gagnait franchement avec Touré bloqué six ans, pour la somme de deux cent mille francs d'indemnités et un salaire de base de smicard.

Je signai donc le 28 janvier 1982 un avenant à mon contrat avec le président du club, monsieur Louis Fonteneau, me liant au FC Nantes jusqu'au 30 juin 1986, avec une promesse d'amélioration de mon salaire. Qui, en juillet 1982, passa à quinze mille francs mensuels. Je croyais m'être bien sorti de cette affaire. Je ne pensais qu'au découvert épongé. Et puis, j'avais une confiance totale dans les dirigeants du club, ils me connaissaient depuis toujours. Budzinsky avait joué avec mon père. Je ne pensais pas du tout que j'étais en train de me faire rouler.

C'est Claude Berquez qui bondit au plafond lorsqu'en février-mars 1983, au cours d'un dîner amical, je lui racontais dans quelles conditions j'avais resigné pour deux ans à Nantes. « C'est un scandale, une prolongation de contrat, ça vaut plus de vingt briques, et ton salaire est misérable. Tu as été le meilleur buteur du club de la saison passée, Hidalgo te veut en équipe de France. Ils t'ont arnaqué. » Je ne comprenais pas bien sa fureur. Il appela un de ses amis avocat d'affaires, Albert Vignoles, qui, grand amateur de foot, me tint le même discours.

En relisant mes papiers, Berquez tiqua sur ma signature apposée au bas de mon premier contrat. En fait, je ne l'avais pas signé. En tournée à Tahiti avec le centre de formation, ni moi ni Ayache d'ailleurs, n'avions signé notre contrat de pro, Budzinsky l'avait fait pour nous, prétextant un délai trop court pour attendre notre retour.

J'avais eu un peu de peine, parce que, symboliquement, j'attendais ce moment, cette signature historique pour un joueur. Et puis, insouciance des vingt ans, j'avais oublié. J'étais la chose du club, il m'avait formé, il m'employait, il signait pour moi. Je ne discutais de rien. C'était normal pour moi.

Pas pour Maître Vignoles. Et il m'écrivit le 25 avril 1983 : « J'ai su par tes parents de quelle manière tu avais été extorqué d'une signature pour un renouvellement de contrat de deux ans jusqu'en 1986. Il te suffisait de te tourner vers moi et je te faisais consentir immédiatement un prêt de la somme que tu pouvais devoir, sans hypothéquer pour autant ton avenir. Je pense que tu as pris conscience que l'on t'a fait renouveler gratuitement un contrat pour deux ans, alors que pour un joueur professionnel le second contrat, qui suit le premier contrat de quatre ans, est un contrat essentiel. Je vais m'efforcer d'obtenir, avec le concours de ton père, que les dirigeants du club considèrent ce renouvellement de contrat pour deux ans comme nul et non avenu. »

Vignoles aimait ce sport et ceux qui le pratiquent, les joueurs. Il me défendit comme si j'avais été son fils.

Les tractations durèrent deux mois. Vignoles menaçait de faire éclater un scandale en attaquant Budzinsky.

Au lendemain de mon « but d'anthologie », après la finale de la coupe au Parc contre le PSG, voilà ce qu'Albert Vignoles écrivait le 13 juin 1983 à l'avocat du FC Nantes, Michel Taupier :

« Mon cher confrère, je lis votre lettre du 9 juin, nous ne sommes pas sur la même longueur d'ondes ! Ce que José Touré a fait samedi soir (j'y étais), pas un joueur français ne l'aurait réalisé. Nous sommes en présence du joueur ou de l'un des deux joueurs français. Sa valeur de transfert actuelle est de cinq millions. Elle sera nettement supérieure au 30 juin 1984. La charte du football professionnel est ma bible. Le FC Nantes ne l'a pas respectée. Il a mis à profit le désarroi momentané de ce garçon qui n'avait pas vingt et un ans à l'époque (il avait soixante-dix mille francs de dettes diverses et son père Bako Touré vivait au Mali), pour lui imposer un renouvellement de contrat de deux ans, à compter du 30 juin 84 contre le versement d'une aumône de deux cent mille francs. Dès cette époque, José Touré valait deux millions pour ce renouvellement de contrat. De plus, le FC Nantes lui alloue royalement quinze mille par treize à titre de salaire, alors qu'il a survolé le championnat et la coupe. »

Vignoles prévenait le FC Nantes qu'à défaut d'un accord entre les deux parties, je ne reprendrais pas l'entraînement le 27 juin et qu'il expliquerait pourquoi au cours d'une conférence de presse. La pression au club fut maximale. Budzinsky se sentait mal. Fonteneau, le président, évita de me parler. Et Suaudeau ne fut pas très objectif me reprochant, alors qu'il aurait dû rester hors du conflit, de chercher l'argent à tout prix.

Après cette finale qui m'avait consacré, le club eut encore plus de mal à tenir sa position. Berquez était inflexible, Vignoles avait placé très haut la barre des négociations, et moi, j'avais compris que ce renard de Budzinsky m'avait eu, comme un bleu que j'étais. Une réunion de conciliation eut lieu lors d'un déjeuner chez Bruno Dalle représentant le sponsor du club, Europe 1, Jean-Claude Darmon alerté par les dirigeants de Nantes s'occupait de la transaction. Il criait au fou quand Vignoles menaçait Budzinsky d'étaler l'affaire sur la place publique.

J'arrivai seul chez Bruno Dalle. Darmon et Budzinsky étaient déjà là. Darmon me fit la bise, lui aussi était un pote de mon père, il m'avait connu enfant. À l'époque où il s'occupait de la buvette du club de Nantes, avant de commencer sa fabuleuse ascension qui devait faire de lui le grand argentier du foot français, l'homme qui en fit un sport riche en mobilisant à travers les joueurs, les équipes et les stades, les budgets des plus grandes marques commerciales, et l'intérêt des principaux médias.

Nous avons commencé à bruncher dans une ambiance assez décontractée. Ils étaient gentils, histoire de m'endormir. Mais je restais vigilant. Darmon mit le feu aux poudres en répétant que Vignoles exagérait. Bruno Dalle, qui deviendra un ami fidèle, écoutait en retrait. Budzinsky était dans ses petits souliers, pas fier de lui! L'ambiance se tendait sans déborder. Je n'étais ni en colère ni révolté. Je cherchais un bon accord pour moi et pour Nantes, que j'aimais toujours. Et même si le club disait avoir essayé de m'aider, j'avais été lésé, il fallait y remédier. Telle était ma position, mesurée.

Finalement, Berquez et Vignoles m'avaient sauvé. Cette réunion eut pour moi d'excellents résultats. Pour la saison 1983-1984, je passais de quinze mille francs de salaire mensuel à soixante-cinq mille francs, pour 1984-1985 à quatre-vingt mille francs par mois et pour 1985-1986 à quatre-vingt-dix mille. De plus, le club me versait un supplément d'indemnités de sept cent mille francs s'ajoutant aux deux cent mille déjà perçus.

Le 29 juin 1983, je signai avec Louis Fonteneau un avenant précisant ces montants.

Berquez, très satisfait, me déclara : « José, il est temps que je m'occupe de tes affaires. » J'étais content qu'après tant d'années Claude s'intéresse encore à moi et soit de si bon conseil. Dans la foulée, il me parla d'une maison pour laquelle il avait eu un coup de foudre, rue Albert-Ier à Grouet dans un quartier résidentiel de Blois. Je ne pus lui refuser les sept cent mille francs qu'il me demandait de lui prêter. Puisque c'était justement le montant de mon indemnité qu'il lui manquait. J'avais l'intention d'acheter une maison à la campagne pour y installer ma mère, je lui fis néanmoins un chèque de sept cent mille francs : « Pour ton achat je t'obtiendrai un crédit », me déclara ce bon Claude.

Je n'ai jamais revu ces sept cent mille francs. Le FC Nantes avait essayé de m'avoir au rabais. Berquez m'avait sauvé au mieux de ses intérêts. Non, décidément, je n'avais rien compris. J'étais non seulement une poule aux œufs d'or mais encore d'une naïveté sans limites.

Berquez a-t-il prévu dès ce jour d'exploiter au maximum le filon que représentait « le Brésilien » un peu paumé entre un père absent et une mère toujours inquiète? A-t-il joué sur cette confiance aveugle et cette affection profonde que je lui portais, pour décider de me conseiller, en écartant l'honnête Vignoles de ma carrière, et continuer à me plumer plus aisément? Lui seul le sait.

Moi, je continuais à imaginer des buts de rêve et à me dire que tous avaient bien raison de me traiter d'Artiste. Parce que la vie d'artiste me plaisait. Je me croyais libre et j'étais heureux.

Dopage : les dirigeants décident, le joueur trinque

Bien sûr, quand je repense à tout ça, à mes dirigeants paternalistes qui signent mes contrats, m'embobinent et hypothèquent mon avenir pour un petit découvert, à ces gens honorables qui te paient trois cacahuètes, parce que tu es seul face à eux, pas conseillé, et que tu crois qu'ils sont ta famille, quand j'y repense, j'ai mal au cœur.

Il y a quelques mois, le club de Nantes m'a invité à la fête de sa création. Je n'y suis pas allé. J'étais en rage contre eux. Ils m'ont tant donné, comment ont-ils osé me spolier, comment eux, qui m'ont fait, ont-ils pu me mépriser ainsi ? Le fric est-il la seule morale qui fasse qu'on ne respecte même pas ses disciples ?

J'ai eu honte de cette histoire pendant des années. Honte pour certains dirigeants de Nantes : comment ce club si accompli dans sa formation et son expression sportive peut-il traiter ainsi les jeunes qu'il a formés ?

Je me demande si certains dans ce club phare de la ville de Nantes, si riche à l'époque du commerce des esclaves, n'ont pas gardé une nostalgie qui les pousse à se comporter avec ses jeunes comme des négriers.

Une fois de plus, j'ai fermé ma gueule. J'ai mis un éteignoir sur ma colère. Je n'aurais pas dû. À force de me taire, de si longues années, je me préparais un cyclone qui dévasterait tout le jour où il éclaterait.

Il faut le savoir, le football est pourri. Trop de fric, pas de moralité, nos dirigeants ne sont pas à la hauteur des joueurs. Je le dis bien haut. J'ai souffert de me taire, parce qu'en plus ils arrivent même à te culpabiliser d'oser demander ton dû. Enfin, j'ai tort, le football est beau. C'est certains de ceux qui le dirigent qui sont pourris.

Pour eux un joueur, c'est des jambes. On lui dit de courir. Et il la ferme. Et en plus, le jeune joueur aime ce rapport de forces. Étouffant et aliénant. Il faut attendre des années pour que, libérés, les joueurs jettent aux orties leurs faux pères dirigeants.

Dans un récent article de *Libération*, j'ai lu cette déclaration de William Prunier, l'ex-Auxerrois aujourd'hui à Bordeaux. Il évoquait l'étouffante personnalité de Guy Roux et parlait ainsi de son passage à l'OM et de Tapie : « Alors là, c'est un mystère. À son contact j'ai gagné en confiance et en décontraction comme la plupart des joueurs de Marseille. Tapie nous donne de la force. Avec lui, on a l'impression d'être supérieur. C'est très difficile à expliquer, mais aujourd'hui je me sens plus sûr de moi, grâce à lui [1]. »

Je crois qu'il y a deux façons de diriger les sportifs, en les écrasant pour les rendre obéissants et malléables ou en les magnifiant pour les rendre conquérants et dévoués. Trop de nos dirigeants jouent dans la première catégorie, quant à Tapie – homme de la deuxième – Messieurs Legraet et Fournet-Fayard – que j'appelais comme tous les joueurs Fournet-Fayot – l'ont mis hors jeu, en piétinant sans regret, au passage, la carrière des joueurs de l'OM, et en méprisant l'amour d'une ville pour son équipe.

Certains de nos dirigeants ne prennent pas leurs responsabilités. À moins qu'ils n'outrepassent leur droit. Comment avoir du respect pour ces petits dictateurs de salon qui mouillent leur froc au moindre vrai problème? Pourtant, les vérités, ils les connaissent, alors pourquoi en sélectionner une pour servir leur stratégie? Nous verrons bien si à la sortie de ce livre, ils osent se bouger pour régler ma situation et m'aider à retrouver ma dignité.

À Nantes, le beau club pur de la côte Atlantique, j'ai été dopé. Et après?... C'est la seule fois de ma vie où j'ai joué dopé. On l'avait décidé pour moi, je l'ai fait. Peut-être que Maradona n'a fait que boire, aux États-Unis en coupe du Monde, un cocktail préparé par des dirigeants inconscients ou pourris.

Pour moi, c'était juste avant d'être opéré des amygdales en décembre 1983, je crois. J'avais des poussées de fièvre fréquentes. On devait jouer contre le Rapid de Vienne en coupe d'Europe. Au match aller, nous avions pris un trois-zéro net et sans bavure. J'étais déjà affaibli. Quinze jours plus tard, la veille du match retour, j'étais KO. J'avais trente-neuf cinq, Coco tenait à ce que je tienne ma place et le médecin devait tout faire pour que je sois

1. Interview de Prunier, *Libération* du 21 août 1994.

sur pied. À cette époque, je faisais du yoga, j'ai appelé Dominique, mon prof, pour lui demander conseil. Il m'a donné une mixture à base de miel et d'ail pour faire dégonfler la gorge et tomber la fièvre. J'ai pris cette potion magique, le soir. Effectivement le lendemain, jour du match, ça allait mieux : trente-huit quatre. Le doc vient dans ma chambre et me dit : « T'inquiète Toutou, ce soir tu joueras! »

Pour jouer, j'ai joué! Avant le match, visite du « spécialiste » de la seringue. Il me pique comme un cheval dans les douches, il en fait autant avec un de nos Sud-Américains, qui lui n'était pas malade. Nous avons été éliminés trois à un. J'ai couru comme un lapin et même après le match, j'ai dû faire un footing dans la nuit pour me calmer. Le lendemain, j'avais neuf de tension et j'étais complètement abattu. Depuis ce jour, je me suis juré de ne plus faire ce truc-là. Mon partenaire sud-américain était lui un habitué de ce système, pourtant, à l'entraînement, c'était un grand pro. Mais les Sud-Américains sont plus familiers – ou plutôt : étaient – de ce genre de pratique, ils ne sont pas les seuls. J'ai encore en mémoire les tronches de Kempes et Bonof. C'était en 1980 en Espagne, à Valence, en demi-finale de coupe d'Europe, on en a pris quatre. À la fin du match, lors du traditionnel échange des maillots, j'ai vu leurs têtes.

Les yeux exorbités, de la bave blanche aux lèvres, des monstres. Là je me suis dit : « Elle est belle l'histoire, tu m'étonnes qu'on en ait pris quatre! » Cette année-là ils furent champions d'Europe. Dans le milieu il ont dit que certaines équipes doivent leur palmarès autant à un jeu superbe qu'à la médecine sportive!

Mais là aussi, les joueurs obéissent, ils se bousillent la santé parce que les dirigeants de leur club les poussent. Les dirigeants ne sont pas complices, ils sont tout simplement les instigateurs et les seuls responsables.

Comment un joueur peut-il empêcher ses patrons de tout mettre en œuvre – même l'interdit – pour lui faire gagner un match? Facile de parler de ça, assis dans son salon, un verre de cognac ou une bière à la main. Quand on vient te piquer comme un animal, tu ne vas pas poser une clause de conscience : T'es un bourrin de luxe ou pas, on te dope et t'avance. On achève bien les chevaux, pourquoi pas les footballeurs? Je préfère arrêter là les exemples; pas pour respecter l'« omerta » du milieu, mais pour ne pas mouiller des copains qui n'ont pas choisi, qui ont laissé leurs patrons décider.

Le foot c'est aussi ça, il y a les patrons et les ouvriers, mais chez nous il n'y a pas de syndicat pour nous défendre vraiment des manipulations des patrons. Résultats : tous complices.

4. La rançon de la gloire

Je deviens parano

En relisant mes archives, toujours à la recherche de ma mémoire perdue ou plutôt occultée, je retombe sur un article illustré d'une photo où je cours dans la neige avec le gardien de but, Jean-Luc Ettori. La légende, sous le cliché, dit : « José Touré, en compagnie d'Ettori, a retrouvé le sourire sur la neige de Font-Romeu. » Michel Hidalgo m'avait convoqué avec « les Bleus » – l'équipe de France – en stage d'altitude. Je sortais d'une sale période. Dans cet article je m'expliquais, le journaliste commentait :

« Je suis reconnaissant à Michel Hidalgo de m'avoir convié. Une marque de confiance qui m'a permis de me refaire une santé physique et psychologique. Exactement ce dont j'avais besoin après tous mes pépins.

« Ces pépins ? Des angines en rafale, deux opérations chirurgicales, et une demi-saison gâchée.

« J'ai perdu sept kilos et je suis resté deux mois sans jouer, raconte-t-il. Quand j'ai repris, j'étais si faible que je me faisais bousculer par les jeunes. Aujourd'hui ça va beaucoup mieux. Le ski de fond m'a permis de retrouver une bonne condition physique. Je puis ainsi formuler le vœu de retrouver, en 1984, les sensations que j'avais connues la saison passée.

« Le meneur de jeu nantais vient de vivre une année

bizarre, à deux faces. Avec un printemps radieux et un automne pourri. Ce fut d'abord le rêve, avec un titre de champion de France, un but génial en finale de la coupe et quelques démonstrations " brésiliennes ", puis le cauchemar, avec ses ennuis à répétition et la bêtise humaine qui le prit pour cible.

« Octobre 1983 : une rumeur parcourt Nantes et s'amplifie. Basse et lâche, comme toutes celles du genre. Touré, absent des terrains, serait en fait en prison, pour viol ou proxénétisme, ou bien atteint par le sida. N'importe quoi...

« Il est toujours facile de parler. L'affabulation n'a vraiment pas de limites, regrette José. Beaucoup de gens sont encore bêtes, méchants et aigris. S'il y a des guerres, ce n'est pas le fruit du hasard. Toutefois je ne m'explique guère le phénomène dont j'ai été victime. Il résulte peut-être d'une sorte de jalousie doublée d'un racisme latent car je suis footballeur et de surcroît, " foncé "... À l'époque je suis resté humble, je n'ai pas bronché, ajoute-t-il. C'était tellement énorme que je n'avais pas à me justifier. Mais j'étais embêté pour mes amis qui ont été écœurés, choqués. » Le journaliste concluait sur ce chapitre en disant : « José Touré fort heureusement n'est pas homme à se laisser abattre ou à rester traumatisé par une épreuve dans la vie comme dans l'approche de son métier. À vingt-deux ans, José Touré est devenu adulte. Un homme vrai, mûr, relaxé. Bien dans sa peau, bien dans sa tête. »

Il avait tout faux, ce gentil reporter. Cette période m'a atteint très profondément. C'était encore une grande entaille dans ma vision si claire et gaie de la vie et de mon métier.

C'est un coup de fil qui changea ma vision du monde. L'atmosphère qui l'entourait et le moment où il eut lieu sont encore gravés dans ma mémoire; cette tache dans ma vie est indélébile.

Après avoir subi de multiples examens afin de trouver la cause des poussées de fièvre à répétition qui m'éloignaient des terrains, après des recherches vaines pour trouver un éventuel virus ramené d'Afrique lors du jubilé de mon père, j'ai tout subi, l'ablation des dents de sagesse, des piqûres de « Totapen 900 » sans résultat.

Berquez prit les choses en main et m'emmena consulter son ami et médecin Laigniau. Résultat : Ablation des amygdales infectées. Je me remettais chez moi, dans ma maison à la campagne. Mon cauchemar : le lit et l'inaction. J'avais encore, dans la gorge et le nez, l'odeur du gaz anesthésiant. Le parfum de ma mère, très présente pour me soigner, n'effaça ni la douleur qui enflammait ma bouche ni cette sensation désagréable dans les narines.

Un coup de fil, ma mère monte : « C'est pour toi. » Elle me tend le téléphone. C'était un copain nantais qui venait aux nouvelles. Puis, après les banalités d'usage, il me dit : « En fait je t'appelle parce que des bruits incroyables circulent ici, comme quoi tu serais en prison pour viol et proxénétisme. Enfin, te mine pas, les gens sont cons, tu le sais »...

J'étais plus accablé par cette nouvelle que par toutes les ablations d'amygdales du monde. Pourquoi ces cons me cherchaient-ils ? Je n'avais rien fait de mal, je jouais pour cette ville et voilà qu'elle me traînait dans la boue. J'ai flippé. À vingt et un ans je ne comprenais pas, tant de bêtises et de méchanceté. Maintenant je pourrais maîtriser le sentiment qui m'a envahi. Mais je vivais là mes premiers déboires avec la rumeur, dus à ma célébrité.

Quelques jours après, je suis arrivé à Nantes. Effectivement, des gens m'avaient vu, menottes aux poignets, emmené par les policiers, d'autres savaient dans quel hôpital je soignais mon sida.

Je suis devenu parano. D'après le regard des gens, dans la rue, au resto, au stade, j'essayais de savoir de quel bord ils étaient. Ceux qui lançaient ces rumeurs, ou ceux qui les croyaient et me scrutaient comme une bête curieuse. On ne s'attendait quand même pas à ce que j'apporte mes amygdales infectées dans un bocal pour me justifier.

Je reconnais à Coco Suaudeau un bel acte, lorsqu'il a donné sur FR3 local une interview pour s'élever contre ces rumeurs et dire la vérité. Ça avait pris une telle ampleur qu'il est monté à l'assaut des imbéciles : ceux qui croient tout ce qu'on leur dit, et des salauds, ceux qui détruisent par plaisir.

Suaudeau avait critiqué l'esprit de Nantes, trop vite prêt à se laisser polluer. Mes équipiers et mes vrais amis m'entourèrent pendant ce moment difficile. Mais je ne regardais plus mon prochain avec la même candeur d'esprit, avec la même confiance souriante dans les yeux. Je me méfiais de tous. Et, pour la première fois, la bassesse humaine m'a fait regretter le choix de ce métier lorsqu'à Rennes, pour un match derby de l'Ouest, j'ai entendu, venant des gradins, des cris : « Touré en prison, Touré en prison. » J'ai eu la haine.

Joies olympiques à Los Angeles

1984, terrible année. Je ne savais jamais si je finirais un match. Rare satisfaction, Michel Hidalgo m'a fait jouer avant-centre pour la première fois contre l'Angleterre. Le lendemain, *L'Équipe* titrait « Platini, Touré, les stars », victoire deux-zéro et essai réussi à la pointe de l'attaque. L'Euro 84 s'annonçait bien.

Puis, une nouvelle blessure m'a empêché de faire partie du groupe du championnat d'Europe des Nations. Le lot de consolation fut mon voyage aux État-Unis, sélectionné pour les jeux Olympiques par Henri Michel, l'ex-Nantais.

En partant j'avais du baume au cœur mais mon corps était fatigué. Successivement l'extraction de mes dents de sagesse, l'ablation des amygdales, puis une opération due à une déchirure des adducteurs gauches m'avaient vidé : la rumeur et la parano qui suivirent n'arrangèrent rien, j'avais perdu sept kilos de muscles. J'étais physiquement fragilisé. D'où les contractures génantes et même une nouvelle déchirure qui m'attendait aux JO. Avoir raté l'Euro 84 en France et cette fabuleuse victoire à Paris m'avait fait mal au moral. Les jeux m'ont redonné une joie de vivre un peu émoussée par tous mes problèmes.

Les États-Unis, pour moi, étaient un pays de rêve : le lieu du possible et de la liberté. J'y crois toujours, même si un film comme *Malcom X* de Spike Lee m'a fait comprendre que tout n'est pas rose aux States, surtout pour les Blacks et toutes les minorités. Et puis, je partais à la conquête d'un vieux rêve d'enfant : essayer de remporter une médaille d'or aux jeux Olympiques, quel bonheur ! Pour gagner ce droit de jouer aux États-Unis nous avons dû éliminer l'Espagne, la Belgique et l'Allemagne chez elle. Une fois là-bas, à Annapolis et Boston, sur la côte Est, nous avons souffert : une seule victoire sur la Norvège et deux matchs nuls contre le Qatar et le Chili. L'équipe et le staff technique s'entendaient bien, l'ambiance était excellente. Je ne remercierai jamais assez Henri Michel de m'avoir offert l'Amérique à ce moment de ma vie. J'étais loin d'être à mon maximum mais partir à la conquête de l'Ouest était palpitant. Qualifiés, nous sommes arrivés pour la phase finale à Los Angeles. Je connaissais la Californie, Santa Monica où j'avais une copine, et Sosalito à côté de San Francisco, où j'étais allé en vacances chez mon ami Patrick Simon.

L'arrivée au village olympique dans la délégation française fut aigre-douce, certains « amateurs » nous regardaient de travers, nous les « professionnels ». Quels cons ! On était qualifiés pour les quarts de finale et des mecs étaient jaloux sous prétexte que nous étions des pros et eux, des purs.

À part Christophe Tioso et les basketteurs Zaniel, Senegal, Dubuisson, les frères Beugnot, je ne voyais personne. J'évitais les autres frustrés.

Le village était sur le campus de UCLA, Université de Californie et de Los Angeles – Un lieu mythique où les cinéastes sont aussi célèbres que les sprinters. Le matin, je me levais très tôt pour aller déjeuner, je croisais Tioso ruisselant dans son K Way, courant pour perdre du poids.

Pour moi, la compétition s'est arrêtée au début du quart de finale contre l'Égypte : déchirure aux adducteurs, j'étais mal consolidé. Bijota a endossé le numéro dix et a été extraordinaire. Je suis devenu supporter de l'équipe et spectateur des jeux.

Un joueur blessé l'est doublement, dans son corps et son âme ; moi, je me sens mis à l'écart. Alors, j'oubliai ma déception en allant applaudir Moses sur quatre cents mètres haies, Carl Lewis en sprint et Quinon le Français, volant à la perche.

J'aime l'ambiance de ce pays cool et ouvert. Les spectateurs, allongés sur les pelouses avant le match, s'empiffrent de sucreries et de Coca pendant les compétitions, prêts à rire et à s'enthousiasmer pour un rien. Il y a là une spontanéité qui m'est chère.

Pour combler le vide, je suis devenu accro à la musculation et à la bouffe. En moins de deux, je me suis transformé en un cube musclé et lourd. Les restos ouverts jour et nuit étaient une tentation irrésistible. À midi, je mangeais une pomme pour maigrir, mais à seize heures j'allais avaler un steak, quand je ne craquais pas pour un hot-dog et des Mars, dans les stades olympiques pleins à ras bord. J'ai pris cinq kilos et je me suis fait raser la tête chez le coiffeur du village, adoptant la coupe des athlètes noirs américains. J'étais changé au point que, le jour de la finale, ma mère ne m'a pas reconnu sur le banc de touche assis aux côtés d'Henri Michel. La bête de quatre-vingt-sept kilos avait du succès et une copine m'emmenait faire du surf à Malibu. C'était le top, déjeuner sur la plage, surf et soleil. J'oubliais mes JO loupés. Jusqu'au jour de la finale contre le Brésil, où cent mille spectateurs me firent regretter encore plus ma blessure. Match de rêve, but sublime de Brisson. Je pensais à mon ami Senac blessé gravement à la pommette et rapatrié en France. Il n'était plus là pour me piquer mon blouson Issey Miyake, ni, malheureusement, pour recevoir l'or dans un stade en folie.

Quelle joie immense, la remise des médailles sur le podium avec les trois équipes, le tour d'honneur, *la Marseillaise*, bouquet de fleurs à la main! Un moment historique? Peut-être! Mais pour moi c'était très fort, très profond. J'étais heureux, je vivais mon rêve de gosse. Joao Havelange, le patron de la FIFA, m'a souhaité un prompt rétablissement et m'a dit avoir regretté mon absence sur le terrain, j'étais flatté.

Le soir, avec les copains, nous sommes sortis dans une immense boîte à Hollywood; quelques superbes groupies, standing olympique, nous accompagnaient; moi, j'avais fait fort en invitant la jeune fille qui nous avait remis les médailles. J'avais insisté, ça avait marché.

Julia était de San Diego, moitié américaine, moitié mexicaine. Belle et pulpeuse, brune aux yeux verts. Elle m'accompagna volontiers jusqu'au bout d'une nuit arrosée de Coca, puisque, à Los Angeles, les boîtes ne servent plus d'alcool à partir de deux heures du matin. De toute manière j'étais ivre de l'euphorie olympique et je ne pensais qu'à une chose, me faire Julia.

C'est si bon les joies olympiques.

Célèbre et menteur

Être noir et gagner du fric, ça gêne beaucoup de monde dans notre douce France. Les rumeurs d'octobre 1983 me l'avaient explicitement fait comprendre. Ma célébrité gênait, il fallait la salir et certaines bonnes âmes de Nantes s'en chargeaient.

Ce sentiment crasse qu'on appelle le racisme, j'ai longtemps cru ou voulu faire croire qu'il m'épargnait. Une fois encore j'avais tort, dans *Le Football raconté par José Touré* voilà ce que je réponds en 1986 à Olivier Margot qui me demande :

« As-tu souffert du racisme?

– Personnellement j'ai peu souffert du racisme. Je pourrais même dire pas du tout. Une insulte de temps à autre... On trouve toujours un type pour vous traiter de " sale négro ". Pourquoi me battre pour cela ? C'est si peu de chose comparé à l'apartheid. »

Bien sûr que l'abruti qui gueule « sale négro » caché dans la foule ne mérite ni la réplique ni le bâton. Mais j'étais, à l'époque de mon âge d'or du foot, trop conciliant, trop consensuel.

Ce n'est pas du racisme que je veux vous parler, mais de la langue de bois qui, chez les gens connus, devient vite la langue fourchue, diaboliquement trompeuse... Il faut savoir qu'une autocensure, qu'un non-dit s'instaurent dès que tu penses avoir une image publique et dès que le micro du journaliste enregistre tes paroles. Sorte de pudeur : pourquoi exposer ses colères, ses doutes et ses vrais états d'âme dans des revues qui regorgent de mensonges et de paroles creuses ? Pour une vérité dans la presse, combien de sottises sont déballées par des vedettes qui n'ont, de toute façon, rien à dire. Dès qu'on devient un personnage public du show-biz, le sport est un spectacle, on est acculé au mensonge par des questions parfois indécentes. Est-ce que j'aurais dû dire la vérité sur le racisme, ouvrir mon cœur à Olivier Margot à cette époque ? Avions-nous passé un contrat d'authenticité ? Non.

Ceux qui disent tout sont traités de barjes. Cantona, irréductible, fait partie de ces rares qui parlent toujours pour dire ce qu'ils pensent. Aujourd'hui, avec ce livre, je vais gêner, inquiéter et souvent me faire traiter de fou d'avoir osé dire MA vérité. Moi, je n'ai plus rien à perdre. Tandis que pendant le cours normal d'une carrière, par gentillesse, par faiblesse, par interdit, par lâcheté on se tait, pire on se trahit à prononcer des phrases fausses et bêtes.

La vedette enjolive toujours la situation lorsqu'on l'interviewe. Va-t-elle annoncer au public par l'intermédiaire d'un magazine : « Je vais mal, j'ai des allergies, je vais divorcer, mon banquier me traque, je ne crois plus en moi. » Non, jamais vous ne lirez, sauf exception, ces mots.

Moi par exemple j'avais acheté une belle maison de campagne, tout ce qu'il y a de plus rustique et je disais dans ce petit livre que j'avais acquis un petit manoir. Pourquoi ? Pour faire joli, parce que ça sonne bien. Ma fiancée était jolie et je la classais mannequin. Alors qu'elle ne l'était pas. D'ailleurs feuilletez les magazines pleins d'images qui sortent chaque semaine, c'est un classique : toutes les vedettes mâles vous présentent leur jolie copine tête creuse – ou non – comme un mannequin, pas dans une agence, pas pour le métier, juste pour le standing dans leur imagination.

Le star-système c'était aussi ça. La systématique du bluff et du mensonge, les photos mises en scène et les sentiments mis en forme. Tout ça n'a plus d'odeur, pas de saveur, c'est cosmétique et dramatique.

C'est calibré pour faire rêver dans les chaumières. Nous, les vedettes, devenons des pros du mensonge, des lâches qui jouons les modèles, des pantins gérés par des attachés de presse, mis en pages par des rubricards mondains bidons.

J'ai aimé Coluche pour son rapport à la vérité. Le jour où je l'ai rencontré à Europe 1 il m'a regardé en écarquillant les yeux, on lui présentait un footballeur et il me voyait vêtu comme une gravure de mode. « Ah ! T'es footballeur. » Il avait vu juste. Il se foutait des conventions. Lui l'ouvrait pour faire bouger les choses. Plus tard, Richard Bohringer m'a séduit, sa voix et surtout ses mots, il revient d'un enfer comparable au mien. Le jour où je l'ai rencontré, je sais qu'il a deviné ma douleur, mon malaise dans mon costume mal taillé de personnalité publique, cousu de faux-fuyants et de déclarations sans fond.

Rien n'est pire que de se sentir glisser et de rayer le parquet avec ses ongles pour cesser de déraper. Petit José freinait de toutes ses peurs, mais Touré détenait les clefs de la sacro-sainte Porsche du footballeur en vogue, et lui, il accélérait de toutes ses forces pour oublier la tristesse du paysage entre les matchs, entre les buts.

La réalité soudain fait peur, on la cache dans une arnaque de mots et d'attitudes.

Bien sûr je n'ai pas dit que des conneries et formulé que des contrevérités. Mais je me suis complu à essayer d'être conforme à l'image que les médias, mes patrons et la norme m'imposaient. À l'époque je m'en foutais, je ne l'analysais pas. Je jouais le jeu, fort lucratif ma foi et même sympa ; le journaliste te pose une question stupide et toi tu essaies de répondre intelligemment, rendant ainsi la situation supportable, l'interviewer fier de lui et content de toi.

Si souvent dans Paris, et ailleurs, j'ai assisté, sourire aux lèvres et consternation à l'âme, à ce cirque dans les cocktails et autres parades mondaines. On ne débite que des stupidités, des mensonges avec une autosatisfaction générale si forte qu'elle couvre la médiocrité ambiante. Ça aussi je l'ai supporté, j'y ai participé. Aujourd'hui je ne peux plus, ça me hérisse. Question d'épiderme, j'ai dû assez vendre ma peau pour en changer.

La dolce vita

La saison 1984-1985 fut rayonnante.

J'étais amoureux depuis le printemps 1983, j'avais un gros coup de cœur. Je roulais dans ma nouvelle Austin blanche lorsque j'aperçus sur le trottoir une belle fille fine et grande, brune et douce. Coup de sang, je la voulais et j'ai rêvé qu'elle serait ma femme. Une révélation et un coup de foudre, elle s'appelle Sandrine. Sandrine allait partager ma vie jusqu'en 1989. Je l'ai épousée en 1987, année où elle m'a donné ma fille Marine, un bijou brun aux yeux noirs qui aujourd'hui commence ses discours au téléphone par des « Alors mon petit papa »...

J'étais devenu sérieux. J'ai même demandé l'autorisation de ses parents pour que l'élue de mon cœur s'installe rue Guistau avec moi. J'avais vingt-trois ans, elle dixneuf. Et c'était la première fois que j'habitais avec une fille. C'était génial. Les petites bouffes en amoureux à la maison, les tête-à-tête dans les restos, les balades au bord de la mer, bref la totale. Ça c'est mon côté José très romantique, à la limite de la sensiblerie.

Une fois encore Nantes crachait ce venin issu de son passé négrier et des copains de Sandrine, petits bourges mesquins, lui lancèrent : « Alors tu habites rue Case-Nègre maintenant ! » Elle en a pleuré. Je la rassurais. Elle était blanche, elle découvrait le rejet, moi je l'avais digéré, il glissait sur moi : « Ne te mine pas, ils ont des ulcères tellement ils sont jaloux. » Je savais sécher ses larmes. C'est à elle que j'ai offert mon premier maillot tricolore du match contre la Yougoslavie. C'est aussi à elle que j'ai donné le plus de moments vrais à cette époque de ma vie où tout s'accélérait sans que je contrôle vraiment la situation.

En parlant de conduite, elle allait changer radicalement car, grâce au travail d'Albert Vignoles, mon salaire me permettait de craquer pour une Porsche cabriolet, la première d'une belle série. Cet achat, je le dois au plus fin vendeur de voitures que j'aie jamais rencontré, et Dieu sait s'ils sont nombreux les malins, et les coquins qui rôdent autour des terrains de foot prêts à pousser à la conso les jeunes footballeurs affamés de richesses, enfin accessibles après des saisons de galères.

Un jour, par curiosité, je me suis arrêté chez Porsche... juste pour voir. Tu parles, j'en mourais d'envie de ce bel objet rapide. François Pautric était le concessionnaire. Il m'a vu arriver. J'ai tout de suite compris qu'il savait qui j'étais – à Nantes j'étais connu comme le loup blanc ! – et qu'il me prenait pour le jeune branleur qui gagne de l'argent et veut se payer une Porsche comme on s'offre une friandise, bref le contact se passa très bien. Moi, sincèrement je n'avais aucune envie de faire un chèque, mais ma curiosité et mon avidité – à l'époque j'étais réellement avide de belles choses – m'avaient poussé chez lui. Pautric me ferre en me faisant faire un tour dans une Targa blanche. Tu parles, quelle impression! J'étais pris au piège. La raison me ramena sur terre. Je lui expliquai que cet achat n'entrait pas dans mes priorités. Mais j'étais coincé. Dès le lendemain, ce vendeur né vint régulièrement aux entraînements, histoire de dire un petit bonjour et de garer dans le parking une superbe Porsche à côté de ma petite Austin, juste pour me faire saliver. Il avait vu juste, j'en rêvais de cette voiture. Au bout de quelques mois, après quelques buts et primes, je craquai. Je roulais dans une magnifique 911 cabriolet grise capote noire, quel pied! Et pas pour la frime parce que le pire c'est que je me planquais au fond de ma voiture pour rouler en ville. J'avais honte... au début. Sacré Touré, jamais à une contradiction près.

Vous auriez vu la gueule de mon banquier. Un mec super Patrick Mahé, il a vu rouge... Quel sermon il m'a fait, je m'en souviens encore, il n'avait pas tort. J'avais prêté sept cent mille francs à Berquez, j'allais acheter à crédit une maison à la campagne près de Blois pour ma mère, plus les fringues, les copains, la Porsche. C'était la banqueroute pour lui. Une seule solution brillait encore et toujours.

Voilà comment on se met sous pression et comment les jeunes footballeurs se font piéger par la chère, si chère, dolce vita.

Turbofoot

Je jouais bien. Mon club jouait bien. Nantes gagnait. J'étais sur un nuage. Le ballon était toujours le régulateur de ma vie. J'étais fidèle à ma passion. Et je savais l'entretenir. C'est sur un terrain que je disais les plus belles choses, sans me tromper de registre, ni de vocabulaire.

Cette saison-là, le FC Nantes est revenu au top : deuxième du championnat de France. En automne 1985 nous avons éclaté en coupe d'Europe. Je vous épargne les détails mais nos matchs contre le Partizan de Belgrade et le Dynamo de Moscou furent superbes, suivis par des millions de téléspectateurs. Contre Belgrade je jouais la carte de la créativité et contre Moscou j'étais le réaliste qui tua Dasseïev, le supergardien soviétique, pour arracher d'un coup de tête une victoire qui, je l'espère, ne fit pas regretter au président Fonteneau, ou à Robert Budzinsky, la revalorisation de mon contrat deux ans avant, car cette campagne européenne dut bien remplir les caisses du club, et enthousiasma un stade de la Beaujoire exceptionnellement bouillant. Le public nantais savait s'enthousiasmer pour les grandes occasions.

Cette partie contre les Soviétiques est une de mes plus belles prestations, avec le terrible match victorieux au sein de l'équipe tricolore contre l'Uruguay. Cette victoire contre la « céleste » uruguayenne était historique : la première coupe intercontinentale pour la France. Ce soir-là se jouait la suprématie mondiale : la France – championne d'Europe – contre les champions d'Amérique du Sud. Dès le début du match les arrières sud-américains essayèrent de me casser, en finesse j'évitais leurs agressions délibérées, je leur échappais pour mieux jouer mon football d'artiste, contre leurs méthodes de tricheurs et leurs tacles de bouchers. Malheureusement c'est ce jour-là que l'un d'eux me toucha au genou gauche, ce fameux genou qui brisa quelques mois plus tard mes espoirs, en m'empêchant d'aller au Mexique avec mes potes tricolores, pour la coupe du Monde.

Pourtant ce match, quel plaisir ! J'ai pris des coups mais j'ai ramené des bleus et des buts. Le succès efface la peine. Henri Michel avait fait confiance au duo d'attaque new look, j'étais en pointe avec Rocheteau. Et nous avons marqué chacun notre but servis par une équipe soudée et des premiers violons virtuoses : Platoche et Gigi – Platini et Giresse.

Les cieux étaient si bleus, le public exultait, à la une *L'Équipe* nous encensait « Giresse et Touré, la classe ! »

« Olé! Touré ». Le récit de nos exploits devenait épique : « 55e minute Touré-la-classe élimine trois adversaires à la hauteur de la ligne médiane, donne le ballon à Platini qui trouve Giresse, lequel effectue un long centre qui lobe la défense uruguayenne. Le Nantais amortit alors le ballon de la poitrine et avant qu'il ne touche le sol le propulse dans le but adverse. » On me traitait de Brésilien et je n'y voyais aucun inconvénient. Je me sentais si plein de foot et du bonheur d'exister si fort.

Avec cette équipe de France nous marchions vers le Mexique, en nous qualifiant pour la phase finale de la coupe du Monde. Cette équipe m'offrait de grandes rencontres à la fois sportives et humaines.

Celui qui m'a accueilli et pris sous son aile chez les Bleus dès mes débuts c'est Jean Tigana. Nous faisions chambre commune en stage à Jouy-en-Josas. Il était très attentif avec moi. Lui, c'était un caïd, un caractère fort et généreux mais susceptible et entier. Personne ne le cherchait parce qu'il n'était pas commode : petit mais redouté. Parfois notre chambre devenait un vrai bureau, il consultait, il conseillait, il dirigeait. Jeannot vient de la rue lui aussi, mais pas des trottoirs propres de la ZUP de Blois. Plutôt du bitume défoncé et amer des quartiers Nord de Marseille. Il en a gardé l'accent chantant, le regard perçant et l'agressivité à peine voilée. Malin, il a le nez pour gérer ses affaires et juger les hommes. Alors les jeunes n'hésitaient pas à parler avec ce « parrain » accueillant. Ce généreux peu avare de conseils, qui pouvait devenir une peste cassante les mauvais jours, ou envers les tronches de cons, mais qui consacrait beaucoup de son temps aux nouveaux.

Lorsque je suis arrivé à Bordeaux en 1986 il m'accueillit à bras ouverts, là-bas il avait son clan et régnait en maître en terre girondine.

Dominique Rocheteau était, dans un style tout à fait différent, un partenaire que j'appréciais à la ville comme sur la pelouse. J'avais avec lui, sans avoir besoin de m'épancher, un feeling qui faisait fonctionner à merveille notre tandem dans les dures défenses adverses. Mais le carré d'as était ailleurs, derrière Dominique et moi. À commencer par Platini que je ne connaissais pas, et que j'ai peu connu. Il arrivait toujours de la Juventus de Turin au dernier moment. Il était le patron, mais ne s'ouvrait pas beaucoup, même s'il l'ouvrait souvent. Ce type de joueur possède un statut à part même dans une équipe de France. À vingt-quatre ans je devenais un adulte, mais avec ma poignée de sélections – huit – je n'étais qu'un petiot face à ces trente piges et ses soixante capes. Son expérience et son aura étaient extraordinaires. Peut-être le rendaient-elles à mes yeux un peu inaccessible. Ce qui est sûr c'est que je le respectais.

Gigi, lui, c'était un autre grand artiste. Lui, je l'aimais. Alain Giresse était accessible, humble, un super à dimension humaine, j'adorais partager la victoire avec lui. Ce duo devenait un quatuor magique avec Tigana le Caïd et Fernandez la Hargne. Ces quatre-là étaient les grands chevaliers incontestés de notre ordre tricolore.

La saison 1985-1986 carburait au même rythme que la précédente. J'enchaînais mes pas de danse ponctués de buts, de victoires et de qualifications tous azimuts, avec l'équipe de France, et en club avec Nantes. Et puis Touré-la-chance avait rendez-vous avec son destin changeant le 19 mars 1986. Mon genou gauche, depuis les casseurs uruguayens, me faisait souffrir. Je me taisais, les bobos ça fait partie du métier, il faut serrer les dents. Les campagnes européennes avec Nantes étaient rugueuses. Les Brésiliens ça se casse, parce que ça file trop vite.

Je bondissais pour éviter les coups et filais parfois des mandales pour me faire respecter. Mais je préférais opposer aux défenseurs méchants l'ironie du virtuose, à la vengeance primaire.

Ce mois de mars en première mi-temps d'un quart de finale de coupe d'Europe difficile contre l'Inter de Milan, le frère du grand Baresi, appelons-le « Baresi le petit », me tapa par-derrière à la hauteur du genou gauche. Cette fois la douleur fut plus forte, étrange. À la mi-temps le genou était enflé. Mais ce match capital s'annonçait dur à emporter. Je voulais le jouer. Tout le monde voulait que je joue. Avec du froid et un bon straping je suis reparti en seconde mi-temps, après un quart d'heure et une déviation aérienne de la tête à la réception, mon genou explosa. Je m'affalai sur le gazon. Le match était fini pour moi. Et Nantes allait le perdre.

La suite on la connaît : les vestiaires, le kiné. Le lendemain, notre médecin, devait appeler le professeur Leteneur – au CHU de Nantes – qui avait opéré Baronchelli quelques mois auparavant.

Je n'étais pas inquiet à la fin du match, après la défaite je donnais des interviews, je ne manifestais aucune crainte quant à ma participation à la prochaine coupe du Monde au Mexique. Je ne pouvais croire que notre belle équipe, emmenée par Platini et Giresse, jouerait sans moi. Le plaisir était trop grand. Et puis c'est au pays des Aztèques qu'enfant, j'avais vu pour la première fois un joueur nommé Pelé. Cette coupe c'était le rendez-vous de toute une vie.

5. Sept mois de solitude

Blessure au genou et force d'âme

Le lendemain je me rendis au CHU, accompagné de Sandrine. Elle était plus inquiète que moi. Le professeur Leteneur m'ausculte, calme et froid. Je le fixais pendant qu'il manipulait mon genou hypergonflé. Mes tempes battaient lourdement, mon sang était lourd et chaud dans ma tête. Leteneur s'arrêta et réfléchit en me regardant dans les yeux. Rien qu'à son regard j'avais déjà compris.

« Alors docteur, c'est quoi?

– Eh bien, il est possible que ce soit les ligaments croisés et peut-être plus. Pour savoir il faudrait passer une androscopie. »

Je lui demande : « Aucun espoir pour la coupe du Monde? » Deux mois seulement nous séparaient de l'échéance.

« Si, en faisant beaucoup de musculation pour compenser, mais je ne garantis rien. Et ça ne pourrait que reculer l'échéance d'une opération obligatoire. »

Un tourbillon se forma dans ma tête. Je n'ai pas pleuré, pas protesté, mais je sentais mon cœur saigner, et c'était ça le plus terrible. Comme dans un film, j'ai entrevu un défilé de matchs, d'actions, de joies, à vitesse grand V. J'étais paralysé avec le sentiment de ne plus savoir où j'étais. Et puis d'un coup je me suis levé en disant : « Mais c'est pas possible! C'est pas vrai! » Et j'ai enchaîné : « On va opérer, docteur, on opère. Je ne veux pas prendre de risque. Je ne peux pas. »

Tout allait si vite dans mon cerveau. Le docteur ne m'assurait pas une efficacité à 100 % si on n'opérait pas. Et si je ne pouvais pas faire une coupe du Monde à 100 % de mes moyens, ça ne servait à rien. Il était hors de question et pour moi et pour l'équipe de ne pas être au top. Je ne voulais pas hypothéquer ma participation ou ma carrière en retardant l'inévitable.

Le temps me donna raison, la gravité de l'état de mon genou ne m'aurait laissé aucune chance, musculation ou pas. J'étais « out ». J'avais fait le bon choix en quelques secondes, réagir, lutter, ne pas laisser le hasard, le destin régir mon avenir. On opérerait et je reviendrais. Je venais de le décider.

Je ne me suis plus jamais relâché pendant les sept mois de solitude que m'imposèrent cette blessure et ma rééducation; si loin de ma passion, j'ai lutté seul pour revenir et j'avais confiance. Cette ténacité, cette volonté de remonter au top niveau sont pour moi aujourd'hui des références. Dans l'adversité, dans le flou, du fond du trou je sais que j'ai eu l'énergie pour ne pas capituler. Je sais qu'il y a en moi, aujourd'hui encore, la force nécessaire pour ressortir du gouffre où j'ai plongé. Cette réflexion m'a sauvé bien des fois, lorsque la confiance fuit. J'ai souvent tenu accroché à ce seul souvenir de l'homme blessé, qui a su garder l'espoir au fond de lui-même.

L'opération

Je n'ai craqué qu'au moment de l'opération. Une fois de plus je ne m'étais pas autorisé à épancher la peine contenue en moi, la déception m'inondait et personne n'en avait vu la moindre goutte. Je m'enfermais dans mon amour-propre, dans ma fierté. Je devais être opéré avec une anesthésie locale, une péridurale; j'étais là, dans le bloc, allongé avec mon Walkman sur les oreilles. Et puis j'ai laissé la révolte sortir. Tous ces gens en blouses blanches et vertes étaient là pour moi, tous ces instruments métalliques et barbares allaient me charcuter. C'était injuste. Je me suis mis à pleurer comme une, deux, trois, mille Madeleines, de dépit et surtout d'impuissance. J'ai arraché ce Walkman ridicule, mon compagnon de déplacements, j'ai ordonné – ou imploré – au docteur : « Endormez-moi, je n'en peux plus. Je ne veux pas voir ça. » Je me suis endormi en gueulant, je me suis réveillé en gueulant. Mais ce n'était pas la même sérénade : au réveil j'avais mal. Trois jours à l'agonie, la douleur et l'abattement, puis cela s'est calmé. Leteneur m'a annoncé le verdict : ligaments croisés refaits synthétiques, ménisque réinséré et point d'angle, la totale. J'avais un supergenou tout neuf.

La coupe du Monde m'échappait sans le plaisir de lui avoir couru après. J'ai enfoui une trop grande tristesse en moi pour pouvoir la partager, avec quiconque, même avec Sandrine. Je disais : « La Coupe, pfeu, il y en aura d'autres. »

Mes muscles ont commencé à fondre, j'ai perdu dix kilos en très peu de temps. Chaque jour pourtant, je faisais des haltères et des abdos pour garder quelques muscles, et du souffle. Moralement j'étais revenu au top, étonnant et bénéfique pour la suite. Car le plus dur restait à faire.

Souffrir pour revivre

J'ai eu le coup de barre en arrivant à Saint-Jean-de-Monts et quel coup de barre. Un copain et Sandrine m'ont accompagné.

Le premier soir, seul dans ma chambre tristounette j'en ai bavé. Les soirées étaient d'une tristesse... La journée, en revanche, je bossais avec acharnement. On était fin mars et j'étais persuadé de reprendre la compétition en août. Tu parles, on m'avait fait du solide. J'avais un genou en béton. Impossible de le faire plier. L'angoisse... mais je n'abdiquais pas, aidé par un homme génial, le docteur Le Floch, ancien joueur pro à Rennes. Ce spécialiste de la rééducation, patient, plein d'attentions, était très réaliste dans les objectifs à se fixer.

Il m'a fait beaucoup de bien. Grâce à lui j'ai pu revenir sur un stade à un haut niveau. C'est avec lui que j'ai transpiré pendant des mois pour réussir à faire un geste si simple : plier mon genou. C'est donc aussi grâce à la rigueur que Le Floch m'a transmise que j'ai pu ressortir de l'enfer dans lequel la désillusion m'avait plongé. J'ai arrêté seul de prendre de la cocaïne, j'ai décidé seul de ne plus me fuir dans l'alcool. Si j'ai totalement réussi le premier combat, je lutte toujours pour ne pas sombrer dans le second. Mais je sais que cette force acquise au cours de cette épreuve et de ces longs mois à Saint-Jean-de-Monts me servira à nouveau.

J'avais la pêche. J'avais décidé de gagner ma coupe du Monde : celle des battants, des optimistes, des croyants. Autour de moi en rééducation il y avait des gens très abîmés, certains handicapés qui se battaient avec courage. Leur exemple me stimulait. Bien sûr – je l'ai déjà dit – j'ai horreur de rester inactif, de me sentir hors du coup. Et, optimisme ou pas, je ressentais souvent une profonde solitude. J'avais l'impression d'être abandonné par les copains, je trouvais que le téléphone restait trop muet. Je comprenais que dehors, là où ça vit, où ça court, la vie justement les accaparait, mais... Ils me manquaient tous.

Le bruit des crampons, l'odeur des vestiaires, les plaisanteries à poil sous la douche, la pression d'avant-match, ce sont ces moments simples, de la vie quotidienne, qui me manquaient. Bien sûr la foule, le but, la fête me semblaient loin, mais le soir sur mon lit entre un magazine et la télé, je pensais plutôt aux petites choses qui font le bonheur sans qu'on s'en aperçoive, avant que le malheur frappe.

Pendant ces sept mois de lutte face à mon corps, j'ai

compris qui j'étais : un footballeur. J'ai réalisé que je n'existais plus pour les autres tant que je n'étais plus productif. Les rares moments qui me ramenaient à la réalité étaient des visites extérieures. Des amis journalistes – Patrick, qui écrit ce livre avec moi, est venu courir avec moi sur la plage et préparer un article pour *VSD* comme il aime les faire, une histoire d'homme. Thierry Roland est venu avec un gros gâteau de l'amitié pour fêter mon anniversaire et faire un de ces reportages sympa dont il a le secret. Une télé mexicaine fit le déplacement pour filmer celui que ce pays appelait : « Le grand absent de la Coupe. » Oui, ça me faisait vraiment plaisir tous ces témoignages d'intérêt. Mais lorsque le rideau se refermait, quel blues !

Mais j'ai aussi découvert la vie sans la pression du footballeur. Imaginez depuis 1977 – neuf ans auparavant – je m'entraînais tous les jours, j'avais un match, puis deux par semaine. J'encaissais une pression énorme, celle du club, des équipes nationales. Je voyageais sans cesse, pour le championnat et la coupe de France dans nos frontières, en Europe pour la Coupe, et dans le monde pour représenter les Bleus. Et là, soudain, la vie s'apaisait.

Sandrine était enceinte de deux mois lorsque j'ai commencé à trottiner. Elle s'était installée à Noirmoutiers dans la maison de ses parents à vingt kilomètres de Saint-Jean-de-Monts. Tous les week-ends je m'occupais d'elle, balades et fruits de mer. Cette accalmie dans ma vie de fou adoucissait la tristesse qui régulièrement réapparaissait.

Coupe du Monde chez Europe 1

« José, j'ai pensé que tu pourrais être avec nous pour les soirs des grands matchs, tu prendras l'avion en fin d'après-midi après la rééducation et tu seras de retour le matin. Europe 1 s'occupe de tout, tu seras notre vedette rue François-Ier. » Bruno Dalle, fidèle ami depuis la fructueuse entrevue chez lui pour régler l'affaire Budzinsky, m'invitait à sortir de la monotonie de Saint-Jean-de-Monts. Chaque soir important je participais à l'émission d'Yves Bigot, avec une pléiade d'invités : émission consacrée au foot, avec le fantastique Eugène Saccomano sur place au Mexique.

Bruno avait, comme à son habitude, organisé les soirées avec un grand raffinement dans une vraie convivialité. Elles consistaient, pour les invités, gens du spectacle, de la politique, des lettres, à venir voir rue François-Ier le match sur un écran taille cinéma, dans la salle de projection au sous-sol. À la mi-temps et à la fin du match, un buffet et des petites tables nous attendaient dans un studio de radio en liaison directe avec le Mexique. Ainsi les personnalités étaient ravies de voir mieux que chez elle les matchs en bonne compagnie et d'être conviées à bien boire et bien manger. Et les auditeurs bénéficiaient des impressions et commentaires en direct de Francis Huster, Michel Jazy, Françoise Giroud, Vadim, Séguin, Yannick Noah, José Touré et autres.

Quelle rigolade! Bon bordeaux aidant, certains des invités se relâchaient, chacun à sa manière. Huster : enflammé et théâtral. Yannick avec ses commentaires de match à l'africaine nous faisait étouffer de rire. Bamboule – c'est le surnom de Noah pour les intimes – excelle dans cet exercice. Il commençait toujours par analyser sérieusement le match puis partait dans un délire plus fort encore que l'émission la plus allumée de radio Yaoundé au Cameroun. Avec Patrick Amory et Yannick Noah nous finissions nos nuits dans un Paris estival, Yan au volant de sa Bentley de collection, une casquette sur la tête et nous, Pat et moi, assis derrière en train de délirer, tandis que sur les Champs-Élysées les piétons dévisageaient ce beau chauffeur noir sosie d'un tennisman.

Merci Bruno, ces soirées m'ont rempli de joie. Et deux amitiés se sont soudées, celle qui me permet aujourd'hui de faire ce livre avec Pat, et celle avec Yan qui a tout fait à une époque pour me sortir un peu du triste état où je m'enfonçais. J'ai toujours eu besoin de fraternité. Alors j'ai dit des « mon frère » à trop de mecs. Mais rares sont ceux qui, comme ces deux-là – métis comme moi –, sont venus à ma rescousse quand je me noyais dans le désespoir. Et qui soient solides et vrais en toutes circonstances.

Show-biz : vrais ou faux amis

Le show-biz c'est beaucoup de fraternité de circonstances, et de paroles dans le vent. Je t'embrasse et je t'oublie. On est ami si tu vas bien.

J'étais un peu tendre, moi le jeunot qui avait couru tous ces week-ends derrière le cuir et qui passait sa vie depuis des années avec les mêmes équipiers. J'ai parfois, lors de ces visites à Paris, posé des jalons sur des planches pourries qui ne m'aideront plus tard qu'à mieux me fournir en dope et à craquer le peu de fric que les escrocs me laisseront, dans des virées de nuls au cours de nuits perdues.

La solitude et la naïveté ça pousse parfois à la faute.

Mais je ne veux rien regretter de cette période de rencontres. Parfois Le Floch me donnait un ou deux jours de repos avec le week-end au milieu pour souffler un peu. J'allais rejoindre Yan chez lui à la campagne. Son pote Alain Fitoussi était là avec sa fiancée norvégienne, top model, Nina Kleep, la fille de la pub Buffalo, elle avait une paire de jumeaux inoubliables, digne de Russ Meyer. Yan filait le parfait amour avec la blonde Suédoise Cécilia, qu'il venait d'épouser. Nous étions libres, jeunes et riches. Un soir au resto je leur dis « les filles, faites-moi connaître les pays nordiques, je n'y suis jamais allé ». Et nous sommes partis après le dessert. La vie était si simple.

Pendant quatre jours nous n'avons pas fermé l'œil, ni la bouche. Oslo se rappellera cette bande de choc pliée de rire, arrosée de vodka. Yan a même fait un film de cette escapade mémorable. De retour à Paris, sur l'autoroute direction la campagne, la radio était à fond et soudain nous entendons : « Ici Yves Bigot en direct du festival de Jazz à Montreux. » Notre copain nous appelait. Grand silence dans la DS, nous nous regardons. Puis en riant, sans un mot, la décision fut prise. À la première bretelle, direction Roissy, le soir même nous finissions la soirée à Montreux en Suisse, avec Al Jarreau, Chaka Kan et David Sandborn. C'est alors qu'une grande histoire fraternelle a commencé entre Yan et moi. C'est aussi à l'époque que j'ai rencontré deux autres compagnons de route : aux Olympiades de Biarritz organisées par la jolie et efficace Anne Cassel, la femme de Jean-Pierre l'acteur, chanteur et danseur. Cette compétition réunit chaque année des personnalités du sport, de la chanson, du cinéma. C'est là que j'ai retrouvé Serge Blanco.

En avril 1985, quelques mois plus tôt, Jeannot – Tigana – me l'avait présenté lors du tournoi des Cinq Nations. Une photo de nous trois très sympa parut dans *L'Équipe* joliment sous-titrée ainsi : « Jean Tigana tenait absolument à faire les présentations : à sa gauche le " Pelé du football ", le Nantais José Touré. À sa droite le " Pelé du rugby ", le Biarrot Serge Blanco. Entre eux trois un même sourire, une même classe : ceux des artistes. » Tapis rouge, merci. Serge allait devenir un fidèle, présent jusque dans la tempête. L'autre ami sincère est un rugbyman de la même classe mais d'une autre couleur : Jean-Pierre Rives. Aujourd'hui peintre et sculpteur, sans concession, plein d'une intelligence qui lui a fait conserver son authenticité.

Pendant des années, suite à cette rencontre, je squattais souvent chez Jean-Pierre dans le XIIe à Paris lorsque je venais de faire une virée avec lui, Jennifer, son épouse, et Pierre Richard, pour de longues soirées de palabres dans un resto des Halles.

Aujourd'hui je vais parfois à Châtillon, où il vit dans son loft-atelier pour le voir finir « un boulot », comme il dit en parlant de ses sculptures et de son art appris avec

Ci dessus : A deux ans, la passion du ballon. Avec mon père Bako et Patrice, mon frère cadet. (D. R.)

Ci-contre : Dans les bras de maman, à dix-huit mois. (D. R.)

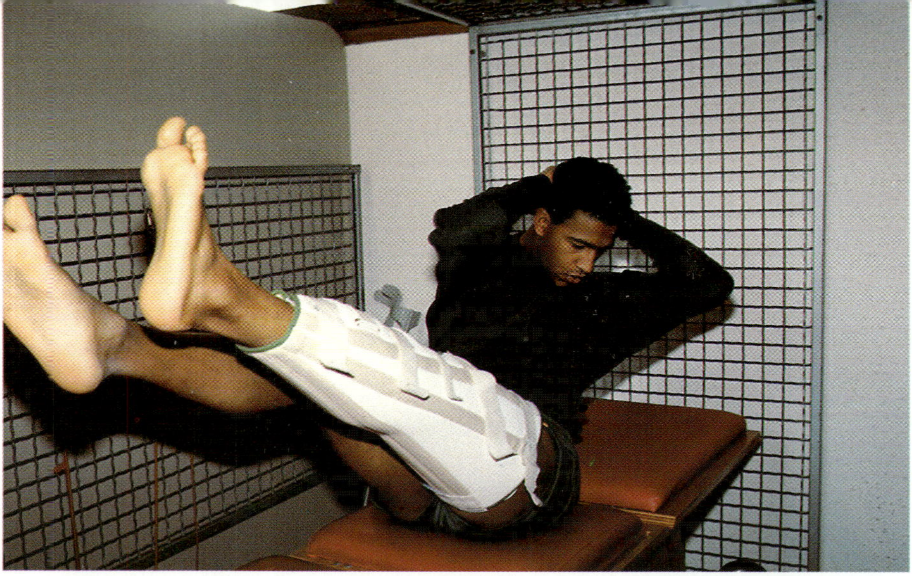

RTL

CANAL+

Page de gauche en haut :
Saint-Jean-de-Mont, 1986. En rééducation. (Presse-Sport)

Page de gauche au centre :
1987. Année faste avec les Girondins de Bordeaux. Champion de France et vainqueur de la coupe ! (Vandystadt)

Page de gauche en bas :
AS Monaco. En compagnie d'Amoros, après deux buts inscrits contre Bruges en coupe d'Europe. (TempSport)

Ci-contre : 1983, Nantes. Mon âge d'or. La presse me surnomme « Le Brésilien ». (Presse-Sport)

A gauche : 1992. Je joue le mannequin pour l'un de mes stylistes préférés, le japonais Yoji Yamamoto. (Gamma)

Ci-dessus : Dans mon premier appartement nantais. (Presse-Sport)

Page de gauche, en haut : en flagrant délit de gourmandise. (Gamma)
Page de gauche, en bas : fou d'art et admirati: devant une œuvre de Dali. (TempSport)

Ci-dessus : 1985. Stage à Font-Romeu, avec l'équipe de France. (Presse-Sport)

Ci-contre : de retour des Jeux olympiques de Los Angeles où j'ai pris des kilos, je signe des autographes. (Presse-Sport)

Albert Feraud, ou pour manger très simplement chez l'Italien du coin. Ce grand frère blond me transmet toujours une part de sa paix intérieure, sa sérénité me fait du bien.

Le jour de mon mariage avec Sandrine, Jean-Pierre m'a fait rire deux fois. C'est important les grands jours. D'abord à l'église lorsque le curé, lancé dans son discours, se tourna vers Jean-Pierre au premier rang qui tenait dans ses bras notre fille Marine tout bébé, lui le grand blond, elle la petite caramel, et nous dit en les montrant du doigt : « Et j'espère que cette union fera naître bientôt un beau bébé comme celui de votre ami. » Toute l'assistance éclata de rire, sans que le curé comprenne son effet comique involontaire. Parce que Sandrine et moi ne lui avions pas dit que nous avions déjà un enfant de peur qu'il refuse de nous marier. Bien sûr Jean-Pierre resta de marbre, fier comme Artaban.

Plus tard dans la soirée je suis venu le chercher pour danser. Il ne voulait pas, lui ne danse jamais et ne boit pas la moindre goutte d'alcool, il reste toujours placide dans les soirées auxquelles il daigne assister. J'insistai : « Allez, Jean-Pierre, lâche-toi, c'est mon mariage, viens danser. » Il hésita, puis pour me faire plaisir me dit : « Va me chercher un dé de vodka. » Il l'a avalé cul sec et ne s'est plus arrêté de danser. Je l'aime beaucoup Jean-Pierre, c'est un grand monsieur.

Anne Cassel, la marraine de ces amitiés sûres, est de la race redoutable des attachées de presse, mais c'est une femme vraie, rare dans ce milieu. Elle est devenue membre du cercle des amis qui ne disparaissent pas avec les ennuis. Je me souviens d'une virée de dingue avec elle. Elle était l'attachée de presse du ministre de la Culture du moment, François Léotard. Avec deux de ses amis nous sommes partis en R 25, gyrophares allumés, prendre un avion pour Londres, histoire de bouger un peu et d'assister au concert de Rod Steward. Dans la voiture je fis connaissance avec les deux compères d'Anne pour cette expédition culturelle : le champion du monde de judo Thierry Rey, alors apprenti comédien, et un jeune chanteur vraiment craquant de gentillesse, Patrick Bruel de son nom d'artiste. La vie était si simple.

Mais la rééducation reprit vite ses droits sur mes échappées parfaites pour le moral et inutiles pour ce sacré genou trop réticent. Travail, course, flexion, telle était ma devise.

Je venais de rater une coupe du Monde et je ne l'oubliais pas, pendant ces rencontres plus ou moins superficielles, et ces heures passées à courir sur la plage ou à fléchir mon genou. La cicatrice s'est inscrite pour longtemps... pour toujours. Des années après j'ai déjeuné avec Enrico Macias, grand supporter de ballon et vrai bonhomme, il m'avait envoyé un télégramme à l'hôpital après cette opération. Ce jour-là il m'a tellement parlé de cette Coupe ratée : que ça aurait dû être la mienne, que j'aurais éclaté, que ceci, que cela, que j'en ai eu un haut-le-cœur. Il a ouvert une digue en moi, je fus obligé de quitter la table au milieu du repas pour aller aux toilettes sans rien montrer, la verve d'Enrico avait réveillé ma peine, je suis allé pleurer enfermé dans une chiotte comme un gosse. Une coupe du Monde c'est rare dans la vie d'un joueur, sauf si on s'appelle Pelé, moi je n'étais qu'un pâle Brésilien de France trop malchanceux.

6. Grandes manœuvres bordelaises

Un milliard de centimes sur une jambe

« Allô José, ça va mieux? Écoute je t'appelle en compagnie de quelqu'un qui veut te parler. Je te le passe. » Cette voix amicale au téléphone c'était Jacques Vendroux, le monsieur foot de France Inter, une éminence grise dans la galaxie ballon et un vrai fidèle qui, tout au long de ma vie, me prouvera à maintes reprises son dévouement et sa disponibilité.

La seconde voix qui parla dans le combiné, je la reconnus tout de suite : « Allô José, je viens prendre de tes nouvelles. » C'était Gigi, le grand Giresse, petit par la taille, immense par ce talent tranquille que j'aimais. J'étais sur mon lit d'hôpital après l'opération du genou et Gigi m'appelait pour me faire une proposition inespérée. « Il faut que tu viennes chez nous. Viens jouer à Bordeaux, tu seras bien. »

Cet appel était une aubaine. Le 30 juin 1986 j'étais en fin de contrat avec Nantes. L'avenir s'annonçait radieux avant cette blessure. Mais nous étions fin mars et je me retrouvais à l'hôpital, le genou HS. Depuis quelques mois déjà, j'avais noué des contacts pour préparer mon avenir et mon transfert. Bordeaux, dès novembre 1985, m'avait approché; j'avais dit non, parce que je ne voulais plus jouer en France. Je me sentais trop lié au club de Nantes pour l'affronter la saison suivante. Lagardère m'avait rencontré, il me voulait vraiment pour son grand projet du Matra Racing, il possédait de gros moyens. Mais moi, le fric c'était, comme toujours, le dernier de mes soucis. Je vous le jure. Je pensais avant tout au jeu et à l'image du club où j'irais. Les grands d'Europe rôdaient. Naples, l'Inter de Milan, m'avaient clairement fait savoir que j'étais sur leurs listes. Mes coups d'éclat pendant les campagnes européennes de Nantes, n'étaient pas passés inaperçus. Et puis mes ligaments se brisèrent en même temps que mes espoirs. Plus personne ne donnait suite. Même Nantes attendait pour parler d'un nouveau contrat ; de toute façon, j'étais devenu trop cher pour eux. Pourtant s'ils avaient insisté... qui sait.

Paradoxalement, c'est donc à cette époque, blessé et hors jeu, que j'ai fait le grand saut dans le foot-business. L'ère des grandes manœuvres commença. Finie l'ambiance du bon cocon nantais, où j'avais oublié les essais d'arnaques maladroites de certains dirigeants pour ne me concentrer que sur le beau jeu à la Suaudeau, finies les sommes à cinq zéros, j'étais devenu – sans le savoir – au fil des matchs et des sélections une grosse pointure. Désormais les grands clubs allaient m'assommer pour me séduire à coups de chèques à sept zéros. Je ne m'en plaignais pas. Mais je découvrais, un peu étonné, que je valais un milliard de centimes.

En réalité, c'est à partir de là – réflexion faite, avec le recul – que j'ai cessé de maîtriser mon destin. Je suis devenu l'opposé de mes rêves. J'ai gagné mon premier milliard de centimes sur des béquilles en allant signer chez les Girondins de Bordeaux pendant ma rééducation. À ce moment, je croyais être une star. En fait, je n'étais que du bétail, de luxe peut-être, mais du bétail. Les dirigeants et Berquez étaient les maguignons.

Si les Girondins m'ont pris, c'est simplement parce qu'ils avaient décidé d'acheter un autre joueur, Jules Bocandé, et qu'il n'est pas venu. Il s'était engagé mais a choisi au dernier moment le PSG. Alors, comme les Bordelais avaient déjà obtenu un crédit de dix millions, ils se sont dit : « Prenons Touré, il est libre. »

Le foot-business, je n'étais peut-être pas fait pour ça, le foot-passion était tellement loin de l'esprit et du réalisme des gens avec qui j'ai dû composer.

Il m'a manqué un conseiller honnête et respectueux de mes vraies envies. J'ai toujours eu besoin d'un guide ; un manque de confiance chronique me pousse à chercher refuge auprès de quelqu'un. Dans l'univers impitoyable du foot-business où l'argent dévore les hommes, j'aurais vraiment pu m'en sortir avec un « vrai » père-conseiller.

Je suis le type même de personne qui peut se laisser influencer et entraîner si loin de ses rêves que le cauchemar s'installe alors. C'est ce qui s'est passé à cette époque, irrémédiablement. Bien sûr, j'étais naïf, mais je sentais bien – et ça me dérangeait – que l'on s'agitait beaucoup autour de moi au moment des contrats. Patrick Proisy pour la société Proserv m'avait proposé d'être l'intermédiaire entre les Girondins et moi. En foot, le métier d'intermédiaire est étonnant. Il suffit de se faire passer pour indispensable entre un club qui veut un joueur et un joueur qui veut ce club, pour s'en mettre plein les poches, en général en piquant dans la caisse du club. On a appris, depuis, que souvent les intermédiaires servent aussi de rouage aux systèmes de surfacturation et à la constitution des caisses noires des clubs bien organisés. Mais Proisy avait en Berquez un sacré client que l'odeur des dollars rendait hyperactif, et qui ne supportait pas qu'on approche « son fils spirituel » dans ces périodes cruciales.

Aujourd'hui, j'ai l'œil critique. Mais je le reconnais, à cette époque j'étais content que ces gens se disputent, presque, le droit de s'occuper de ma négociation de contrat, qui en fait était déjà réglée : oui, je voulais aller à Bordeaux et Bordeaux voulait me donner les dix millions du prêt obtenu à l'origine pour Bocandé.

Pour régler ce problème, ô combien ardu, Patrick Proisy, belle gueule et sourire sympa, me proposa d'être, avec la société Proserv, l'intermédiaire qui règle tous les détails techniques et juridiques qui dépassent un joueur. Déjà assez occupé à essayer de plier mon genou, j'acceptai. Proisy et Proserv prenaient une commission de presque quatre-vingts briques pour ce petit boulot, et Patrick Proisy promit de me rétrocéder la moitié des huit cent mille francs perçus. Mais à ce moment-là Claude Berquez reprit les choses en main – deux requins dans le même aquarium – il n'y eut pas de bagarre. Ils se partagèrent le festin. Proisy avait servi d'intermédiaire au début, Berquez concluait : « Avec Hourcade tout se passera bien, c'est un frère... » Hourcade, le vice-président des Girondins, était, d'après Berquez, franc-maçon; Claude aussi, avançant comme un poisson dans l'eau dès qu'un de ses compagnons négociait avec lui.

Patrick Proisy, avec qui j'avais traité, était un ancien sportif, beau-frère de Yannick Noah; j'avais confiance en lui. Je ne pensais pas qu'il mentirait, moins encore qu'il aurait pu me spolier. Pourtant, finalement, je n'ai jamais touché les quatre cent mille francs promis. A-t-il estimé que son dur labeur : trois coups de fil, une réunion, un courrier, valaient presque cent millions de centimes? A-t-il pensé que j'étais de cette race de poules aux œufs d'or qu'on peut plumer sans vergogne? Ce cher Patrick n'a jamais daigné me fournir d'explication de vive voix ou par écrit. Il n'a d'ailleurs pas donné d'autre suite à la lettre qu'un ami, Jean-Marc Gery, lui adressa le 29 mars 1991 à l'époque où mes proches, constatant le désastre financier qui était le mien, se mirent à intervenir auprès de ceux qui n'avaient pas été toujours très délicats du temps de mon insouciante et glorieuse époque. Voici les termes exacts de la lettre de Géry le 29 mars 1991 :

> Jean-Marc Géry à Patrick Proisy
> SPORT MANAGEMENT – 2 place du Fresnoy – 75116 PARIS
> Suite à notre entretien téléphonique du mois de février 1991, je me permets de revenir sur l'affaire « transfert du joueur professionnel José Touré, de

Nantes à Bordeaux : année 1986 ». Vous vous êtes proposé de vous occuper de ce transfert du Club de Nantes au Club de Bordeaux. Ce transfert se faisait sur une base de salaire et une commission s'élevant à 800 000 Frs (HUIT CENT MILLE FRANCS) qui était à partager par moitié entre PATRICK PROISY et JOSÉ TOURÉ. Vous avez reconnu que vous aviez officiellement perçu cette somme en deux versements de 400 000 Frs (QUATRE CENT MILLE FRANCS) à 6 mois d'intervalle. Vous dites avoir perçu ces sommes pour le compte de la STÉ PROSERV, domiciliée 28, rue Marbef à PARIS. Renseignements pris, cette société n'existe plus puisque arrêtée au Greffe du Tribunal de Commerce, le 5 DÉCEMBRE 1990. La preuve que vous réclamez n'a pas à être apportée par JOSÉ TOURÉ dans cette affaire, puisque aucun contrat ne liait les deux parties. Que cette négociation se faisait « à l'amitié » *(sic)* entre vous-même et JOSÉ TOURÉ, avec partage de la commission. Nous désirons que vous apportiez la preuve : – Que ces fonds ont bien été déposés sur le compte de la STÉ PROSERV. – Qu'un contrat, entre JOSÉ TOURÉ et vous-même vous permettait d'être commissionné pour ce transfert. – Qu'il était stipulé que la commission n'était pas divisible entre les deux parties. En conséquence, nous réclamons la somme des 400 000 Frs (QUATRE CENT MILLE FRANCS) que vous voudrez bien nous faire parvenir dans les plus brefs délais.

Mon argent, si Proserv et Proisy n'ont pas tout gardé pour eux, est-il tombé à mon insu dans une caisse occulte, dans une poche amie ? Seul Proisy peut répondre. Lui ou un de ses employés s'est contenté d'insulter Jean-Marc Géry lorsque, suite à son courrier, il a pris un contact téléphonique avec Sport Management. Pas très joli le foot-business et je n'étais pas au bout de mes peines. Un long parcours jalonné de mauvais choix, de faux partenaires, de mensonges et d'escroqueries m'attendait...

Pendant une période difficile de ma rééducation, j'ai voulu oublier l'hôpital, mes doutes à propos de ma guérison, ma déception de ne pas aller au Mexique et surtout la peur. Ma peur de ne plus jamais redevenir l'artiste qui jouait avec le ballon dans n'importe quel contexte, face à n'importe quelle équipe. Je sais aujourd'hui qu'en allant trop souvent à Paris faire la fête, à ce moment déséquilibrant, je me suis mis en danger en côtoyant de trop près le show-biz, les night-clubs et un univers de frime bidon. J'étais fragile, je risquais de me fêler un peu plus.

Ce type de monde et de rapports n'était pas pour moi. J'étais un peu comme un enfant qui arrive trop vite dans un milieu complexe de grands qui savent que les dés sont pipés, que les cartes sont biseautées.

Certains vieux routiers jouent le jeu avec réserve – Yannick, par exemple, sait tourner autour des spots sans se brûler les ailes – avec le temps, ils ont appris. D'autres, aveuglés par les feux de la rampe, foncent dans le vide et se perdent. Moi, j'étais un passionné, je manquais de pondération et de vices, j'allais trop souvent à cœur ouvert là où les bons restent à couvert. Je partais perdant à trop me donner, à trop me disperser.

Pourtant, à Saint-Jean-de-Monts, je restais un monstre de volonté. Je travaillais quatre heures par jour à fléchir, pédaler, nager, muscler, me relaxer. Mon quotidien à l'hôpital a changé. Dès que j'ai pu laisser tomber les béquilles, j'ai pu recommencer à trottiner. La vie est redevenue belle.

Partout où je suis passé, de Nantes à Monaco, j'étais parmi les meilleurs ou le meilleur – en condition physique. Suaudeau exigeait que ses jeunes courent beaucoup. Moi j'adorais ça. À Saint-Jean-de-Monts, je passais une heure et demie-deux heures sur les plages avec mon Walkman. Le jour où Pat est venu me voir pour une interview, il m'a vu disparaître de la plage au bout de quinze kilomètres et revenir deux heures plus tard en sueur mais heureux. C'était l'été, il faisait beau. Je n'ai jamais autant aimé courir. C'était la liberté. Ma façon à moi d'exister. Je sentais que mes jambes se remusclaient et que bientôt je reviendrais sur les terrains. Un genou c'est ingrat à rééduquer. C'est long et laborieux. Pour gagner quelques centimètres – deux, trois-quatre – il faut travailler pendant au moins une semaine. Après, il m'arrivait de stagner trois-quatre jours. Alors courir devenait vital pour évacuer la tension et la contrariété.

J'ai repris le golf et ça m'a fait du bien moralement. Sortir de ma lutte avec l'angle de flexion était nécessaire. En août, le championnat reprenait, mon articulation était toujours raide. Mais je commençais à me sentir solide. Avec Yves Le Floch, nous allions au stade de Saint-Jean-de-Monts pour tripoter la balle, travailler mes appuis. C'était aussi bon qu'un verre d'eau glacée en été. Je jouissais de taper à nouveau le ballon. Le travail avec mon médecin était béni. Le Floch m'a tellement aidé que je ne le remercierai jamais assez.

Je me battais comme un forcené. Fin août, plus de conneries mondaines et de vols de nuit : entre les exercices en salle, les footings, le golf et l'exercice avec le ballon, j'abattais une somme de travail énorme. Mais mon angle de flexion n'évoluait presque pas. Pourtant, je ne doutais pas. La coupe du Monde terminée, je n'avais plus ce pincement quotidien au cœur, je n'avais qu'un objectif : Bordeaux, mon nouveau club.

Objectif grand standing

« Je n'y crois pas. Touré ne reviendra pas. J'arrête de payer son salaire. Mais je lui laisse une chance, je ne résilie pas son contrat. On l'attend, s'il y arrive il est le bienvenu. » Dur, le président Bez, mais classe. Il n'y croyait plus, il a fermé la bourse, mais a laissé entrouverte la porte des Girondins.

Ce bonhomme en a mis plein la tête à beaucoup quand il avait le pouvoir, et qu'il en jouissait comme un enfant trop gourmand, et possessif. Lorsque le vent a tourné, à son tour, il en a pris plein la gueule, mais il a fait le gros dos. Il a encaissé, sans balancer quiconque, ni chercher des excuses ou des copains à qui faire porter une part des erreurs. Avec moi, avec ses joueurs, il était exigeant, intransigeant sur le plan sportif et les questions d'argent, mais il avait l'étoffe d'un président, un vrai.

Un type qui se mouille et qui assume. Il est le seul président grand standing que j'ai jamais eu. Il fait partie des dirigeants qui aiment diriger, s'en vantent et vont jusqu'au bout de leurs décisions. Bez est un homme de courage, je garde un bon souvenir de lui.

Pourtant, les Girondins de Bordeaux, je ne les portais pas dans mon cœur lorsque j'ai commencé à briller à Nantes. Même Tigana, je le détestais au début. Ce petit coq prétentieux me gonflait. Un jour, pendant un match je lui avais mis la pression, très près des chevilles, je voulais le voir mouiller, ce suffisant du gros club bourgeois. Physiquement il se méfiait de moi, j'aimais. Je ne supportais pas non plus Rohr et Touvenel, deux maladroits que je n'ai pas mieux appréciés même en jouant aux Girondins. Je n'aime pas les gens qui ne jouent pas le jeu dans la vie comme sur le stade. Mais là, tout avait changé dans ma tête : arriver à Bordeaux ça me motivait. Beau challenge, il y avait un gros effectif et je savais qu'à chaque entraînement il faudrait faire ses preuves pour jouer le week-end. D'ailleurs, dès mon arrivée, j'ai mis la pression sur tout le monde, je savais que c'était le seul moyen pour moi de gagner ma place.

Ce grand club c'était autre chose que le FC Nantes, je savais avant même d'y arriver qu'il y avait des baronnages avec leurs caïds, que Tigana et Lacombe par exemple se supportaient plus qu'ils ne s'appréciaient. À mon arrivée, j'ai fait attention à ne pas me retrouver enrôlé dans un clan ou dans un autre. Je vivais en retrait des embrouilles locales. Mais c'est bien sûr de Jeannot que je me suis beaucoup rapproché humainement. Il était mon parrain chez les Bleus. Nous avons les mêmes origines maliennes, d'ailleurs il aimait me chambrer à ce propos : « Toi, tu es d'une famille de griots. » Les griots sont les conteurs africains. Ils ont le savoir mais pas la richesse matérielle. Lui me disait appartenir à une famille de nobles. Je me demande encore s'il y croyait. Ça me faisait rire, mais Jeannot est un garçon très fier. Plus tard, dans le malheur il m'a repêché, en pleine tempête, je ne l'oublie pas, c'est un ami.

La classe à Bordeaux c'était aussi l'encadrement. Aimé Jacquet l'entraîneur et Didier Couecou le directeur sportif sont venus me voir plusieurs fois à Saint-Jean-de-Monts. Ils prenaient de mes nouvelles, parlaient avec Le Floch. À chaque visite, ils m'ont rassuré sur mon avenir au sein du groupe. Ils m'assuraient qu'ils comptaient sur moi pour renforcer l'équipe. Ils firent preuve de patience et je l'ai beaucoup apprécié.

C'était important de m'aider pendant cette interminable rééducation ; et puis quitter Nantes m'était très pénible, même si je partais pour un club aux énormes ambitions – deux fois champion de France les saisons 1983-1984 et 1984-1985 et vainqueur de la coupe de France contre l'Olympique de Marseille cette année 1986. Ce n'était pas facile de quitter « ma ville » et mes copains. Et même si le mot « famille » associé au foot me fait sourire, j'avais un peu le sentiment de quitter les miens. Pourtant le foot ce n'est pas ce que le public croit : c'est un monde d'individualistes réunis dans un sport collectif, pas plus... Il faut le savoir et on fait avec. Mais dur dur de tirer un trait sur tous les bons souvenirs nantais ; j'oubliais les mauvais coups, les jours sans, je ne me souvenais que du bon côté.

Aimé Jacquet, ancien joueur professionnel, doit savoir ce que vit un joueur blessé. Il a su trouver les mots, me mettre en confiance. Les premières choses qu'il m'ait dites à mon arrivée étaient des paroles de bienvenue et d'encouragement. Mémé – c'est son surnom – analysait sereinement ma situation, me répétait d'être confiant et de ne pas brûler les étapes.

J'ai rejoint Bordeaux en octobre 1986, après sept

mois de solitude, plein d'une soif de jouer indescriptible. Avec Mémé j'ai compris que j'avais l'entraîneur idéal, qui me donnerait toutes mes chances de rejouer à un haut niveau. Bordeaux était le grand club français de l'époque, en les rejoignant je ne savais pas encore que mon premier doublé coupe-championnat de France m'attendait ainsi qu'une demi-finale de coupe d'Europe. Ce foutu genou en béton, qui ne se plierait plus jamais comme avant, me gênait, j'étais diminué physiquement mais doté d'un moral d'acier.

Didier Couecou concourait au standing des Girondins. J'entretenais des rapports privilégiés avec lui. Il savait mettre la pression, parfois il aboyait sur nous, les joueurs, pour ne pas se faire mordre par Bez l'intraitable. Mais, en dehors de ces périodes, j'aime le personnage. Didier c'est l'élégance. Avec son goût prononcé pour les vêtements anglo-saxons, il n'a rien d'un flambeur, au contraire, il est très attiré par l'Écosse, il y passe souvent ses vacances. C'est plutôt le style gentleman-farmer chic. Tweed et cachemire portés simplement. Il s'habillait chez Old England, ne se chaussait que chez Weston, Church ou John Lobb. Ce côté british lui donnait un air un peu arrogant et froid mais je savais que cet aspect formait une carapace protectrice, on se comprenait et cela aussi a facilité mon intégration.

D'ailleurs, c'est le seul directeur sportif qui sait s'habiller. L'habit ne fait pas le moine, d'accord, mais il y en a dans le milieu du foot qui devraient faire des efforts. Budzinsky, par exemple, c'était une catastrophe. Je le chambrais gentiment là-dessus, il n'hésitait pas à coordonner une veste grise, un pantalon marron, une chemise bleue et des chaussettes de tennis blanches avec des chaussures noires. Un vrai cirque Pinder!

En général, les joueurs de foot aussi s'habillent mal, ils suivent la mode parce qu'ils en ont les moyens, mais c'est franchement pas terrible. Seuls Vercruysse, Senac et Boli étaient des sapeurs, toujours élégants. Platini, après un an en Italie, est revenu très relooké, ça a été un véritable bain de Jouvence vestimentaire. Mais rien à voir avec les sapeurs en titre : Vercruysse et Senac adeptes de Claude Montana et de Versace, beaux gosses et grands, ça leur allait super. Philippe Vercruysse, à l'heure actuelle, doit avoir au moins cent costumes grande classe. Basile, lui, est plus classique, très ambassadeur d'un grand pays africain, blaser-cravate, ou costume sombre et sobre, tiré à quatre épingles quand il le décide. Il assure fort, le Basile.

Dans le milieu du foot, les pires pour le goût vestimentaire ce sont certains journalistes de la presse écrite. T'as presque envie de leur donner la pièce. Je sais, ils n'émargent pas comme des champions du ballon, mais pour ceux auquels je pense ce n'est même plus une question d'argent, c'est à l'image de certains de leurs articles, pas propre et sans passion.

Avec les Girondins, j'étais arrivé dans un club puissant, une ville riche. Mon salaire annuel était de un million trois cent mille francs et au 1er juillet 1986, les Girondins m'avaient versé une indemnité de signature de dix millions de francs. Au cas où je viendrais à résilier mon contrat la première année, je devrais leur rendre sept millions et demi. Si je partais au terme de la deuxième saison, je reverserais cinq millions, j'avais signé pour deux saisons 1986-1987 et 1987-1988 plus une option de prolongation de deux saisons. Dans ce cas, je pouvais, au terme de la première année, me libérer contre deux millions et demi de francs. Faites les comptes, j'étais riche. J'encaissais mon premier milliard de centimes. Et mon salaire, plus mon indemnité, me faisaient un pécule de 3,8 millions annuel, environ trente et une briques par mois : trois fois et demi mon salaire nantais.

Il était formellement stipulé sur mon contrat – article trois – que la société Proserv – mon ami Proisy – toucherait une rémunération de trois cent quatre-vingt mille francs le 1er juillet 1986, et trois cent quatre-vingt mille francs le 1er juillet 1987. Somme sur laquelle il était entendu que l'on me rétrocéderait trois cent quatre-vingt mille francs. Promesse jamais tenue, somme jamais rendue. C'est ma faute, je croyais qu'entre hommes la parole valait une signature. J'avais tort. Le foot-business pue parce que trop d'hommes sans morale y perdent leur honneur. Tant pis pour eux, tant pis pour moi de n'avoir pas mieux reniflé les hyènes et les chacals qui me tournaient autour.

Les pourris du foot-business

Les sommes en jeu vous font comprendre pourquoi l'ami Berquez était revenu « s'occuper » de moi. Et avait mis *out* Proserv, leur laissant le pourboire de sept cent soixante mille francs. A moins que Proserv n'ait traité à mon insu avec lui. Tout est possible. Récupérant ainsi la gestion d'un chèque sympathique de dix millions de francs versés par les Girondins, Berquez croquait la belle part.

Vous n'allez pas me croire, mais j'avais tellement confiance en lui, mon deuxième père, que je n'arrive même pas à savoir aujourd'hui quelle banque et quel compte ont encaissé mon milliard. J'avais trop à faire avec mon genou, avec ma coupe du Monde envolée, avec ma rééducation de forçat. Pour moi, les rôles étaient simples et bien répartis. Je gagnais l'argent, Berquez le gérait. Je suis un homme né pour le sport co, c'est pour ça que j'ai mis trente ans à comprendre qu'il y avait des hommes uniquement faits pour les sports individuels – arnaque y compris. La trahison m'était si étrangère, comment l'envisager.

Pauvre Touré, damné du foot-business, et son histoire incroyable : à Nantes, Budzinsky me filait une aumône pour resigner deux ans, parce que j'avais le banquier aux trousses et un petit découvert de soixante-dix mille francs. Claude Berquez, grâce à Maître Albert Vignoles, obligeait le FC Nantes à réviser mon contrat. J'encaissais, en prime, sept cent mille francs que Claude récupéra immédiatement pour financer l'achat de sa maison. À Bordeaux l'ami Proisy et Proserv encaissaient sept cent soixante mille francs grâce à moi, m'en promettaient la moitié que je ne verrais jamais. Pour finir en beauté, Berquez se chargeait de gérer mon premier milliard – de centimes – dont il ne resterait rien, moins de quatre ans plus tard. Alors que Monaco, la richissime, viendrait avec son association sportive rajouter encore deux autres milliards – de centimes – à mon escarcelle. Pas de chance, pauvre idiot de footballeur de t'être fait plumer par tous ces intermédiaires foireux. Ils s'engraissent sur ces jeunes ignorants qui n'ont pour tout diplôme et connaissance de la vie que leur passion et leur sueur. Je veux être le dernier dépouillé, le dernier ruiné d'un foot si riche, et si puissant, que c'est une honte absolue de laisser rôder autour de ceux qui le rendent populaire des pourris qui s'approprient sans vergogne le butin de cinq ans de succès...

Bez, le roi de la pression

Avec ce président-là, la pression était partout. Aimé Jacquet méritait une médaille, parce qu'avoir un patron comme Bez ce n'était pas de la tarte. Couecou aussi était mis en condition, il devenait un grand « presseur ». Et avec un public aussi versatile que les Bordelais, personne n'avait le droit de se relâcher, ni les joueurs, ni le staff. J'adorais ça : nos entraînements dans notre fabuleux centre du Haillan, une sorte de manoir dans la verdure, n'échappaient pas à la règle. Chacun devait faire sans cesse ses preuves et se donner à fond.

J'avais gagné la considération de Bez en revenant au meilleur de ma forme après une si longue absence. Nous avions un secret en commun : il avait douté et mon acharnement lui avait donné tort; il en était ravi. Puis, je me suis battu sur le terrain pour reprendre une place. Il m'a fait sentir par un regard, un petit mot, qu'il avait noté mon attitude. Bez faisait toujours sentir à tout le monde ce qu'il pensait. On ne le voyait pas souvent, sauf dans les moments critiques. Un matin, avant de partir sur les terrains d'entraînement, Didier Couecou est entré dans notre grand vestiaire et nous a annoncé : « Messieurs, le président est là. » Un grand silence accueillit le président Bez. C'était une période où l'équipe tournait moyennement, il nous restait trois matchs avant la trêve hivernale et il nous fallait engranger un maximum de points si on ne voulait pas être distancé par Marseille, le premier en cette saison 1987-1988. Le président est entré lentement et nous a regardés un à un avant de prendre la parole.

« Messieurs, nous a-t-il dit en joignant le geste à la parole, trois matchs, six points. » Il a répété trois fois la phrase en la ponctuant de mouvements de ses mains. « Trois matchs, six points. » Ça signifiait : trois combats, trois victoires. Puis il nous dit, comme un conseil ou une menace : « Messieurs, le football c'est du business. Compris ? » Il nous fixa encore l'un après l'autre et ressortit comme un seigneur. Voilà comment était notre président. Avec lui, pas de circonstances atténuantes, pas d'alternative, il fallait gagner, déterrer, à chaque match, la hache de guerre, ne pas lâcher l'OM et son ennemi personnel Bernard Tapie. Et le pire, c'est que ça a marché : en trois matchs nous avons pris six points.

Bez était le roi de la guerre psychologique. Mégalo comme la plupart des présidents de clubs de foot, et passionné, ça c'est sûr. Il se mettait en scène et vivait à la hauteur de ses ambitions aussi grandes qu'il était gros, avec sa grosse moustache, sa grosse voix, sa grosse voiture américaine munie de drapeaux sur les ailes comme les chefs d'État – aux couleurs du club et de la ville. Il traînait dans son sillage une cour de pique-assiette et de notables locaux. Quand le président arrivait, c'était Versailles. Mais au contraire de certains de ses confrères, c'était un homme de parole, qui se donnait les moyens de la respecter. Il aimait ses joueurs, surtout quand ils se battaient sans compter. Moi, après ma période nantaise marquée par la facilité, j'étais entré à Bordeaux sous le sceau du courage. Il aimait ça, et me le faisait sentir.

Le bonheur en Gironde

Le retour sur le terrain fut un immense plaisir. Je piaffais comme une bête, heureux de fouler à nouveau l'herbe mouillée le matin, rassuré par les crampons raclant le sol du vestiaire. Après Saint-Jean-de-Monts j'étais devenu un travailleur, j'avais l'intuition que beaucoup des qualités du Brésilien disparaîtraient avec ces quelques degrés que mon genou ne regagnerait pas. Je travaillais en groupe, puis seul : musculation abdominale, footing, étirement, je n'arrêtais pas. Mon premier match officiel avec les Girondins eut lieu en Guadeloupe contre le PSG, en finale de la super coupe : match opposant le premier du championnat de France de la saison précédente au vainqueur en titre de la coupe de France. C'était la première fois depuis dix mois que je sentais revivre en moi l'âme du footballeur, c'était bon.

Nous avons gagné un-zéro. Premier match, première victoire et premier trophée, avec Bordeaux. L'histoire commençait bien.

À la ville, avec Sandrine, la vie s'organisait. Un bon souvenir : le réveillon du 31 décembre 1986, calme et raffiné dans un grand resto, passé avec les époux Battiston, Patrick Amory et sa fiancée du moment. Notre bébé, Marine, est arrivé après la fête, le 3 janvier 1987. J'étais comme tous les pères, heureux, surpris, dérangé, inquiet, satisfait, aux anges, quoi!

Nous venions d'emménager dans un appartement superbe rue Esprit-des-Lois dans le centre de Bordeaux. Deux cent cinquante mètres carrés à l'ancienne avec un fabuleux salon de quatre-vingt-dix mètres carrés tout en longueur avec, à chaque extrémité, deux grandes cheminées en cuivre et marbre. Dans cet appartement j'ai enfin pu exprimer et réaliser toutes mes envies, tous mes désirs d'aménagements et de mobilier. Sandrine était une adorable maman, attentive; Marine faisait de moi le plus heureux des papas, la vie était douce. Le supporter bordelais n'était ni démonstratif ni indifférent dans la rue, facile à vivre. Après les entraînements, je revenais, tantôt avec des fleurs, tantôt avec un immense plateau d'huîtres et de langoustines de chez mon ami « Philippe », une des bonnes tables de la ville. Sandrine adorait mes petites attentions, nous préparions notre mariage pour la fin de la saison de foot à Noirmoutier. La vie était belle.

Sur le terrain, le virtuose avait laissé place à une redoutable machine à jouer. Je jouais milieu avec une vocation plus défensive qu'à Nantes. Ici, l'équipe était moins imaginative et moins libre qu'avec Coco Suaudeau. Je me coulais dans le schéma de Jacquet. Mon genou ne me permettait plus les enchaînements, ni les dribbles d'avant la blessure, mais je ne me sentais pas frustré. J'étais au service d'une grosse machine de guerre. Nous jouions sur les trois tableaux : coupe et championnat de France et coupe d'Europe au rythme effréné d'un match tous les trois jours, idéal pour un joueur comme moi. La compétition, toujours la compétition avec toute l'euphorie que cela entraîne quand on est favori et leader.

Avec Bordeaux, pour ma première saison chez eux, nous avons terminé premier du championnat et gagné la coupe de France deux à zéro contre l'ennemi du moment, Marseille, chutant malheureusement en demi-finale de la coupe des coupes : parcours plein. Je retrouvais aussi le club de France et les Bleus. J'étais fier d'avoir su recouvrer ma passion intacte après des mois d'absence et de lutte, je vivais la saison du renouveau.

Rencontres bordelaises

Au quotidien, j'avais la chance de côtoyer des joueurs costauds comme Bernard Lacombe, Patrick Battiston, Léonard Spetch, René Girard, Dominique Dropsy et bien sûr Jeannot Tigana. Je ne me privais pas de leur demander des conseils, de parler métier avec eux. Et puis il y avait les jeunes comme moi, Ferreri, Vercruysse, Fargeon, Senac mon pote. Une saine émulation régnait grâce à Mémé, bon animateur avant d'être excellent entraîneur.

C'est à Bordeaux que j'ai rencontré le controversé docteur Belloq que la rumeur a suspecté de doper ses clients sportifs. C'était le grand cycliste, M. Lapebie, qui me l'avait présenté. Lors de mon premier rendez-vous chez lui j'ai remarqué que tous les murs de son cabinet étaient couverts de photos et de maillots de sportifs de très haut niveau, tous étaient dédicacés. Belloq m'observait du fond de son siège. C'était un gros bonhomme, j'ai aimé ses yeux pleins de gentillesse. Ses paroles étaient douces et claires. Il parlait lentement, avec l'assurance de quelqu'un qui connaît bien son métier.

J'ai suivi sa méthode : prise de sang tous les deux mois. Et, selon les résultats obtenus, il rééquilibrait les manques ou les excès. Ses ordonnances n'étaient pas diaboliques, il me prescrivait des classiques : fer, magnésium etc. Et du cervoxan pour réoxygéner le sang. Pendant les deux saisons très remplies que j'ai vécues à Bordeaux, grâce à son traitement, je n'ai jamais eu une seule crampe, ni une seule contracture.

Il faut dire qu'à Bordeaux, je mangeais bien. Je devrais dire : « je dégustais ». Chaque vendredi, j'étais « chez Philippe » place du Parlement, et je me régalais des plats de poisson de mon ami Philippe Techoire dans un cadre douillet au milieu d'innombrables toiles des peintres régionaux tels Boissonné, André Lhote et Hugon – que j'ai rencontré et à qui j'ai acheté un tableau.

Philippe devint mon ami. Parfois je partais chez lui au Canon près du Cap-Ferret soit pour m'attaquer à son autre restaurant « Chez Irène », soit pour me délecter de l'ambiance des cabanons en bois sur le sable. J'en profitais pour aller voir travailler mes amis ostréiculteurs : les Pasco.

Le Canon est un endroit splendide. De loin, ses maisons en bois ressemblent à La Nouvelle-Orléans, avec ce parfum de l'océan à chaque coin de rue, un paysage de paix où l'air est vivifiant. Un petit paradis où je venais le dimanche me ressourcer après les samedis de match et de guerre. J'allais parfois traîner du côté de Bacon à quinze kilomètres de Bordeaux chez la famille Couperie – la belle-famille de Julien Clerc – que j'avais rencontré à Nantes. Je savais qu'il avait sympathisé avec Jean Tigana, et lorsqu'il est venu dans cette ville donner un concert à la Beaujoire, j'ai téléphoné à Jeannot pour que Sandrine et moi puissions y aller et surtout pour qu'il nous arrange une rencontre. Jeannot fut à son habitude efficace. Après le concert, Sandrine et moi allions rejoindre Julien pour dîner avec lui et ses musiciens anglais. Nous avons beaucoup parlé de sport. Julien est féru de foot, de tennis et d'équitation. C'est en faisant un stage d'équitation à Bacon, chez les Couperie, qu'il a rencontré Virginie, son épouse.

Le domaine des Couperie est sur le bord de la Dordogne. J'allais y rendre visite à Florence, la maman, une femme d'une infinie douceur. Et lorsque Julien et Virginie étaient là, la grande table débordait de bons produits et d'amitié.

Un grand footballeur devient aussi le jouet des politiques. Avant chaque rencontre au Parc Lescure, Chaban, notre maire, grand sportif, aimait venir humer l'odeur des vestiaires. Tandis que je m'installais à ma place – toujours la même – sortant du sac toujours la même serviette, toujours le même slip, les gris-gris qui portent chance. Je posais mes chaussures bien cirées sur le sol. J'allais au massage avant d'enfiler le survet d'échauffement, ça sentait bon l'huile de camphre et la compétition. C'est à ce moment que le président Bez et M. le maire Chaban-Delmas déboulaient. Il me disait toujours : « Alors, champion, ça va ? » Et moi bien sûr – avais-je le choix ? – je répondais : « Ça va. Merci, ça va. » Voilà, c'est beau quand même les échanges entre sportifs et politiques, non ?

Claude Berquez avait pris ses marques dans le Bordelais. Il m'emmenait dans le monde, comme un propriétaire d'écurie qui doit faire voir son crack. Avec lui, je suis allé chez le baron Olivier Guichard dans le Saint-Émilion, accueil charmant, ambiance feutrée. Je fus impressionné par la magnifique propriété de la famille Poniatowski. Ladislas était le complice de Claude, ils étaient souvent ensemble et Claude aimait évoquer leurs projets communs. Dans ces endroits, on parlait de tout sauf de politique. J'étais très bien reçu, même si j'étais vraiment intimidé par les lieux eux-mêmes qui sentaient la grosse fortune et l'aristocratie. Berquez jubilait ; ces endroits l'enthousiasmaient.

Moi, petit con de footballeur, j'avais dit dans une interview à cette époque que j'étais de droite. Uniquement parce que Claude, en qui je croyais, était de droite et que Ladislas Poniatowski était son ami. Pauvre artiste du ballon rond, j'avais encore perdu une occasion de me taire. Un jour seulement, beaucoup plus tard, je me suis regardé. Fils d'immigré africain et de petites gens de Méditerranée, ruiné et dupé par ceux qui roulent à droite et servent le gros capital, je me suis dit que j'avais plus de raisons d'être de gauche que de m'affirmer de droite.

Les footballeurs sont, ont été et seront comme moi. Dans notre milieu on dépense et on place, parce qu'on gagne beaucoup d'argent, en pensant d'abord à soi. Alors c'est vrai, la déontologie de gauche n'est pas très à la mode, dans ce milieu où l'égoïsme, l'avidité et l'envie de briller sont les forces majeures.

Troisième partie

L'ÂGE DE DÉRAISON

1. Ma défaite : la victoire du foot-business

La fin de l'espoir

Cette première saison à Bordeaux m'avait porté. Ma passion s'était nourrie de la formidable course au trophée que Bez nous imposait. Cette lutte m'avait éloigné des dérives de la gamberge et des regrets. Malheureusement, la saison 1987-1988 allait être une saison sans titre ni exploits. Je ne fus plus le même pendant cette période. En famille je me renfermais sur mon obsession des beaux meubles, et des livres d'art que Patrick Amory m'achetait chez Artcurial à Paris et m'envoyait par dizaines. J'étais terne et renfermé, pas satisfait du rendement sportif de l'équipe. En réaction, Sandrine tourna son affection vers notre petite déesse Marine, et une sorte d'incompréhension, de vide commença à nous séparer dangereusement. Je compensais en dévalisant les stylistes japonais : Comme des Garçons, Issey Miyake, et mon préféré, Yohji Yamamoto. Je dérivais doucement au bord de la Gironde. Et je n'en parlais à personne.

La pression avait pansé mes blessures. La première saison, ici, sur une jambe, j'avais conquis la consécration. Mais je le savais, ça se voyait, je chantais la voix cassée. Cette deuxième saison, gentiment, *L'Équipe Magazine* titrait « Le cas Touré : près de vingt mois après son accident, le footballeur le plus doué de sa génération n'est toujours pas redevenu lui-même... » En couverture, putain, ça fait mal. C'est ça la presse, elle te taille des statues quand tout va bien, et lâche les chiens sur l'homme blessé « Touré ne plane plus... l'ex-Brésilien cherche ses marques à tâtons en jouant les travailleurs de force. Et ça ne marche toujours pas... »

Être star, c'est ça ! Un jour tu ris en lisant les papiers, le lendemain, tu gerbes. Et là, c'était grave, ils me crucifiaient vraiment, les enfoirés, parce que même en jouant les travailleurs de force, je n'arrivais pas à dompter ce satané genou. Je jouais contre nature. Je me battais contre des moulins à vent. Et soudain la brise de la victoire qui poussait les Girondins faiblissait, m'ôtait tout mon allant, lentement je devenais anorexique. Je bouffais et je rendais de plus en plus souvent. L'alcool me détruisait, quelques verres m'achevaient parce que j'avais toujours l'estomac vide.

La frustration, née du sentiment que je ne serais plus le Brésilien et qu'entretenait la presse, me minait. J'étais impuissant, frappé par un sort trop injuste. Quelques millimètres de matière synthétique serraient trop mon genou et muselaient l'artiste. Le jeu ne serait plus jamais le jeu.

Le manque d'espoir, c'est terrible. Ce n'était même pas une mauvaise passe, c'était définitif. Comme un peintre à qui on coupe la main, obligé de se battre avec l'autre sans espoir d'arriver à nouveau à transcrire son expression. Je me sentais ainsi. Et si sur le marché du foot-business j'étais toujours très sollicité, j'avais l'impression d'une vente à la criée, dans un port où je me serais échoué.

Je vais être sincère, beaucoup pensaient que c'est le jeu de Bordeaux qui ne me permettait pas de me réaliser. Faux !

Bordeaux fut l'une de mes plus belles aventures de footballeur. Ce club a cru en moi, et m'a sauvé en m'offrant le doublé.

Je me suis mis presque inconsciemment à me dénigrer, à me dire qu'ils étaient venus me récupérer sur une voie de garage et que je ne pouvais plus être le Brésilien, le Nantais virtuose, le Bleu prometteur. Je me suis mis à gamberger, mal et seul. Je sombrais lentement dans une déprime inexorable et profonde. À ce moment, Berquez aurait pu poser nos ambitions dans un coin, cesser de penser au fric, et parler avec moi. Me remonter, me faire du bien, m'apporter un peu de paix. Mais non il n'a pas su le faire, pour lui mon avenir – et son intérêt – c'était toujours plus d'argent, le fric toujours.

Lorsque les négociations ont commencé avec Monaco, j'aurais pu leur dire, attention je me sens fêlé à l'intérieur, je suis usé moralement, je n'accepte pas mon nouveau style. Mais je n'avais pas la parole. Le bétail à la foire, on l'exhibe et on le monnaie, on ne lui demande jamais son avis. Je n'ai pas réagi, tout au regret de ce tacle qui avait bouleversé mon destin. J'ai laissé faire. J'ai assisté aux enchères. Un Campora capricieux, riche et un homme de confiance avide ont fait affaire. Telle une diva désabusée je me suis laissé conduire dans la Rolls du moment, Berquez au volant jubilait de son art : savoir faire monter les prix. La balade était grisante, parce qu'elle m'étourdissait mais rien de vrai ni de raisonnable ne la motivait.

La suite s'annonçait logique. J'étais soudain sans âme, avec une peine assez lourde pour me faire plonger au fond de l'abysse. Sourd, et presque muet, je voyais autour de moi un monde sans relief et je m'installais dans un no man's land subissant et jouant de la cupidité et de l'indifférence ambiante.

Le danger était là. J'allais, comme un enfant perdu, fuir tête baissée sans vouloir ni pouvoir me poser les vraies questions. Je n'avais plus de jouets, plus de passion, plus d'illusions. La réalité et la désillusion étaient impitoyables. Comme le monde qui m'agressait, je me suis voulu lâche et faible, et je suis parti me plaindre à je ne sais quel saint pour effacer de ma mémoire certaines personnes que je n'aurais jamais dû croiser.

La foire aux bestiaux

Avant de vous emmener dans mon pèlerinage en enfer, il convient que je vous fasse découvrir les coulisses de mon départ et de mon arrivée sur le rocher de ma tristesse : Monaco. Berquez me mit en tête de quitter Bordeaux. Ce fut facile, je ne croyais plus en rien au printemps 1988 et surtout pas en mon avenir. Avec Sandrine, il y avait de vraies difficultés. J'étais indifférent et égoïste, je la délaissais, je n'étais plus très sérieux, rien de bien grave mais je manquais d'honnêteté parce que Sandrine, elle, agissait comme quelqu'un de bien.

Et Bez m'avait pris pour un jambon. C'est à cause de son attitude trop dure au mauvais moment que j'ai donné carte blanche à Claude Berquez pour qu'il me vende au plus offrant. Bez me convoqua en avril 1988, comme tous les joueurs en fin de contrat. Il me proposa de me faire resigner pour le même salaire. Ça ne se fait pas dans ce milieu, ou plutôt si, ça veut dire : Tu peux partir. J'ai compris plus tard – trop tard – lorsqu'il a absolument voulu me garder en faisant de la surenchère que pourtant, il tenait à moi, mais qu'il avait joué au maquignon trop gourmand. Erreur, parce que même si certains chiens de presse hurlaient à la mort du « Brésilien », les gros clubs d'Europe me voulaient sous leurs couleurs : Bayern de Munich, Torino, Naples, Bayern Leverkussen et les Glasgow Rangers m'avaient ouvert leurs portes. En France, Monaco semblait le plus richement intéressé.

J'étais sur le cul de voir Bez me traiter ainsi. Je me suis dit : « Soit c'est de l'intox, soit il me prend pour un con, soit il veut que j'aille voir ailleurs. » Je protestais, lui, inflexible, mit un terme à la discussion. « Écoute, José, réfléchis à cette proposition et tu me tiendras au courant de tes inventions. » Ni une ni deux, je lui répondis : « Président, c'est tout réfléchi, je pars. J'aime Bordeaux, je voudrais, et c'était mon intention, y rester mais je ne peux accepter vos conditions. » Nous nous sommes quittés là-dessus. Pas psychologue, le président avait mis trop de pression. Tant pis pour lui.

Le lendemain j'attrapai Couecou pour lui dire ses quatre vérités. « Dis-moi, Didier, le président me prend soit pour un jambon, soit pour un esclave. Moi, je te le dis honnêtement, mon vœu est de rester à Bordeaux, mais s'il se fout de moi, je pars ! » Didier Couecou me répond :

« José, crois-moi, on veut te garder, le président te fait de l'intox, tu le connais.

– Bien sûr, je le connais mais à quoi ça sert ? On n'est pas à la foire aux bestiaux ! »

Didier était ennuyé par l'attitude de Bez. « T'inquiète pas, je vais lui parler, il va te faire une proposition plus correcte. »

J'avais vingt-huit ans, ce contrat était mon dernier gros morceau : celui qui te permet d'envisager l'avenir avec sérénité. Couecou avait été footballeur, il savait que je ne faisais pas de la surenchère pour le plaisir.

Trente jours passeraient après cette discussion avec Didier avant que le président daigne me reconvoquer. Entre-temps, Berquez avait sérieusement avancé avec le Torino et Monaco. Mais Monaco semblait prêt à lâcher tellement d'argent que Claude ne voyait que par eux.

J'en ai parlé à ma femme, je voulais avoir son avis. Elle s'est inquiétée :

« Tu crois que tu vas te plaire là-bas ?

– C'est un bon club et ils me paieront très bien.

– Oui mais l'argent ce n'est pas le plus important dans ce que tu recherches, dans ton métier. »

Un autre jour où je l'interrogeais à nouveau, la sanction fut nette : « Si tu me demandes mon avis, le voilà, je trouve que Claude pense trop à l'argent, tu dois y trouver ton intérêt aussi. J'ai peur que tu t'ennuies à Monaco. » Sandrine, tu avais raison. Et je ne t'ai pas écoutée. Berquez, toujours habile, me poussa en douceur dans les bras de l'AS Monaco. Je suis allé les rencontrer, nous nous sommes mis d'accord. En sortant du rendez-vous, Berquez et moi étions un peu assommés : Nous – Berquez – leur avions demandé tant d'argent et eux avaient accepté presque sans discuter ! Nous étions ébahis et bluffés par leur générosité. Le président Campora est un homme heureux d'avoir un patron si riche. Son Altesse le prince de Monaco !

Deux jours plus tard sur la route de la maison, après l'entraînement, je croisai Couecou ; je lui dis : « Didier, je pars, je me suis mis d'accord avec Monaco. J'ai donné ma parole. » Je l'ai déçu : « José, tu fais une connerie, tu vas t'emmerder là-bas, c'est pas pour toi, mais j'espère que tu vas réussir. »

Le lendemain j'étais convoqué chez le président Bez. J'arrivai fatigué au rendez-vous. La veille et toute la nuit, j'avais gambergé sur les paroles de Didier, je cherchais quels arguments autres que l'argent me poussaient vers Monaco. Je cherchais...

A seize heures précises, j'arrivai devant la maison simple, dans le style bordelais, du président. Il habitait près du stade Lescure. Garée sur le trottoir, la grosse américaine du patron brillait au soleil. Cette caisse, c'était du Bez tout craché, elle était noire comme son regard après la presse trop critique, et énorme comme son ego. D'un autre côté sa maison représentait l'aspect plus intérieur du bonhomme, l'absence de fioriture, le style direct et loyal – quoi qu'on en dise. Je devinais ce type d'homme derrière l'apparat, je n'avais pas peur de lui.

« Bonjour, José, entrez. » La femme du président m'ouvrit la porte, autoritaire et douce à la fois. Je fus surpris par la manière dont la maison du président était aménagée. En fait, rien de mégalo dans sa belle demeure plus confortable que tape-à-l'œil. Il m'attendait dans le salon, assis dans un grand fauteuil. Il avait l'air d'un patriarche. J'appréciais cette courtoisie qui le fit me recevoir dans cette pièce plutôt que dans son bureau. Il se leva, me serra la main, en bégayant un sonore : « Ça va, José ? » Son défaut d'élocution connu me renforçait dans l'idée que sous la peau de l'ours mal léché se cachait un homme timide, à fleur de peau. Au regard paternel qu'il m'adressa, je compris qu'il avait décidé de tout faire pour me garder. Je revoyais le gars comme au premier jour de notre rencontre. Je ressentis un immense vide en moi, avais-je fait le bon choix? Bez était un attaquant : « Alors, José, tu as pris une décision? » me demanda-t-il, me laissant tout juste le temps de m'asseoir. « Oui, président, je pars à Monaco.

– Bon, me dit-il, je veux te garder. Combien te donne Monaco? »

Moi, embêté : « Président, je suis désolé, j'ai donné ma parole, vous avez trop attendu. »

Je le sentais désemparé. Pour la première fois l'homme se découvrait derrière le président. L'ambiance était presque chaleureuse. S'il jouait la comédie, il était fort, mais non, je crois craiment qu'il était mal. Je m'expliquai : « Président, je voulais rester, je vous l'ai dit. J'ai fait tant d'appels du pied à Didier qui sont restés sans réponse. Il a fallu du temps pour que je prenne cette décision. Maintenant je l'ai prise. »

En disant ces mots je réalisais que j'avais dit oui à Campora et à Berquez pour l'argent, oubliant de considérer mon bien-être. Moi qui n'allais déjà pas si bien. Je regrettais déjà ma visite monégasque. Bez me sortit de mes pensées, et d'un ton obstiné insista : « José, dis-moi combien te donne Monaco. »

J'ai joué franc jeu en lui disant qu'il fallait que ça reste entre nous :

« L'AS Monaco me donne 21 millions et demi sous forme de primes de talent et de salaires pour un contrat de trois ans jusqu'à juillet 1991. »

Je devais rembourser 5 millions à Bordeaux pour ce départ, ça me faisait donc 16 millions et demi : « De plus, l'AS Monaco me versera chaque saison 2 millions off shore sur un compte à Jersey. » Ça me faisait 22 millions et demi pour trois ans, dont 6 sans impôts.

Je rentrais, avec ce contrat fabuleux, encore 2 milliards de centimes. Le président Bez me regarda sans sourciller et dit : « Ça ne m'étonne pas. » Il réfléchit quelques secondes et me lança : « José, tu vas perdre ton temps à Monaco. Et puis, Campora, ça laisse à désirer. Tu n'es pas fait pour les faux culs. Moi je te donne 17 millions et 9 millions sur un compte en Suisse. » Je n'ai pas bougé d'un poil à cette annonce. Je l'avoue, j'étais dépassé par les événements. J'avais donné ma parole, je ne voulais pas me dédire. J'étais pris par leur jeu de maquignons et assommé à coups de milliards. Bez me lâcha en me disant de réfléchir vite. J'étais sonné.

De retour chez moi, je sautai sur le téléphone pour appeler Berquez. Il n'était pas chez lui. Sandrine arriva d'une balade avec la petite. Je lui racontai. Je regrettais que Bez ne m'ait pas fait cette proposition avant, même inférieure à celle de Monaco, je l'aurais acceptée tout de suite. Sandrine me dit : « Jo, maintenant ta décision est prise. Tu vas à Monaco, tu as donné ta parole, assume-la et regarde les points positifs. Mais souviens-toi, dans cette affaire, Berquez a été uniquement attiré par l'argent sans tenir compte de tes sentiments. Je sais que tu l'aimes et que tu lui fais confiance, mais c'est à toi de prendre et d'assumer tes décisions. » Elle avait de l'aplomb, elle conclut : « Si Berquez pense que Monaco c'est bien pour toi il doit y avoir une bonne raison. Bordeaux n'a pas fait une super saison, Monaco est ambitieux, et tu as été bien accueilli. »

Elle cherchait à me rassurer, mais comme lors de mon départ de Nantes, j'avais l'impression de trahir mon club, de passer à l'ennemi. J'étais très mal.

Le soir même, je contactai Berquez et lui racontai dans le détail ma conversation avec Bez. Il me dit : « José, nous avons donné notre parole, ils nous ont bien reçus, ce sont des gens bien. Bez n'est pas aussi fiable. Alors oublie Bordeaux. » Cet argument, Claude me l'avait déjà sorti. D'après lui, Bez était fragile financièrement, alors que l'AS Monaco était solide... comme un roc.

On rivalisait à coups de milliards le droit de me faire signer et j'avais les boules. Avec Sandrine, on a fait garder la petite et nous sommes sortis « chez Philippe » oublier tout ça devant un superbe plateau de fruits de mer.

J'étais défait, les maquignons se disputaient ma peau. Et moi, j'oubliais ma raison d'être, la passion, pas celle du fric, celle du ballon qui m'avait rendu si heureux et si fort.

Mauvaise conduite

Il me revient en mémoire un accident stupide que j'ai longtemps voulu enterrer dans le grand cimetière des erreurs dont ma vie est jonchée. Mais il est exemplaire des erreurs que pouvait me faire commettre mon statut de célébrité mal digéré.

Un soir d'après-match – c'était mon dernier match avec les Girondins – je suis parti en virée avec d'autres joueurs. Un dernier match ça s'arrose. Un adieu à Bordeaux ça se doit d'être célébré. Pour moi c'était un passé que j'enterrais. Je mangeai beaucoup et surtout je bus énormément. Je noyais ma mémoire et ma peine. Didier Sénac, mon ami, était là, d'autres aussi, on trinquait à nos destins, à notre séparation. Eux restaient, je partais.

Je m'étais vendu. Au fond de moi je savais que j'avais fait la pute, sur les trottoirs des transferts, et que le plus riche m'avait baisé. Je n'avais pas réfléchi à mon bonheur. J'avais laissé agir celui qui ne pensait qu'à la caisse. Plus tard, je devais découvrir que c'était la sienne et non la mienne, qu'il remplissait, ce proxénète. Quoi qu'il en soit je changeais de couleurs. Bez ne m'avait pas compris. Il avait bien essayé de se racheter et de me pourrir de fric mais j'avais laissé Campora remporter la mise. J'avais l'âme en berne.

Sur le chemin du retour, après la fête nostalgique, trop plein d'alcool et d'une ivresse triste, je me plantai sur la route. La faute incombait à ma tête embrumée, à mes sens émousés. Je n'ai aucune excuse. J'avais tort. Pourtant ce n'était pas grave, juste un accrochage, et même si j'étais un peu chargé, j'aurais pu m'arranger, je n'étais pas un inconnu à Bordeaux.

Qu'est-ce qui m'a pris alors, impossible de l'analyser vraiment. J'ai bondi hors de ma voiture et dans la nuit je suis parti comme un bandit. La course folle de l'irresponsable. Comme si je pouvais passer inaperçu !

Mais je me sentais déjà si coupable au fond de moi, que j'ai réagi comme un criminel, comme un fautif, comme un récidiviste, alors que je n'étais qu'un homme plein de remords devant ses mauvais choix.

Pauvre Touré ! Au moment où j'ai percuté l'autre voiture, je me suis condamné. En pleine nuit, allumé et accompagné par une amie, je ne me suis laissé aucune chance de m'en sortir. Et puis je me suis tiré, la peur au ventre, affolé d'être là. Apeuré comme un animal perdu, je me suis réfugié chez un ami, en mentant, avant de rentrer chez moi, pour mentir encore.

« Pauvre type », diront les uns, « irresponsable et être faible », penseront les autres, « garçon perdu », répondrai-je, paumé dans sa tête, triste dans sa vie.

La suite est comme un mauvais feuilleton policier. Les flics, à qui les passants m'ont dénoncé, débarquent chez moi. Ma femme, à qui j'avais demandé de mentir, témoigne que j'étais là. La confrontation avec les témoins me confond. Faux témoignage, outrage aux officiers de police, et l'immense vague, l'énorme raz de marée de la honte. L'envie de se cacher sous terre, l'horizon comme un mur sur lequel est tagué un gros point d'interrogation : comment peut-on être aussi con ?

Ce type d'aventure ne peut être pardonné à un personnage public. Les chiens, comme les appelle François Mitterrand, veillent. Une connaissance, journaliste local, balance son scoop bien puant « Touré délit de fuite ». Dès lors je deviens star de faits divers et gibier de potence... Encore un candidat au prix Pulitzer ce journaliste « ami » ! Ce type m'a condamné avant la justice. Le comprendront-ils un jour, ces fouineurs de basse fosse, qu'ils détruisent des existences pour le prix d'une pige. Eh oui, la dérobade était déjà une expression de faiblesse chez moi, et alors... cela méritait-il qu'on me tombe dessus ?

La chasse au coupable est un sport populaire. L'homme aime traquer chez son prochain la faute qu'il s'interdit de commettre. En fait, l'excellence, la morale n'existeraient pas sans ces fautifs et leurs délits. Il faut donc les coincer.

Ce qui m'attendait ce n'était pas seulement un procès, une condamnation avec sursis, pour délit de fuite, c'était la mise au ban de la société.

Le pire ce fut le châtiment que le public m'infligea sur tous les stades. Pendant des mois, les supporters de tous les clubs français m'ont agoni de leurs cris « Touré en prison, Touré assassin ». Chaque déplacement hors de Monaco – où j'avais commencé la saison – était un calvaire.

Le supporter dans un stade de foot n'est plus un homme, c'est un morceau de foule. Une foule violente et bête ; celle que méritent les stades de foot. Allez voir un grand match de rugby. Dans les gradins, ni hooligans à l'anglaise, ni nazillons ignorants, ni hargneux frustrés, seulement des spectateurs venus applaudir le beau jeu. L'ovalie est bénie. Le foot est maudit. Les intérêts et le parti pris ont tué l'amour du ballon. On se cogne, on s'insulte dans les tribunes et on se fout de ce qui se passe sur le terrain. Les spectateurs applaudissent les bétonneurs et les bouchers. Ils veulent la victoire des leurs et attendent presque du sang et la tête des adversaires. De leur côté les joueurs apeurés ou trop gâtés se comportent comme des stars intouchables, distantes, ne faisant que renforcer le climat tendu et la frustration.

Bien sûr, l'immense majorité des supporters qui, chaque journée de championnat, remplissent les stades est propre et saine. Seuls quelques agités, une poignée – comme un virus – contaminent le stade à coups de cris de guerre. Mais leurs insultes sont vite reprises par tout un stade soudain ivre de trop d'émotion.

Moi, j'étais coupable. Mauvaise conduite. La loi m'a puni, c'est normal. Mais lorsqu'on est célèbre, ce n'est jamais fini. Puni, bien sûr, mais non pardonné, ou si longtemps après...

« Touré en prison », « Touré assassin ». J'ai supporté, pendant des mois, la bêtise humaine. J'entrais sur la pelouse comme dans une fosse aux lions, comme un gladiateur prêt à mourir, sous les quolibets du peuple, dans l'arène. Apprendre à ne plus écouter, entendre sans s'énerver. C'est usant, c'est humiliant. Je sais que certains grands joueurs, aujourd'hui, souffrent de ces mêmes cris de haine. Moi, dès cette époque, j'ai commencé à douter, à me demander si le stade de foot était vraiment le lieu idéal pour vivre une passion.

Voyage en enfer

J'étais mal et je me le cachais.

Alors le menteur peureux a commencé à remplacer l'homme sincère. J'étouffais. En entrant complètement dans le foot-business, j'abîmais ma passion.

De 1977 à 1986, j'ai joué sans gamberger. Bien au calme dans ma province nantaise j'ai tout donné à ce que j'appelais mon « art », ce mot qui résumait si bien mon amour du jeu. La longue coupure, sans jouer, m'avait fait découvrir qu'il suffisait de peu pour n'être plus rien. Et mes fréquentes virées dans le show-biz m'avaient fait découvrir un type que j'ignorais : Touré, la star. Un personnage adulé et aimé qui en jetait, mais qui ne laissait pas de place à José, l'homme vrai.

Touré frimait et jouait, mais José savait tout de lui : ses peurs, ses doutes, ses failles. Devenir un homme public est une dure épreuve. Difficile de rester authentique, impossible de rester simple, surtout lorsqu'une blessure, comme la mienne, brise les rêves et l'avenir. Je doutais et il fallait se pavaner. L'admiration des autres devient une pression énorme, force est d'y répondre, de ne pas décevoir, d'être sans cesse à la hauteur. Touré était en démonstration presque permanente, alors qu'il était blessé dans sa chair et son âme. Alors, il s'est caché dans des formules bien tournées et des certitudes de circonstances.

Après cette blessure-rupture, Bordeaux apporta, la première saison, la bouffée d'air indispensable, mais pas suffisante. Je cherchais de nouvelles sensations. Mes propres questions me harcelaient, plus qu'une presse impitoyable avec les jouets qu'elle s'est donnés. En laissant d'autres gérer ma vie, j'ai commis l'irréparable erreur. Je perdais mon âme, je vendais ma peau et j'allais le payer très cher.

À Bordeaux j'ai commencé à m'isoler dans ma frustration et mon appartement de collectionneur. Je vivais dans une galerie sur les conseils avisés de Jean Galvanie et de son ami Gastou, marchand et amateur d'art et de meubles. J'achetais du Memphis, du Leleu, du Kuramata, du Molino. Mon moyen pour oublier l'artiste qui n'enflammait plus les pelouses, c'était d'accumuler l'expression d'autres artistes chez moi. Je voulais oublier aussi les obligations du style aller signer des autographes ici ou là, dans de grandes surfaces commerciales ou chez Opel, notre sponsor.

C'est vers la fin de ma vie à Bordeaux que j'ai commencé à boire régulièrement tant j'étais anxieux. La baisse de mon jeu et le fric, tout ce fric, trop de fric : je n'assumais pas. L'argent m'a mis une telle pression que je suis devenu hypertendu et doucement alcoolique. Je n'aimais pas l'alcool. Je ne buvais pas, j'absorbais. Je me remplissais pour noyer mes idées noires. Pour inonder mes sentiments négatifs. Lorsque je me prenais la tête, j'avais envie de hurler : « Stop ! Arrête de gamberger ! » Et si je pensais trop, je flanchais, je m'imbibais pour oublier.

Devenir comme ça, c'est terrible, c'est être faible. L'engrenage est infernal. Tu es lâche, puis tu plonges et tu meurs... Un sale voyage dont tu es le prisonnier. Tu deviens le fugitif de ta propre réalité, et chaque mot de tes mensonges, chaque acte de ta lâcheté ne font que te dégoûter plus encore de ce que tu deviens. Et plus tu te fais honte et plus tu t'enfermes. Et moins les autres peuvent accéder à toi et t'aider. Celui à qui mon père m'avait confié, celui qui parlait de moi à cette époque comme de son « fils spirituel » m'a laissé couler. Je sombrais et lui comptait le fric que je pouvais lui rapporter. Quelle tristesse ! Qu'il était loin mon amour des copains et du ballon ! J'étais à vendre, je prenais conscience trop tard que je n'étais plus qu'une marchandise.

Depuis si longtemps, plus personne ne me parlait comme à un homme. La star, le footballeur, la marchandise faisaient écran. On n'attendait de moi que des réponses de star ou de footballeur, on préconisait à mon égard le respect dû à un produit de luxe. Une telle solitude m'enfermait au milieu de cette foule de sollicitations, de toutes ces amitiés de circonstance. J'étais seul dans ce public. Je jouais tellement mon personnage que je ne m'y retrouvais plus. Certains jours, le mépris se pointait. Je sentais sans encore pouvoir le formuler que le statut de star n'était qu'une illusion amère. J'étais trop sensible, ni assez cynique ni assez mûr pour relativiser mes doutes et mes peurs. J'étais trop fragile, et je jouais les durs, normal, c'est la tactique de tous les fragiles. Je me suis fêlé de plus en plus.

Personne n'a réellement vu, ni voulu comprendre que ma vie était devenue un calvaire, d'où je ne savais m'échapper autrement qu'en me consumant toujours plus. Mon voyage en enfer n'en était pourtant qu'à son début. Je sortais de l'âge d'or pour m'enfoncer dans l'errance et l'amertume.

Ma révolte allait être totale, incapable de réagir et de me battre, j'allais décider de me détruire pour n'être plus rien, ni personne. Mon dégoût de moi et du monde était immense.

2. Monaco

Un rythme d'amateur

« José, avec les opérations que je te fais, tu seras tranquille jusqu'à la fin de tes jours ! » Berquez me rassurait et je me laissais bercer. Et à Monaco, la vie tranquille a commencé.

Les vestiaires du terrain d'entraînement n'avaient pas le même standing qu'au stade Louis II. Nous n'avions, à la Turbie, que deux baraques de chantier aménagées. Mais le cadre était splendide, les terrains adossés à la falaise blanche sur les hauteurs de Monaco, la ville accrochée au rocher et du ciel à la mer de fabuleuses propriétés où le vert du gazon contrastait avec les taches turquoise des piscines.

Chaque jour, je restais admiratif devant la vue exceptionnelle qui plongeait jusqu'au cap Ferrat vers la Méditerranée bleu profond. Dans ce cadre idyllique il n'était pas question de pression. Rien de comparable à ce que je venais d'encaisser deux ans de suite à Bordeaux. J'avais l'impression d'arriver dans un club amateur comparé à ce que Bez et son staff nous imposaient. Le groupe n'était pas soudé. Je n'ai pas été pris en charge ni réellement mis en phase d'intégration. En dehors des entraînements, je n'avais aucun rapport avec les autres joueurs. J'étais nouveau, aimé ou non. Je ne crois pas que je faisais l'unanimité. J'avais de bons contacts avec Marcel Dib, Luc Sonor mon brother, et j'aimais beaucoup Jean-Luc Ettori, il était simple et décontracté, un vrai bonnard. Il aimait parler de la Corse, et il m'amusait lorsque chaque matin, à l'entraînement, il garait sa 2 CV entre les Porsche et les BMW sur le parking du stade. Mister George – Weah – était là aussi, plus réservé que les autres, je l'appréciais pour son attitude toujours en retrait et son humour très british pour un black africain, certainement dû à ses origines anglophones. Il me faisait découvrir des groupes de musiciens sur son Walkman toujours branché. Marc Hateley, c'était mon pote, une force de la nature et un tempérament très chaud.

Le public s'imagine souvent que les joueurs d'une même équipe s'entendent toujours très bien et passent leurs loisirs ensemble. C'est faux. Le football est un métier. De même que les personnes qui bossent dans le même bureau ne tiennent pas spécialement à se voir en dehors de leur travail, il arrive souvent qu'on ne se voit jamais après le boulot. On passe déjà beaucoup de temps ensemble entre les entraînements, les matchs et les déplacements. D'ailleurs ce manque de relations hors football n'empêche ni un bon feeling ni le plaisir de jouer ensemble, mais ce vide n'est jamais bon pour le rendement de l'équipe.

Un seul souvenir de virée entre copains émerge de cette période. Une soirée, après un déplacement à Auxerre, un dimanche après-midi, nous sommes rentrés à Monaco vers dix-neuf heures. Marc Hateley me proposa d'aller boire un verre dans un bar anglais. Dib, toujours prêt pour les bons coups, nous dit : « Je viens avec vous. » Dans le pub, nous nous sommes retrouvés en terre anglaise. Chopes à la main, verbe haut d'imbibés, et rires de poivrots, l'endroit était chic – comme il se doit à Monte-Carlo. La bière coulait à flots dans ce cadre cossu décoré de bois et de cuir. On s'est installés au comptoir et pendant deux heures on a bu en parlant foot essentiellement. C'était la première fois que je prenais un pot avec des partenaires de mon nouveau club, la première et la dernière d'ailleurs. Marc avait une descente impressionnante, et nous – Marcel et moi – petits Français, ne serait-ce que par fierté, nous avons essayé de lui tenir la dragée haute. Bilan : lorsque je suis rentré à la maison, sans attendre, ni embrasser ma femme qui m'ouvrait la porte d'entrée, j'ai foncé dans les WC pour éjecter – par la bouche – toutes les chopes ingurgitées. Le lendemain matin, à l'entraînement, je racontais ma réaction à Marcel Dib, qui me dit avec son aplomb et son accent : « Eh bé t'es pas le seul. » Marc nous regardait en se marrant : « Pauvres petits Français », nous dit-il avec son accent made in England. Sinon, rien à signaler.

Malgré le respect que j'ai pour Arsène Wenger, je dois dire que ses entraînements ne m'inspiraient pas. Rien à voir avec l'enthousiasme de Suaudeau, ou la maîtrise de Jacquet. Je ne peux pas vraiment juger objectivement mon passage là-bas puisque j'étais mal psychologiquement, donc ni le plaisir ni la sérénité n'étaient au rendez-vous. Mais je sentais qu'aux entraînements, je perdais mon savoir. Primaire et sans enthousiasme voilà ce que je pensais en faisant les exercices de Wenger. Et ce fut pire lorsque Glen Hoddle se blessa au genou, car lui apportait une finesse et une collaboration importante aux séances à la Turbie.

Je me demande d'ailleurs ce qu'on peut trouver à Arsène – qui est un type sympa – mais qui inspire un jeu stéréotype : sans imagination, sans rythme. D'ailleurs, à part une finale de coupe d'Europe totalement ratée, il n'a pas, comme entraîneur, prouvé de grandes choses. Pourtant l'AS Monaco dispose toujours de bons joueurs, qui se blessent trop souvent, allez savoir pourquoi. En 1988 il y avait des superjoueurs, mais pas de fond de jeu. Aujourd'hui qu'est-ce qui a changé? Lorsque je regarde l'AS Monaco à la télé j'ai du mal à ne pas zapper tellement je m'ennuie devant cette équipe sans plaisir, ni panache.

Rien à voir avec Bordeaux et les gladiateurs de l'ère

Bez, avec Nantes et son jeu plein de buts spectacles, rien à voir non plus avec Marseille, ça c'est une vraie équipe qui a des couilles.

Enfin moi, à Monaco, je n'avançais plus, anorexique, et bientôt seul à la maison, je vivais ces entraînements fades comme une corvée. Même s'ils n'ont pas cherché à comprendre ce qui m'arrivait vraiment, je n'ai pas à critiquer le staff du club; les secrétaires, p'tit Luis, le responsable des équipements, Bianchiri, le directeur sportif, Jean Petit ont été gentils avec moi. Ils étaient très humains, peut-être me prenaient-ils pour un mec un peu fêlé ou pas tranquille. Personne ne m'a jamais posé LA question : « José, mais qu'est-ce qui te rend si mal? » Dans ce club sans souci chacun vivait une petite vie pépère au soleil, dans la torpeur, et le luxe d'un lieu plus fait pour la retraite dorée que pour les conquêtes du football moderne.

En fait, la seule pression à laquelle j'étais soumis venait de mon salaire, et ça ne fait pas avancer un joueur comme moi.

Ma vie privée : un naufrage

Notre appartement à Monaco était situé dans un immeuble très clean, le Saint-André, ultramoderne, boulevard de Suisse, derrière l'Ermitage. Sandrine et moi vivions là comme de passage. Le salon en parquet de chêne brun était meublé style années 50, un petit canapé blanc et fauteuils blancs de Carlo Graffi que j'avais achetés à Turin au mécène italien Fulvio Ferrari. Devant les grandes baies vitrées fumées, orientées vers le port, je m'installais à mon bureau Carlo Molino pour admirer un tableau orientaliste de Majorelles. Dans l'entrée, un tableau d'Arnaud, peintre des années 50, un cadeau que Sandrine m'avait acheté chez mon ami Jacques Gastou de la Galerie du même nom, rue Bonaparte à Paris. Il y avait de beaux objets, mais pas de vraie vie. Tout se passa correctement pendant presque six mois, même si je voyais bien que Sandrine n'était pas très heureuse, si loin de Nantes.

Moi, dans le même temps, je me sentais de plus en plus mal dans ma peau. Sans qu'il y ait de disputes il y avait désormais un malaise permanent entre elle et moi. Elle était impuissante, trop jeune et tendre pour me bousculer, et me remettre en cause. À sa décharge il faut dire que j'étais complètement hermétique. Nous ne parlions plus. Il y avait Sandrine et Marine pleines d'amour l'une pour l'autre d'un côté, et moi seul et perdu de l'autre. Je m'en voulais d'être comme ça et d'avoir embarqué ma petite famille sous un soleil si amer.

Avec le temps, j'ai poussé Sandrine à me quitter, à aller s'installer à Nantes avec notre fille. Je crois aujourd'hui qu'il y avait dans ce comportement, jugé à l'époque dur et égoïste, une volonté de les protéger, de les mettre à l'abri près de la famille de Sandrine. Une façon à moi de leur faire quitter le navire avant qu'il ne s'engloutisse dans cette Méditerranée que je voyais chaque jour et que je commençais à haïr.

Je crois que je désirais que Sandrine me déteste pour éviter toute explication, pour éviter toute solution. Je ne voulais pas lui dire que je m'étais trompé de club, que l'argent m'avait aveuglé, que Berquez n'était plus le même. Je l'aimais bien sûr, ma Sandrine, mais moi je me détestais.

Mon homme de confiance

À ma demande, Berquez s'était occupé de lui ouvrir un compte à Nantes, de surveiller son installation. Appartement, voiture, argent, je tenais à ce que tout soit réglé au mieux. Claude alla voir sur place si tout allait bien.

Deux années plus tard Sandrine, alors que je lui parlais de ma séparation avec Berquez, me dit qu'elle n'était pas étonnée. Elle me rappela notre conversation à Bordeaux où elle m'avait prévenu de faire bien attention, de me méfier de celui que j'appelais « mon père spirituel ». Elle ajouta : « José, je vais te dire autre chose mais surtout promets-moi de ne pas t'énerver, ça ne servirait à rien.

– Vas-y, lui dis-je, qu'est-ce qu'il y a encore? C'est au sujet de Berquez?

– Oui, quand nous nous sommes séparés, qu'il est venu à ta demande à Nantes, eh bien il m'a dit que de toute façon, c'était mieux pour moi ainsi. Il m'a dit : " José te trompe ", ensuite, il m'a fait des propositions très claires. Je l'ai éconduit fermement. Alors, si tu le considères comme un père, tu as tort. Je suis sûre qu'il a toujours triché avec toi. »

Aujourd'hui, je sais que Berquez m'a dupé. À cette époque, je ne le croyais pas capable de telles bassesses.

Claude est beau parleur, il jouait facile avec une proie comme moi. Il me parlait sans cesse de Ladislas Poniatowski son ami, de son avocate, qui était aussi la mienne, Brigitte Longuet, la femme d'un jeune politique en pleine ascension en 1986, Gérard Longuet futur ministre. Il avait son réseau de francs-maçons qui lui ouvrait toutes les portes. Il m'en mettait plein la vue.

Est-ce une faute d'avoir confié à un ami mon amour, mon amitié, mon argent, ma femme, les yeux fermés? Je sais aujourd'hui que ce « père » a été un homme sans pitié vis-à-vis de moi, « sans foi ni loi » comme on dit. Il a été ma plus grosse erreur, fatale pour la fin de ma carrière et le reste de ma vie. Si j'écris tout cela, si je mets tout cela au grand jour, ce n'est pas pour m'apitoyer sur mon sort, mais pour exorciser ce passage de ma vie, si lourd de conséquences.

Ça n'explique pas tout dans la trajectoire qui a été la mienne, mais ça éclaire totalement l'absence de morale et la cupidité des gens qui, dans le milieu du foot – et dans d'autres –, peuvent détruire des êtres trop vulnérables pour gérer seuls la gloire et leur succès. Ma dernière erreur est d'avoir perdu toute confiance en moi au point de finir par ne plus croire en rien, comme un boxeur mis

KO dans un ultime combat sans véritable adversaire, je me suis brisé avec mon amour-propre.

Il ne s'agissait pas de la rançon de la gloire, mais de la rançon d'une confiance bafouée.

Tapie me veut

« Tapie veut récupérer Touré. José n'est pas fait pour s'exprimer chez vous. À Marseille il va retrouver la pression dont il a besoin pour se motiver. » Barin, intermédiaire yougoslave célèbre et recherché, par Interpol entre autres, était chargé par Marseille à la fin de la saison 1989 de me ramener du rocher où mon talent, loin de s'épanouir, s'étiolait dangereusement.

Ma première saison 1988-1989 se passa assez bien, avec une équipe où l'ambiance n'était pas mauvaise et sous l'influence d'un joueur exceptionnel – Glenn Hoddle. Mais j'étais loin de mon rendement bordelais. Tapie me voulait à l'OM. Wenger et Campora n'étaient pas contre, et même ils étaient d'accord pour me laisser partir. Je l'avais mal pris : susceptibilité mal placée. Pour eux j'étais trop cher comparé au rendement. De plus, s'ils n'osaient pas me le dire, ils devaient me sentir instable, mal dans ma peau. Je parlais avec Claude de la démarche de Barin auprès du club. Il n'hésita pas.

« Tapie n'est pas solvable, il vaut mieux rester à Monaco. On sait ce qu'on a. Mais je suis prêt à rencontrer Bernard Tapie. » Sacré Claude, toujours partant pour se faire mousser et approcher une personnalité afin d'enrichir le récit de ses aventures. Mais quant à sa décision, pour une fois, j'approuvais sans hésiter. Et une fois de plus, j'avais tort.

La vérité, c'est que je ne voulais pas aller à Marseille, parce que j'avais perdu toute forme d'ambition. Pour être honnête, je vais tout vous dire, j'avais peur de n'être plus le joueur que j'étais. Je ne parle pas du Brésilien, seulement du Girondin qui souvent fit mal à l'OM, par sa rigueur et sa condition de combattant du foot à la Jacquet. Je n'avais plus confiance en moi. Dans certaines de mes rêveries stériles et solitaires, je me prenais à penser à un retour aux sources. Je me voyais retourner à Nantes avec Coco Suaudeau pour réapprendre le plaisir de jouer, retrouver mes sensations inhibées par le mal-être. J'aurais revécu ainsi avec Sandrine et Marine qui me manquaient. Barin, que j'avais très souvent vu à Bordeaux en compagnie de Bez, repartit sans avoir convaincu le peureux que j'étais et Claude, le maquignon. Erreur grossière. Marseille m'aurait redonné le goût et l'envie de jouer. Tapie m'avait choisi, et j'étais assez bas pour refuser d'aller dans l'équipe qui vivait la plus belle pression du moment. Le challenge ne me motivait plus, je réagissais en looser.

À la trêve hivernale de la saison 1989-1990, je partais à Saint-Martin dans les Caraïbes retrouver mon frère Patrice. J'avais besoin de me ressourcer, d'être près de lui, au soleil. Au programme : surf, plage et golf. À Patrice, je parlais peu de mes vrais problèmes, il sentait qu'au fond de moi, ça n'allait pas. Depuis longtemps, entre nous, Berquez était un sujet de discorde. Lui a toujours pensé que cet homme était négatif pour moi. Trop homme d'affaires pas vraiment homme de confiance. Selon lui, Claude se foutait bien de ma passion, il ne pensait qu'à mon compte en banque, et ça lui semblait louche, en tout cas peu favorable au bon développement de ma carrière. Nous nous étions vraiment disputés un jour où je lui parlais de l'amour que je portais à Claude. J'étais en colère lorsqu'il s'opposait à ma façon de voir, mais ça me faisait du bien d'en parler avec lui. Le foot, nous n'en parlions presque pas, je mentais, je lui disais que ça allait.

La présence de mon frère, mes paroles, les tropiques, le dépaysement m'avaient ragaillardi. À mon retour à Monaco pour la saison 1989-1990, j'avais la pêche. J'étais décidé à me battre malgré le contexte peu favorable.

Pour le premier match de la reprise, nous recevions

Toulon. J'étais affûté, je me sentais fort, ça me semblait bien reparti. Mais Touré la malchance n'en avait pas fini avec les blessures. Quelque temps après, en coupe de France à Agen contre Pont-Saint-Esprit, un boucher excité s'offrait une tranche de « Brésilien », et me plantait la saison : rupture du tendon d'Achille à la cheville gauche. C'était le KO de trop. Psychologiquement, j'étais battu avant même l'opération. Autant j'avais bien réagi pour mon genou, autant là, pour une opération moins grave, j'ai décroché.

Pour le club, l'objectif principal était maintenant de me virer. Cette blessure d'une star déjà inconstante, payée si cher, était ingérable. J'ai senti qu'ils voulaient me dégager. Quand ils sont blessés, on achève bien les chevaux.

Décadence à l'île Maurice

Après cette opération, je n'avais plus goût à rien. C'est le moment que l'ami Berquez choisit pour porter l'estocade. Il me déclara vouloir mettre fin à notre association et, pour solde de tout compte, il me réclamait 2 millions officiels et 2 millions off shore afin d'être dédommagé de son travail pour moi.

J'ai compris bien plus tard que Tomatis, le trésorier du club, son ami, qu'il allait associer dans des montages complexes, l'avait prévenu que le club voulait me lâcher.

Imaginez ma tête, mon cœur, mes jambes lorsque Claude parla ainsi : de dédommagement, de travail, de taper dans ma caisse « de retraite » à Jersey, celle, qu'il disait constituer pour mes vieux jours. J'étais mort vivant, tué sur place. Je n'avais plus un soupçon de force, plus un semblant de hargne. Je me demande aujourd'hui comment je ne lui ai pas sauté dessus. Non, j'ai encaissé, KO, debout.

Il me quittait avant que le bateau coule, et il me demandait ce qu'il pouvait me prendre de force, puisqu'il avait l'accès et la signature sur tous mes comptes. Il était même le seul à contrôler mon compte off shore à Jersey. Il avait fait le montage, moi je n'y connais rien. J'avais affaire à un terroriste, je subissais sa force et son diktat. Et une fois encore je me sentais dépouillé de tant de choses, mais d'abord de ma dignité. Je m'éloignais : partir loin de la pourriture que j'avais nourrie et qui faisait même partie de moi était mon seul but. Je découvrais le diable derrière mon deuxième père, mon ami. Je hurlais en silence au complot. Je ne pensais qu'à fuir.

J'aurais dû agir, tuer ou frapper, j'ai préféré, incapable de tuer le père, me tuer, m'oublier, partir pour tout oublier.

Je suis arrivé à l'Île Maurice grâce à mon pote Didier Fitoussi qui avait une agence de voyages. Lui, croyait que je cherchais le luxe et la volupté. Je me suis retrouvé au « Royal Palm », sublime hôtel à Grand Baie au nord de cette perle de l'océan Indien. Mais tout ça, c'est du langage de dépliant touristique. Moi je n'avais envie de rien. Ni de palmiers, ni de soleil, ni de cette classe qui règne dans ce lieu silencieux et merveilleux.

J'avais les pieds au paradis et la tête en enfer. Patrick Amory, plus concerné que mes autres potes, avait senti mon désarroi : « Ce n'est peut-être pas le moment de partir, José ? » Tu avais raison, grand frère. C'était pas « peut-être », c'était « sûrement » le mauvais moment. Pour moi c'était partir ou mourir. En fait c'était partir et mourir. Je n'ai pas pu faire le choix de vivre et de m'organiser comme toi tu sais le faire. Mais qui peut empêcher le fuyard de subir – de croire – à son destin?

Je me suis enfermé dans ma suite. Derrière les volets clos, la plage coralienne blanche et le lagon turquoise me dégoûtaient. Je n'ai émergé qu'après trois jours de retraite. Au coucher du soleil pour me baigner, puis pour assister, Walkman sur les oreilles, Simple Red à fond, à la tombée de la nuit. J'ai commencé à vivre le cycle des nuits perdues. Je me noyais dans la boisson pour crier comme un soûlard mon désespoir. L'alcool libérait ma colère. Dans les crises, mes mots pansaient tous mes maux, jusqu'à la gerbe finale qui me ramenait à l'immense haut-le-cœur que la vie m'inspirait. Je me déchirais méthodiquement pour ne plus réfléchir, creusant chaque nuit les lendemains de honte et de malaise. Je vivais avec délectation cette négation. En bon lecteur de Scott Fitzgerald, je me jouais le rôle d'un de ses héros en fin d'espoir. Sur la terrasse de ma petite villa je dînais seul, servi par un majordome en blanc. Je plongeais, l'âme en folie, dans le Dom Pérignon, et j'avalais sans plaisir du caviar et des crêpes Suzette, que je vomissais ensuite, partout où la nuit me faisait échouer.

Une seule chose me permettait de sortir de mon égoïste dérive : le gentillesse peu commune et le sourire troublant, car sincère, des Mauriciens. Qu'ils soient indiens, chinois ou africains, tous m'ont paru si vrais! Mais cette humanité ne pouvait me ramener d'une décadence organisée et d'un délire encore contrôlé. Je vivais pourtant mon dernier sursaut d'orgueil, j'étais allé me cacher pour pleurer et dégueuler sur moi-même.

Berquez savait où j'étais. Un fax de l'AS Monaco me priant de rentrer expressément me sortit de mon purgatoire de luxe. J'ai repris l'avion, pas inquiet du tout, parce que le pire, je l'avais déjà subi.

Paumé dans mon musée

Avant cette période, j'avais déménagé. Je ne pouvais plus vivre dans l'appartement du boulevard de Suisse, car malgré leur départ, le souvenir de Sandrine et Marine m'oppressait. Je ne supportais plus la ville. J'avais trouvé un nouveau lieu. Cette fois je croyais que j'y recommencerais ma vie en célibataire, à la recherche d'une vérité perdue.

Ma maison, appelée « Le château de la mer », était à Roquebrune-Cap-Martin. Elle était dans le pur style Riviera. Immense – plus de cinq cents mètres carrés – elle ne me coûtait que douze mille francs par mois. Sa grande terrasse dominait la mer. La nuit, j'admirais au loin les lumières de Monaco, et le jour, je me reposais dans le jardin en pente douce, sous des arbres centenaires.

À l'intérieur, une jolie cuisine blanche au sol recouvert de carreaux anciens. Après la belle entrée, un salon en deux parties où j'avais installé deux petits fauteuils de Carlo Graffi, un bar de Iosa Guini et une bibliothèque de Ettore Sotssas. Aux murs, deux immenses toiles de peintres américains, Dazes & Crach, et un tableau de Erro. Dans l'autre partie du salon, j'avais mis un canapé de Gaetano Pesce que j'adore : « Coucher de soleil sur New York » ; dans un angle, une chaise de Carlo Molino. Je dînais sur une table de Carlo Molino gardée par quatre chaises de Isola & Giabetti faites pour la caisse d'épargne de Turin en 1937, elles étaient en cerisier et en cuir rouge. Je n'osais presque pas m'asseoir sur elles tant elles étaient fragiles. Sur les murs, un dessin de James Brown, rien à voir avec le chanteur, un grand Combas et une autre toile surdimensionnée de Dazes. Dans l'entrée, j'avais disposé une petite table de Kuramata où trônait un trompettiste en bronze, une sculpture de Parpan que j'avais dénichée au Louvre des antiquaires. Plus loin, un paravent de Fornasetti annonçait mon tableau d'un marché africain de Majorelles. Au premier étage, dans l'escalier, un petit bonhomme blanc m'accueillait : un tableau de Jérôme Mesnager, l'homme qui posa ses silhouettes blanches sur tous les monuments de Paris, avant de partir à la conquête du monde. Dans le large couloir, mon bureau de Carlo Molino cerné de deux fauteuils issus eux aussi du mobilier de la caisse d'épargne de Turin. La première porte donnait sur ma chambre ; je dormais dans un lit à baldaquin italien de la marque Bibi Bobo ; sur les murs, veillant sur mes nuits blanches : un tableau furieux de Di Rosa évoquant la guerre, que Di Rosa est venu voir sur place. En face, au-dessus du lit, quatre petits dessins de Combas, et dans un coin discret, comme lui, un dessin de Jean-Charles Blais, première époque. Venait ensuite mon dressing de quarante mètres carrés, aménagés comme un magasin de rangement en bois clair, où mon sens de l'ordre et de la minutie s'exprimait avec tout le soin que mes vêtements m'inspirent. La salle de bains, jaune pâle, était meublée années 50. Au second, deux chambres d'amis et leur salle de bains et le petit escalier qui conduisait au belvédère d'où la baie de Monaco me fascinait, les nuits claires. J'étais le prince du « Château de la mer ».

Dans une pièce creusée dans la roche, j'avais installé un atelier de peinture, sous la verrière qui illuminait ce lieu pittoresque. Peindre était devenu un de mes passe-temps favoris.

Maria, ma femme de ménage, gérait mon domaine. Lorsque j'étais en déplacement, elle venait dormir à la maison avec son mari Fernando et leur fils Paolo. Certains dimanches, ils apportaient un plat portugais et leur présence brisait ma solitude, me faisait rire. Ce sont des gens merveilleux, nous sommes toujours restés en contact.

J'avais organisé trois ou quatre soirées sur la terrasse avec les basketteurs américains de Monaco, des superfêtes. Et bien sûr, on disait que j'en faisais trois ou quatre par semaine. En réalité, j'étais très souvent seul.

J'aimais bien quand Hugues Ocansé, le basketteur international d'Antibes, venait le dimanche après-midi avec sa batterie, moi, je grattais ma basse et on se lâchait tous les deux à jouer du John Lee Hooker et du n'importe quoi. Les moments où je ne pensais à rien étaient rares, ils me faisaient du bien. Mon isolement dans ce luxe n'était pas un signe de bonne santé morale. Je me réfugiais dans ma tour d'ivoire. Et j'allais mal physiquement : mes organes aussi rejetaient l'extérieur.

Un pacte avec le diable

Anorexique, je le suis devenu véritablement un mois après mon arrivée à Monaco. Les cris du public dans les stades : « Touré assassin ! Touré en prison ! » me rendaient malade. Ce sport est superbe, populaire et fort. Mais rien n'est plus cruel qu'un supporter. Rien n'est plus con qu'une foule qui t'en veut dans un stade. J'ai dû subir ces cris et ce rejet pendant de nombreuses semaines, il y avait toujours une bande pour hurler des invectives. Je n'arrivais pas à le digérer et je ne digérais plus. Je faisais le mec détaché de tout ça lorsque mes partenaires venaient compatir, je faisais le beau en haussant les épaules, mais à l'intérieur j'étais bousillé. Une fois de plus, en trompant, je me trompais.

Cette pression, associée au fait qu'il me semblait gagner trop d'argent par rapport à la qualité du football produit, me minait. Je m'en voulais d'être là, d'avoir cédé, de n'avoir pas mené ma barque vers des eaux plus propices à mon expression, vers un club plus en phase avec mes rêves de foot.

J'étais coupable d'avoir laissé Berquez faire du fric, mais qui aurait refusé autant d'argent? Eh bien, moi, j'aurais dû. Je m'étais laissé influencer par quelque chose qui n'était pas fondamental pour moi. J'avais pactisé avec le diable.

Lorsque Sandrine est partie, mon régime fut terrible. Je me retrouvais tous les soirs devant un plateau de fruits de mer, que j'achetais chez un Breton égaré près du Café de Paris, à deux pas du Casino, tout près de mon appartement, je remplissais ma coupe de champagne de Cristal Roederer, avec pour seule compagne la télé, et j'avalais. Je ne regardais même pas les programmes, je m'abrutissais devant l'écran allumé dans le noir. Puis je me levais pour aller vomir. J'étais devenu incapable de conserver quoi que ce soit. Idem lorsque j'allais au resto, je partais me vider aux toilettes en me cachant. Je n'osais même plus manger.

Le pire, c'était le jour du match : à midi, je vomissais, la collation de seize heures, je la vomissais aussi, et je rentrais sur le terrain l'estomac rempli uniquement de vitamine C. Cette période à Monaco est un cauchemar absolu parce que je n'ai pas pu me prendre en charge, ni oser parler.

Aujourd'hui, j'ai honte de m'être comporté comme un homme faible, d'avoir plongé sans dignité. J'ai été lâche dans l'esprit. Dans cette transaction avec l'AS Monaco, j'étais devenu le tricheur. Berquez avait pipé les dés, mais c'était moi le joueur. À l'époque je ne pouvais réagir. Mais je gambergeais et je m'enterrais vivant avec de tels raisonnements. La honte est devenue ma compagne. La preuve, lorsque j'ai décidé d'acheter une nouvelle Porsche, j'ai appelé mon ami nantais Francis Pautric, il m'avait vendu la première, provoquant la fureur de mon banquier. À Monaco, je gagnais de quoi m'en payer une par mois, je lui commandais la plus frime : le dernier speedstair, Porsche 911 cabriolet, mais je le voulais classe – et presque discret – gris avec capote noire. Lorsque j'ai reçu ce jouet fabuleux à Monaco, je ne l'ai jamais utilisé pour aller à l'entraînement : j'avais pour cela acheté une coccinelle décapotable grise. Un jour Wenger me dit sans aucun reproche : « José, je t'ai vu hier après-midi, tu as acheté une Porsche ? » J'ai répondu : « Non, non, c'est un copain qui me l'a prêtée. » Pourquoi lui avoir menti ? Même lui a dû se poser la question, vu que j'étais tous les après-midi dans cette voiture. Et puis, un jour, suite à un accrochage, je ne l'ai plus touchée, j'étais trop mal dans ma peau pour conduire l'esprit tranquille un tel bolide et puis... j'avais tellement honte, de moi, du monde, de tout. Mon mal-être je ne le montrais pas, mais avec le recul, ça se voyait tellement que c'était pire pour tout le monde de me voir cacher l'évidence. J'étais au bout d'un rouleau qui, malgré tout, ne cassait pas.

C'était la première fois que j'étais réellement, profondément malheureux et ça allait durer des semaines, des mois, des années...

Mes dirigeants, ces zéros

Un club de foot ne devient un grand club, que s'il est présidé par un grand président, un très grand club qu'avec un très grand président. Jean-Louis Campora est un bon bourgeois, médecin de formation, qui aime les honneurs et sa loge princière au stade Louis II. Jamais je n'ai senti en lui la passion pour ce sport, ni la force qui impose aux joueurs le respect et l'envie de se battre pour leur club. Selon Bez, Campora n'avait pas la carrure et son club ne décollerait pas de sitôt.

Je n'ai qu'un reproche à faire à mes dirigeants monégasques, c'est qu'on n'achète pas aussi cher un joueur sans lui tendre la main si on le sent égaré, sans le rencontrer pour faire le point sur son envie de jouer mais aussi de vivre. Lorsque les dirigeants et le bon président Campora m'ont senti mal, ils n'ont pas eu une réaction d'hommes, non, ils ont eu un réflexe de comptables. Peu importe José Touré l'individu et son devenir, eux ils pensaient seulement : « Il faut arrêter de perdre du fric sur ce numéro. » Ils ont donc fait appel à Jean-Claude Darmon comme médiateur.

Jean-Claude me rencontra, toujours amical, pour me dire : « José, tu leur as tiré trop d'argent, c'est pas honnête, vu ta forme actuelle. Accepte de réviser ton contrat, prends moins de fric, tu te sentiras mieux et eux te laisseront le temps de te remettre. » Jean-Claude avait raison, comme souvent, cet homme a du bon sens. Mais il n'avait pas toutes les cartes en main. Moi non plus d'ailleurs. Lorsque j'en ai parlé à Berquez il m'a dit de n'écouter ni Darmon ni mes remords. « Ils ont signé, ils paieront, tant pis pour eux. » Je crois que Darmon ne pouvait pas saquer Berquez et que pour lui, depuis l'affaire Budzinsky, Claude s'était montré un profiteur qui gérait au plus mal la confiance que je lui avait accordée. J'estimai donc que le dialogue entre eux était impossible et j'oubliai le bon conseil de Jean-Claude. Ce qui lui fit dire à tort, et en public, que j'étais un tricheur. Non, Jean-Claude, mon ami, c'est plus grave : j'étais un looser. Et même toi, avec ta grande gueule, tu n'as rien pu y faire. Campora en tira les conclusions, il fallait virer Touré au premier tournant. Lui qui n'osait pas me regarder dans les yeux, qui refusa de me rencontrer vers la fin de notre collaboration, alors qu'il s'était mis à genoux pour m'acheter, avait peur d'assumer sa décision. Depuis, dans la presse, certains dirigeants ont affirmé que Tapie devrait dégager du foot français, parce qu'il n'est pas digne d'être président d'un grand club à cause de sa moralité. Parmi eux, l'un au moins a alimenté des comptes off shores – le mien à Jersey sur une société la « Toison d'or » n° JT1CB2. Comment peut-on se permettre de donner des leçons de conduite quand on agit hors la loi?

Je vais vous raconter ce que ce mielleux et respectable notable de la belle société monégasque fait d'un joueur blessé dans son âme plus encore que dans sa chair.

Le bon président Campora m'a mis deux détectives aux fesses pour surveiller mon mode de vie. Deux grands discrets, que je reluquais dans mon rétroviseur et dans les montées et les virages de Monte-Carlo, je les semais d'un coup d'accélérateur. Le speedstair disparaissait. Je les attendais, garé, les laissais me dépasser et je les suivais à mon tour. Comment est-ce que je sais que ces deux niais étaient des hommes du président? Simplement parce qu'il avait déjà expérimenté la méthode. Des joueurs, peu importe leurs noms, mais ils témoigneront s'il le faut, me l'ont confirmé à l'époque.

Le président Campora est médecin en titre, pourtant, jamais, il ne s'est senti concerné par ce joueur qu'il avait payé comme une diva et qui visiblement n'était en bonne santé ni morale ni physique. Jamais, ce dirigeant qui a une haute opinion de sa fonction ne s'est sali la main en la tendant à son joueur perdu. Et lorsque Tomatis, un soir, après ma dérive mauricienne, me convoqua, j'allai au rendez-vous sans appréhension. Je voulais cette rupture, je croyais qu'elle me libérerait d'un cauchemar long de deux ans. Tomatis me proposa les conditions de notre séparation. J'acceptai, lui demandant simplement de ne pas verser les 2 millions off shore sur le compte de « Toison d'or ». Tomatis me dit que ce serait difficile, car c'était nos accords, mais que si je passais tel jour avant midi signer une décharge il aviserait. Bien vu le trésorier, il y avait toutes les chances pour que je ne vienne pas dans les temps remplir cette formalité. Dans l'état où tout ça me mettait, j'étais loin de tenir à jour un agenda. Tomatis effectua donc le transfert des deux millions, justement la somme que Berquez me réclamait au titre des bons et loyaux services qu'il m'avait rendus depuis toujours.

Je ne savais pas encore que Berquez avait fait de Tomatis son associé dans des affaires lucratives, ce qui lui assurait la loyauté du trésorier de l'AS Monaco. Mais ça, c'est une autre histoire que vous lirez plus loin. Moi, il me restait à vivre mon destin.

Au fond de moi, je venais de prendre une décision : quitter le foot. Sortir de ce monde qui me décevait tant. Et pour oublier ma passion, je plongeai dans une autre, plus terrible, blanche et mortelle, la cocaïne. Elle devait ne servir qu'à une seule chose, me donner du courage, pour quoi ? Pour fuir. La lâcheté et le mensonge allaient devenir mes deux partenaires d'un itinéraire sans but, où j'allais abîmer tout ce qui restait encore de moi.

José Touré ex-footballeur qui s'était passionné pour le ballon, victime historique et exemplaire du monde impitoyable du foot-business, était décidé à se détruire pour tout oublier. Mon voyage vers l'horreur pouvait commencer.

3. Voyage en enfer

Cocaïne et damnation

« OK, Ettoré, je goûte. » Nous sommes sortis du restaurant et dans son coupé Mercedes, grosse cylindrée, Ettoré a sorti de sa boîte à gants une petite glace. Très doucement, il a tapoté sur son sachet, la poudre a formé un petit tas sur le miroir. Avec son « american express gold » il a fait quatre rails réguliers, longs de quelques centimètres. Il a sorti un Pascal neuf de la liasse de billets de 500 balles qu'il portait toujours dans sa poche portefeuille, il l'a roulé comme une paille. Je lui ai fait signe de commencer. J'avais l'impression d'être au cinéma. Il a sniffé, un rail dans chaque narine. Puis m'a tendu la glace, j'ai sniffé aussi. Mes sinus étaient comme dégagés d'un coup. Le goût au fond de la gorge était amer et j'ai senti des picotements dans mes pommettes. J'étais tout à la fois excité et cool. Ce jour-là, prendre de la coke, c'était un jeu.

La première fois que j'ai décidé de prendre de la cocaïne, c'était à Monaco. À Paris j'avais essayé quelques mois auparavant avec Thierry, un pote de dérive nocturne, ancien grand sportif devenu ersatz mondain ; il soignait ses déceptions à la poudre. Nous étions dans cette boîte à la mode des Halles. On m'en a proposé, j'ai accepté, c'était avant mon départ à Maurice. J'étais passif.

Mais là... c'était les vacances. La saison était finie. Pour moi, dans ma tête, le foot c'était définitivement fini, je ne voulais plus en entendre parler. Je ne voulais d'ailleurs plus entendre parler de quoi que ce soit de ma vie passée.

Avec un pote italien – appelons-le Ettoré – j'allais souvent dîner à Vintimille. Ettoré était bel homme, toujours raffiné, la quarantaine, très classe. Je n'ai jamais su ce qu'il faisait exactement dans la vie. Je m'en moquais. C'était un compagnon agréable, d'humeur égale, courtois et très discret. Je l'appréciais beaucoup sans savoir ce qu'allait me coûter cette rencontre.

La coke j'en avais déjà vu des tas de fois dans mes virées parisiennes. Dans le show-biz, j'avais constaté qu'une belle soirée pouvait s'achever sans fille, mais pas sans un rail de blanche. Dans les lieux et les boîtes à la mode j'avais vu mes acolytes nocturnes, les plus célèbres et les plus respectés, savoir toujours où et comment en trouver. Souvent, ils n'avaient même pas à la solliciter, la livraison arrivait discrètement en même temps que la proposition. Les dealers sont des banquiers qui passent leur nuit guichet ouvert; comme des livreurs de pizzas, ils se déplacent aussi pour les gros clients.

En allant chez des particuliers, j'avais compris que la consommation de la blanche était un vrai rituel. De partout, dans les cuisines, les chambres, les salons ou les terrasses chez les branchés, les friqués, les rails s'alignent. La cocaïne est, chez ces gens-là, un élément de standing. Du style « Viens chez moi il y aura des top-models et de la coke ». Chez ces gens-là, on ne sniffe pas dans les chiottes comme au resto ou dans les boîtes, non, on s'organise un petit cérémonial moins crade, un peu secret. Sniffer ensemble, c'est comme appartenir à la même loge maçonnique ou avoir sauté la même belle fille, ça crée une vraie complicité. Je regardais sans avoir jamais, jusqu'ici, voulu en toucher. Avant que Berquez me lâche, je respectais trop mon corps qui était mon outil de travail et de plaisir, à l'époque où jouer était un plaisir.

Mais là, j'étais libre, plus rien à respecter ou à redouter. Je voulais faire ce dont j'avais envie, même des erreurs. Il fallait enfin que je sois responsable de ma vie, du bon comme du mauvais. Je voulais décider.

L'effet fut immédiat, j'ai eu l'impression d'être un surhomme. Je me suis senti invincible. Cela a duré une partie de la soirée, puis je suis rentré chez moi après avoir resniffé avec Ettoré. J'ai joué de la basse une partie de la nuit, puis je me suis allongé, mais je n'arrivais pas à fermer l'œil. Vers six heures du matin, alors que le jour filtrait derrière mes volets, je me suis pris un de ces blues ! Je me suis mis à pleurer tant je me sentais mal et je me suis juré de ne plus reprendre de cette saloperie de toute ma vie.

Paroles ! Paroles ! je ne savais pas encore qu'un paumé s'épanouit dans l'illusion et se vautre dans le mensonge. Le soir même, je retrouvais Ettoré pour un dîner bien arrosé. Dans l'euphorie, je lui dis que je voulais en acheter. « Vraiment ? Combien tu en veux ? » me répondit-il avec son accent italien. Je ne connaissais rien à la cocaïne, sinon que le gramme est l'unité de base. Je lui jette :

« Je sais pas moi, cinquante grammes.

– Tu en veux cinquante grammes ?! Tu as l'argent ?

– Non, pas ici. » J'ignorais quel était le prix de ce que je demandais. « Bouge pas, je reviens. » J'ai attendu presque deux heures en papotant avec la patronne du resto. De retour, Ettoré, toujours calme et straight, me dit : « Viens on va chez toi. » Dans la voiture, j'étais excité. « Tu as la came ? » Je me prenais pour une sorte de Pablo Escobar sans évaluer les soucis dans lesquels je plongeais, sans prendre conscience du danger qui me guettait.

A notre arrivée à la maison, Ettoré alla dans la cuisine, là, il sortit de son pantalon, sous sa ceinture, un sac en plastique. Dedans, il y avait cinq petits sachets de dix grammes chacun, de la coke en cailloux. Ça faisait une sacrée quantité.

« Mais, Ettoré, ça fait beaucoup.

– Eh, José ! tu m'as dit cinquante grammes, je

t'apporte cinquante grammes. » J'étais trop dans le jeu pour lui reprocher quoi que ce soit. La seule chose dont j'avais envie, c'était de goûter cette putain de came. Ettoré prit un paquet, moi je planquais immédiatement les quatre autres dans la cave, au fond d'un carton rempli de bouquins. Toute cette dope, ça me rendait nerveux.

« File-moi une passoire et une assiette. » À l'aide d'un manche de mortier arrondi, Ettoré broyait les cailloux, la poudre tombait dans l'assiette.

On s'en est mis plein le nez. C'était la folie. J'ouvris une bouteille de mon champagne préféré, Cristal Roderer et je sniffai en buvant. On parlait, on délirait, on refaisait le monde, affalés devant la terrasse, au loin les feux de Monaco scintillaient. « Ettoré, on n'est pas bien, tous les deux, loin du monde? Elle est superbonne. T'es un patron. Dis-moi combien je te dois, tu me connais, je veux te régler, il n'y a pas de problème avec moi. » Ettoré me fixa : « José, je te fais un superprix, c'est un copain à moi qui la vend, et je lui ai dit que c'était pour toi, il adore le ballon. Alors tu fais une bonne affaire, 25 000 francs les cinquante grammes. » J'avais la tronche dans le ciel et je m'en foutais de ce que cela pouvait me coûter.

Le lendemain après-midi Ettoré revint à la maison. J'étais allé à la banque retirer les 25 000 balles, plus 10 000 qu'Ettoré m'avait demandé de lui prêter.

Pendant les quinze jours qui suivirent, je ne vis plus l'ami italien mais je pris conscience que je m'empoisonnais. Je flippais autant pour ma santé que du fait d'avoir cette came chez moi, du coup j'ai jeté aux chiottes la fin du premier paquet. Et je me disais que je rendrais à Ettoré les quatre autres à la première occasion. J'avais peur d'avoir tout ça près de moi. Je devenais complètement parano.

Entre-temps, Raoul Nogues m'a ramené sur la planète foot. Il m'avait convaincu de rejouer et d'aller au Portugal, dans un club modeste, Maritimo, pendant une saison pour me refaire une santé. Cela devait me permettre de reprendre confiance avant de rejoindre un grand du Portugal comme le FC Porto ou Benfica. J'étais OK. L'accueil que m'ont réservé, à Madère, les Portugais, m'a touché. J'avais envie d'apprendre cette belle langue – que parlent les Brésiliens – et peut-être aussi de rejouer au foot.

Un peu forcé par la gentillesse locale j'ai signé – trop vite – un contrat d'un an chez eux. Puis je suis rentré avec Raoul en avion à Monaco. Déjà, pendant le vol, je me posais des questions. À l'atterrissage, je n'ai rien dit. Mais je savais et j'étais le seul à savoir que je n'avais pas envie de rejouer tant que je n'aurais pas réglé mes affaires avec Berquez.

Je n'avais dit à personne que Claude m'avait trahi, je n'avais jamais parlé à quiconque du fric off shore, j'avais honte pour lui, pour moi, pour nous. Ni ma famille ni mes amis n'étaient au courant. Je ne voulais m'ouvrir à personne.

Rentrer chez moi à Nantes, retrouver ma femme et ma fille, aller à Blois dans la maison où vivait ma mère, auraient été les bons choix. J'en étais malheureusement incapable. Dépressif à souhait, muré dans mon silence et voyant mon avenir comme une impasse, je me suis enfermé dans mon musée.

J'ai fouillé dans mon carton de livres, pas pour trouver de la lecture, non, pour la fuite. Je suis devenu un forçat de la coke. Je cassais des cailloux jour et nuit, je les réduisais en poudre et je me les enfilais dans le pif, jusqu'à ce que mes sinus crient temps mort. Par faiblesse, je replongeais, pensant que l'on m'oubliait. Je rêvais de m'oublier moi-même. Je ne m'aimais plus guère, chaque jour un peu moins et finalement plus du tout. C'est allé très vite. Mon « Château de la mer » devenait quotidiennement, un peu plus, mon sanctuaire, un lieu où je préparais de manière méthodique ma damnation. Ne plus jamais entrevoir le moindre espoir, et avoir ainsi toutes les raisons de détruire cet enfoiré que je devenais.

Naufrage à Saint-Tropez

Ce qui devait arriver arriva, je me suis mis à détester mon sanctuaire. Je ne supportais plus la beauté ni le calme de cette maison. J'avais confusément besoin d'ambiance plus glauque et de mise en scène de ma dérive. Pour qu'on me déteste autant que je le faisais entre deux cérémonies à la blanche, encore fallait-il qu'on assiste à ma déchéance.

De l'arrière-pays cannois, mes amis Florent Pagny et Vanessa Paradis m'avaient téléphoné. Ils étaient là au calme, avant de rejoindre leur lieu de vacances, une maison dans un coin tranquille à Saint-Tropez. Je suis allé les voir à côté de Cannes. Puis je les ai rejoints à Saint-Tropez. J'allais m'échouer là trois mois, dans un rituel qui tenterait de détruire tout chemin de retour à ma vie antérieure.

Certains vont prier à Jérusalem, d'autres marchent jusqu'à Saint-Jacques-de-Compostelle, moi, je partais en pèlerinage à Saint-Tropez, mais j'avais rendez-vous en enfer, bien décidé d'y brûler toutes mes forces pour je ne sais quelle raison. Depuis belle lurette il n'y avait plus de but dans ma vie.

Pendant ces trois mois, seuls les autres essayaient de me rappeler sans succès qui j'étais : c'était le dernier de mes soucis. Ou peut-être le premier, d'où la complète décadence dans laquelle je décidais de me complaire. Saint-Tropez, quel pied ! Je jubilais. J'ai l'air rêveur, mais parfois je suis très clair, à Saint-Trop je suis même devenu vicieux, j'avais l'œil allumé et amusé, je n'avais jamais vu autant de loosers, de paumés et d'égarés au mètre carré. Ils venaient du monde entier pour s'enivrer du vide ambiant. L'idéal pour un type comme moi qui cherchait à se bousiller. Ce contexte me convenait parfaitement, là je pouvais me foutre de ce que je faisais et me foutre aussi de tous ces gens sans intérêt.

Malheureusement, chez Florent et Vanessa, je n'étais pas à la bonne adresse. Une petite bande de potes sympa, musicos et artistes vivaient là. Tout se passait dans une parfaite harmonie, en présence des parents de Vanessa, Dédé, son père, hypercool et ouvert, et sa mère Corinne, adorable.

La propriété était sur la route du cap Camarat sur les hauteurs qui précèdent Saint-Tropez ; le soir, les dîners se prenaient en famille au bord de la piscine, après, on poussait la chansonnette. Les parties de pétanque préparaient l'apéro. Je n'avais rien à faire là. Ce n'était pas mon trip, je voulais m'oublier, m'évader, ne plus rien ressentir de normal et je me retrouvais dans ce cocon de simplicité. Très vite, je n'ai plus suivi le rythme de cette douce communauté. Je rentrais le matin à six heures, bourré et défoncé, dans ma Porsche de location. J'avais déjà décidé d'aller me faire voir ailleurs lorsque Florent m'attrapa un matin.

« Jo, tu devrais arrêter de te lâcher et revenir sur terre, ça te ferait du bien. De toute façon ici t'es pas dans le trip...

– OK je me casse, allez vous faire niquer. »

Je m'installai le cœur déchiré, mais l'ironie aux lèvres, chez Philippe Corti, mon pote DJ star cet été 1990 à Saint-Trop. Il partageait avec Denis Charvey – le rugbyman –, un pote lui aussi, une villa à l'entrée de la ville, plus près des hostilités nocturnes. Eux vivaient en célibataires, noctambules. Corti enflammait la boîte le Papagayo tous les soirs, et même les seaux à champagne qui volaient et les magnums que les barjes vidaient en arrosant les danseurs ne pouvaient éteindre la fièvre que Philippe créait derrière les platines. Bien sûr, mes potes me voyaient partir en couilles, mais ils ne savaient pas comment me le faire comprendre. De toute façon il n'y avait rien à faire et je l'avais dit à la cantonade : « Personne n'y peut rien, c'est la première fois que je me sens aussi libre. Alors je fais ce que j'ai envie, un point c'est tout. Obligeman ! » Je disjonctais grave. Même mon vocabulaire était fondu par la drogue.

Je ne voulais rendre de comptes à personne. J'absorbais quotidiennement mon amertume et tous les produits toxiques possibles avec délice. Mes journées commençaient à dix-neuf heures. Je ne dînais pas. Je n'aimais pas tous ces restaurants pleins de blaireaux friqués et de jeunes cons à la mode. Je partais en Harley pour la nuit. Sur mon gros cube superbe j'étais libre, je l'avais acheté à un barman, un sac poubelle plein de Pascal, une dizaine de briques – environ 100 000 francs – je crois. Je ne comptais plus à cette époque. Je m'habillais toujours en noir, jean déchiré, santiags serpent et tee-shirt ou débardeur, bandana autour du cou ou sur le front, comme les pirates déjantés de Miami. J'avais une petite amie officielle M., elle était mariée à un pauvre type sympa et pas lumineux, membre d'une famille du Sentier, riche et puissante à Saint-Trop. Elle avait deux gosses, et pas grand-chose dans le citron puisqu'elle quittait sa famille pour un mec dans mon état, mais elle était gentille. J'ai toujours eu le chic pour dégotter des filles très Mère Teresa qui supportaient tout de moi, même l'insupportable, et que je finissais par piétiner, pour qu'elles me détestent mieux et se décident, enfin, à me jeter. Mais j'avais aussi une copine américaine, Shirley, je l'avais rencontrée au café Roma sur Melrose à Los Angeles, plusieurs années avant, et par hasard je l'avais retrouvée à la Voile Rouge, mon quartier de jour sur la plage. Aux States il ne s'était rien passé entre nous. Mais là, je n'ai eu aucun mal à ne pas lui résister. Cette fille d'un mètre soixante-quinze, aux yeux bleus, aux taches de rousseur était une superbe plante. J'adorais ses cheveux mi-longs auburn et j'avais un vrai faible pour ses gros seins lourds et dorés. Nos retrouvailles furent profondes, c'est le mot. Nous flirtions ensemble discrètement, je ne voulais pas d'embrouille avec M. qui me récupérait souvent cassé en fin de nuit, et me consolait au réveil.

Ma balade préférée, avec Shirley, m'emmenait dans une crique après la plage de l'Escalet, au coucher du soleil. Je garais la moto près des rochers. Et on se baignait nus dans l'eau chaude et claire. J'aimais ce sentiment d'être seuls au monde. Ce moment naturel me lavait de toutes les salissures accumulées la nuit précédente. Ensuite je la ramenais chez elle. Je m'arrêtais rarement, mais lorsque c'était le cas, c'était pour boire un peu de champagne et lui faire un enfant. Ensuite, je rentrais à la maison.

J'étais bien, Corti et Charvey étaient déjà sortis dîner. J'étais seul. Je mettais la musique à fond, je m'alignais méticuleusement quelques rails sur la table. Je me préparais trois ou quatre cigarettes remplies de coke. C'était mon truc préféré, je les fumais plus tard dans la nuit en public comme une clope normale. J'allais et venais en sniffant une ligne à chaque passage devant la table. Je passais sous la douche et j'y restais vingt minutes.

Voilà où j'en étais. Je ne me rendais plus compte de rien. Plus tard, j'arrivais au Pirate déjà défoncé et parfois un peu bourré. L'endroit me gavait, je n'y restais pas longtemps. Plein de jeunes cons. Mais au début, c'est là que je rencontrais mes dealers. Ils commençaient eux aussi leur nuit en approvisionnant tous les jeunes gens de bonne famille qui se réunissaient pour chanter dans cette boîte style « Karaoke ». Parfois, avec leurs parents qui ne voyaient même pas leurs gosses se déchirer. Il faut dire que les parents, eux, se bourraient d'alcool en se tordant de rire de voir leur progéniture sur scène chantant de grands succès.

Mes dealers et moi, c'était l'amour fou. Donc la confiance s'est installée. Ils avaient la dope, j'étais plein de fric. D'abord les transactions eurent lieu soit au Pirate soit devant le Papagayo de la main à la main. Un sachet contre des billets, je prenais un ou deux grammes, c'était discret et vite fait. Ensuite, cette quantité ne suffit plus à ma consommation journalière, et je préférai avoir mon stock à moi pour ne plus dépendre d'eux. Mon dealer attitré me retrouvait alors sur la place des Lices dans un bar dont j'ai oublié le nom. Là, je lui remettais une enveloppe bourrée de gros billets – entre 3 ou 5 000 balles selon les jours – lui, me donnait un magazine enroulé où était glissée la marchandise. Je suis devenu un des meilleurs clients de cet enfoiré, on a sympathisé. J'aimais sa came parce qu'il ne la coupait pas trop, elle était bonne. On la jouait à la *Scarface*. Au lieu de s'exposer, on se retrouvait face au « Gayo » – le Papagayo en langage tropézien – puis on se suivait, chacun sur sa Harley. Il m'emmenait dans un endroit en plein centre ville. On entrait dans une vieille maison apparemment inhabitée. Je le suivais dans une cave où il y avait un placard en Formica blanc, il le déplaçait, et dans une cache il avait de quoi tenir des nuits et des jours... Quand j'en prenais beaucoup, il sortait sa balance. Il me faisait goûter à même son gros sac. Je mouillais l'index, le trempais dans la blanche, et je le frottais contre ma gencive supérieure, puis je passais le bout de ma langue pour la goûter. C'est comme ça que les connaisseurs dégustent cette merde. Pendant qu'il pesait, je sentais l'adrénaline monter, l'excitation et la peur, le désir aussi de me la faire cette pute, je la voulais, c'était fort donc c'était bon. Je ressortais la dose contre la peau, plus speedé que jamais. Je partais invariablement tout droit vers les caves du Roy sous le Byblos, rejoindre Denis Charvey et la bande à Barclay. Là, il y avait des copains sympa, dans le carré royal, sous l'œil attentif et accueillant de Jacqueline Veyssière. Autour, la foule suait en dansant, et des pétasses montraient leurs seins espérant trouver un client pour finir la nuit.

L'endroit le plus hot c'était le Gayo, mêmes pétasses aux mêmes desseins, mais l'ami Corti savait y faire. Moi, je passais ma nuit dans les toilettes à m'envoyer des lignes. Vers cinq heures, je partais au Bal, l'endroit des fêtards disjonctés, un cocktail malsain et fun où une autre dope, l'ecstasy, rendait dingues d'autres pétasses – elles pullulent à Saint-Tropez – des homos déchaînés, et quelques jolies filles très allumées.

Le jour s'était levé sur le port lorsque j'échouais sur les sofas trop mous des caves voûtées de l'Esquinade pour un dernier rail vers sept heures, avant de m'arrêter au

Gorille sur le port et de manger une omelette. Je prenais alors mon premier repas depuis le déjeuner de la veille. Les matins de grande forme : bains de huit heures avant la foule. Mais la plupart du temps, je m'affalais, fracassé, n'importe où. Et je rentrais chez moi vers treize heures après un réveil infernal où je me demandais où j'étais et qui j'étais.

Toutes les nuits le même parcours, le même manège, je ne comptais plus sur rien, ni sur personne, surtout pas sur moi. J'avais la tête éclatée par six-huit heures de décibels plein pot, par les innombrables vodka-tonic, les coupes de champ, et les rails bien épais qui m'entraînaient vers le rien absolu.

Les bons jours, j'allais, à l'heure de la sieste, m'allonger à la Voile Rouge. Paul, le patron, m'y accueillait bien ; il a l'intelligence de tout voir, de le faire comprendre et de ne rien dire. La Voile, c'était mon refuge, j'y étais clean. On y boit les meilleurs cocktails préparés par Luigi, le disc-jockey, folle qui transforme cette bande de sable en boîte de jour. Je déjeunais là avec Johnny ou Eddie Barclay ou personne. C'était mon oasis avant la nuit.

Les jours de déprime, deux sur trois, puis quatre sur cinq, je restais scotché à la villa et j'écrivais des feuilles où je couchais mes pleurs, mes cris, mon désespoir de ne pas être fort, de m'être fait « niquer » – comme je dis. Mon cerveau suintait un jus bizarre où les accents de sincérité se mélangeaient avec n'importe quoi. Je me disais que Baudelaire, Rimbaud et tous les grands poètes ou artistes étaient des drogués. J'arrivais encore à me rassurer. Je me prenais encore pour quelqu'un d'autre.

Saint-Tropez est aussi un monde fermé, de parties qui font fantasmer, où le blaireau, pauvre ou friqué, n'a pas accès. Pour y être invité il faut posséder un sésame. Moi, j'étais Touré et, si le maître des lieux ne me connaissait pas, il y avait toujours une bonne âme pour m'emmener.

Je me souviens d'une soirée Flamenco sur les hauts

de Ramatuelle donnée par Marisa Berenson. Charvey m'accompagnait, la Berenson elle-même accueillait ses invités vêtue de son habit de taffetas. La faune de cette soirée me fit rire intérieurement; je me suis dit – assez cynique – que dans ce monde de tarés, en forçant un peu, je deviendrais le roi. La maison était somptueuse, je n'ai pas osé visiter l'intérieur, puisque la partie se déroulait dans le parc – d'ailleurs j'en avais rien à faire – mais le lieu était divinement situé, dominant la baie du cap Camarat, et avec vue sur les lumières du village de Ramatuelle. J'étais, bien sûr, cassé. Et je trouvais tous les gens surfaits, personne ne s'amusait, aucun sourire. Tous habillés proprets, abonnés au chic impersonnel. J'étais près du buffet lorsqu'un type bronzé, style fin de race, est venu me demander de lui servir à boire. Je l'ai regardé comme s'il était transparent et, sans un mot, je suis parti. J'ai fait démarrer la moto et je me suis évanoui dans la nuit.

De temps en temps j'aimais bien aller chez Eddie Barclay, pas parce que sa maison était superbe, mais parce que lui et Caroline, sa femme, savent et aiment recevoir avec beaucoup de simplicité.

Un après-midi, je me rendais chez eux en moto, à fond, lorsqu'une patrouille de police m'intercepte. Soi-disant parce que je n'avais pas de casque, mais à Saint-Trop, personne n'en met. Ils m'ont reconnu, j'ai dit que j'allais chez Barclay, ils ont été sympa, ils n'ont pas insisté. Au moment où je les remerciais et m'apprêtais à repartir, une vieille Diane bleue s'arrêta à notre hauteur, Johnny – Hallyday – passa la tête par la fenêtre : « José, t'as un problème? », je rigolais en voyant la tête des gentils policiers ébahis. « Non, merci, Jojo, tout va bien, je vais chez Eddie. » Je trouve que Johnny est un type particulier, c'est une star au grand cœur. Une vraie légende et il ne se prend pas au sérieux.

Chez Barclay, le déjeuner est à quinze heures, servi sous une tente d'été élevée presque à la pointe du jardin. La maison est toute blanche. Dans le grand living où j'allais lire les magazines ou parler avec les amis, tout est blanc, les canapés autour d'une immense table basse débordent de photos souvenirs de la vie incroyable d'Eddie. Je passais parfois une tête dans l'immense cuisine équipée comme celle d'un grand restaurant géré par un chef cuisinier qui nous régalait de ses inventions. Autour d'un patio, les chambres d'amis et une allée où des étoiles encastrées dans la pierre – comme à Hollywood – célèbrent les noms des stars potes d'Eddie, grands jazzmen et autres. Au centre, la piscine, débordant toujours de naïades accueillantes. Je crois que j'ai vécu là mes rares moments de répit et de bien-être tropéziens.

J'ai donc fini par ne plus aller chez Barclay parce que je ne voulais pas être bien. J'avais aussi quitté la maison de Charvey et Corti avant qu'elle soit mise sous scellés par la brigade des stups pour une affaire de trafic d'ecstasy. Je m'étais installé chez des amis parisiens, dans une des plus belles maisons que j'ai vues sur la presqu'île, un vrai morceau de Provence authentique, dans un parc planté d'oliviers sur un gazon épais. Mais je dormais n'importe où, je sortais tous les soirs et je n'étais pas toujours capable de rentrer le matin. Mes hôtes du superbe mas ne se doutaient pas à quel point j'étais devenu accro à la coke. J'avais les sinus en sang. À cette époque, je sniffais des doses de fou, j'ai dû monter à cinq grammes par jour. Je continuais à damner mon âme et à détruire mon corps dans une extase désespérante.

Sauvetages et perdition

Mon naufrage devenait de plus en plus voyant. Ma famille et mes amis avaient des échos de mes excès. J'étais complètement à la masse. Je dépensais sans compter. Je pleurais et je m'apitoyais sur mon sort. Je hurlais ma fureur contre les escrocs et ma lâcheté. J'étalais ma frustration amère vis-à-vis d'un monde dont je m'excluais en étant nul, égoïste et destructeur.

Ma mère, morte d'inquiétude, tenta le premier repêchage. Elle débarqua à l'improviste à la Voile Rouge. J'étais à table. Je me levai comme un diable, surpris et révolté qu'elle ose me surprendre là où elle n'avait rien à faire. Je l'ai envoyée balader en lui criant que j'avais banni ma famille, que je ne voulais plus voir personne. J'étais devenu d'une agressivité extrême, pas beau à voir, horrible à entendre.

Accablée par ce spectacle, elle repartit.

Puis ce fut au tour de mon père, il était descendu chez son ami, tropézien de souche, Marcel Aubour – ancien goal de l'équipe de France – propriétaire de l'hôtel de Paris à l'entrée de la ville. Bako était avec Mok et Jean, deux amis fidèles. Marcel tentait d'organiser ma sortie de l'enfer. Il avait présenté deux de mes copines proches à mon père. Il leur avait expliqué qu'il fallait que je rentre chez moi pour me soigner, que je devais quitter ce village décadent où je me perdais. Il leur a fait voir des produits rapportés d'Afrique pour m'exorciser, pour me « marabouter », il pleurait en disant ça; il implorait leur assistance.

Plus tard, beaucoup plus tard, elles m'ont raconté ça en riant, non pas qu'elles se moquaient de la peine de mon père, mais les gris-gris de marabout, ça fait rire ceux qui ne connaissent ni l'Afrique ni les Africains.

Elles ont donc organisé un déjeuner en mer sur le yatch d'un ami afin que mon père puisse m'approcher et me faire ingurgiter ses potions. Mon père, je l'ai découvert, seul. Il était à la terrasse de l'hôtel de Paris discutant avec Marcel lorsque je l'ai aperçu. Il a tourné la tête et il m'a vu chevauchant mon monstre chromé, vêtu comme un « bad boy », tout en noir, bandana sur la tête. Ce jour-là il a vu le fantôme de son fils.

Sur le seize mètres, avec capitaine et équipage dégotté par les filles, mon père et ses deux amis étaient mal à l'aise, impressionnés par le luxe du yatch en acajou et surpris par mon détachement. Je les avais embrassés comme si de rien n'était, comme si on s'était vus la veille, j'étais juste froid et insaisissable. J'ai très peu mangé les plats préparés secrètement avec les mixtures africaines paternelles. Nous nous sommes ancrés derrière la pointe du phare du cap Camarat. Farid Chopel et sa compagne étaient de l'escapade, chargés d'arrondir les angles. Farid est un garçon intelligent, il joua le rôle de médiateur afin que la situation soit supportable pour tous. Cet après-midi-là, il ne se passa rien; j'évitai toute discussion sérieuse. Le soir, après la balade, il était convenu que nous devions dîner chez mes hôtes parisiens, de plus en plus inquiets sur mon état; ils étaient dans le coup du sauvetage. Je sentais la pression. Et la vision de mon père embarrassé ne me donnait nullement envie d'interrompre ma descente infernale. La journée balnéaire fut harmonieuse. Le soir fut explosif.

Le champagne, sur la terrasse devant la piscine illuminée, et les feuillages argent des oliviers ne calmaient pas mon frénétique besoin de me droguer toutes les cinq ou dix minutes. Je me souviens de la différence entre l'atmosphère paisible de ce dîner, et mon paysage intérieur dévasté. La vue sur l'horizon brumeux et doré par le coucher du soleil était reposante. La grande table avait été dressée avec des bougies, pour un couscous préparé par la cuisinière marocaine de la maison. L'ambiance semblait décontractée, avec un Farid très en forme. Mais moi, je flippais. Je me levai plusieurs fois au cours du dîner pour sniffer, en tremblant, dans ma chambre. J'étais obligé de me recharger les accus avec cette saloperie de coke.

Je n'avais plus dormi une seule nuit depuis des semaines, et la présence de mon père encombrait ma tête de souvenirs douloureux. La dope me servait – soi-disant – à surmonter mes angoisses et à regonfler mes pauvres forces anéanties de fatigue et de faiblesse. « Le café servi », je partis me refaire une ligne en solitaire. En ressortant de ma chambre je tombai sur mon père dans le salon. Il avait décidé de me parler, je le lisais dans son regard. Tout le monde était sur la terrasse. Nous étions là, face à face, comme pour un duel, prêts à dégainer nos arguments. C'est du moins la vision que la cocaïne me donnait des choses. En fait mon père cherchait plutôt ses mots pour éviter que je me lance. Peine perdue, j'étais à fleur de peau. Les nerfs à vif, je lui crachai ma révolte. À sa diplomatie, hésitante mais pleine d'amour, je répondis après un court silence : « Tu sais papa, j'en ai rien à foutre de ce que tu dis. J'en ai plus rien à foutre de la famille. Berquez n'a qu'à crever avec mon fric! Trop tard, je te dis! Fallait être là avant. » Plus il essayait de me raisonner, plus mes paroles devenaient dures. Le ton montait. En plein dialogue, je suis reparti aux toilettes pour me remplir le pif afin de me sentir fort comme l'homme invisible et invincible. Je me voulais dur et indestructible, pas pour me battre ou répliquer, mais pour avoir la force de m'échapper. Je suis revenu face à lui, le regard injecté de sang, les sinus enflammés, la haine débordant de ma bouche : « La famille, parlons-en de la famille, je l'emmerde. De quel droit tu viens ici me parler? Qui tu es? Repars d'où tu viens, il y a longtemps que tu n'existes plus pour moi! »

Dehors, les invités gênés ne pouvaient qu'entendre mes vociférations. J'ai pris mon blouson, laissant mon père cloué par mes mots et je suis parti en moto. Restait, derrière moi, une traînée de folle amertume presque palpable.

Mon père est reparti le soir même, je n'ai plus eu de nouvelles de lui pendant des mois.

Cette nuit-là, je l'ai finie couché dans les larmes et le vomi, dans un coin, seul comme un chien malade, seul comme une ordure, adossé aux poubelles.

Dans cette course folle en solo, je voulais détruire aussi tous les gens que j'aimais profondément pour mieux me détester en regardant ma gueule dans la glace. La cocaïne était devenue ma maîtresse. J'étais aigri et impitoyable, à cause d'elle, vis-à-vis de moi et de tout ce qui me touchait. Elle m'obsédait. Je refusais une évidence, une vérité : la trahison à laquelle j'avais participé et qui n'avait qu'une victime : moi. Je me foutais du blé, j'étais malade de l'amour perdu. J'étais orphelin de père pour la seconde fois. C'était trop.

Pourtant, les bonnes âmes veillaient. Bernard Pardo, un vrai mec celui-là, a tout tenté pour qu'on ne me fournisse plus, il a des amis partout, dans le milieu aussi, des relations d'enfance. Il a tenté de faire le vide autour de moi. À cette époque, les on-dit me présentaient comme un héros desesperado local. On prétendait que j'en étais à plus de cent briques – un million de francs – de dépenses en conneries. Faux! Ma saison en enfer m'a coûté moins de cinquante plaques. Mais je m'en foutais d'être le sujet de folles rumeurs, dans cette faune glauque, je m'intégrais bien, j'avais même l'impression de m'y fondre parfaitement.

Un soir, pourtant, au Gayo, deux types s'approchèrent de moi. Quelques minutes avant, un serveur m'avait prévenu : « Il y a deux flics des stups au bar derrière toi, fais gaffe. » Depuis quelques jours le Gayo était sous haute surveillance. Quelques soirs plus tôt, une descente avec des chiens et tout le bastringue avait provoqué un embouteillage et une bousculade aux chiottes, où des paquets de poudre et autres saletés avaient rejoint des merdes plus naturelles que ces cochonneries. Les deux types m'ont approché, ils avaient l'air désolé. Nous étions accoudés au bar, je me penchais vers eux pour écouter ce qu'ils me disaient à cause de la musique. « Tu devrais rentrer chez toi. Ici, les dealers vont te bouffer. On sait, tu es malheureux, mais tu es quelqu'un de bien. Un grand joueur comme toi n'a rien à faire toutes les nuits ici. Rentre chez toi tranquillement et règle tes problèmes. Tu perds ton temps. Ça ne vaut pas le coup. » J'étais étonné par leur discours. Ils étaient cool, ils parlaient discrètement bien sûr. Je leur ai menti : « Ça y est, j'ai arrêté la coke et je pars bientôt, ne vous inquiétez pas; c'est fini pour moi. Cette sale période est derrière moi. » Je ne sais s'ils étaient sceptiques, ils m'ont répondu : « Le plus vite sera le mieux, pars et arrête tout ça. »

J'en pouvais plus des groupies se pavanant devant moi parce qu'elles me croyaient bourré de fric, alors que j'étais bourré tout court, ni de tout ce monde. J'avais eu pendant des semaines l'impression d'avoir une cour, ou plutôt d'être devenu le prince d'une cour des miracles. Je les haïssais tous parce que je ne pouvais pas me passer d'eux, ma seconde dope, c'était la foule. Plus il y avait de monde autour de moi, plus je me sentais seul. J'étais accro à cette douleur-là.

Je ne parlais plus, je mentais. Je ne respirais plus, je sniffais. Je n'écoutais plus, j'étais sourd à force de décibels nocturnes. Je ne buvais plus, j'absorbais. Je ne me nourrissais plus, j'avalais pour mieux dégueuler. Je ne rêvais plus, je délirais. Je ne dormais plus, je cauchemardais. Je ne vivais plus, je m'usais.

Septembre, l'été indien montrait son nez. La saison finissait. Je ne sortais plus que le soir dans les boîtes désertes. Tous les jours, dans la villa vide de mes amis, j'écrivais mes pensées profondes de pauvre déchiré. La coke ne me transportait plus. J'en achetais moins, j'en consommais moins, mais encore trop.

Mon oncle Alain – le frère de ma mère – pour qui j'ai une grande affection est venu d'Uzès avec ma cousine Marjorie, pour me ramener à la raison et à la maison. Je n'étais pas prêt. J'ai refusé.

Le déclic a été provoqué par deux footballeurs. Jean Tigana et William Ayache. Accompagnés de leur femme, ils m'ont surpris un soir dans la villa où je me cloîtrais de plus en plus. J'étais affalé sur les canapés du coin télé, je lisais *Le Grand Meaulnes*, le pif toujours plein de coke. Dans ce livre, je recherchais les sensations perdues de mes premières amours, d'une jeunesse qui me semblait si loin. J'avais vingt-neuf ans, je me sentais si vieux. La bonne m'avertit de leur arrivée. Je n'ai pas manifesté d'émotion, même si au fond de moi ça me faisait plaisir. Nous nous sommes embrassés. J'ai lu l'inquiétude dans les regards. En même temps, le fait de ne pas me voir extrêmement abîmé avait l'air de les rassurer. Le visage très inquiet, William m'observait, moi, son pote de promotion, sans trop parler. Je ne l'avais pas habitué, Willy, à baisser ainsi les bras, à manquer à ce point de fierté. En le regardant, sans jamais croiser ses yeux – à cette époque je ne regardais personne en face – j'imaginais tout ce à quoi William devait penser. Jeannot, plus naturel et plus direct, parla le premier. Je ne me souviens plus des mots. En gros, il me disait de réaliser qu'il fallait rentrer chez moi, reprendre ma vie en main pour récupérer ce que me devait Berquez. Ils ne sont pas restés longtemps. Je les ai rassurés en leur disant que c'était d'accord : j'allais rentrer mais il me fallait encore quelques jours pour réfléchir, dans cette maison, seul et tranquille.

À partir de cette visite, je ne suis plus sorti dans Saint-Tropez. Ce fut le dernier soir où je pris de la coke, puisque le lendemain j'ai jeté dans la cuvette des toilettes au moins trente grammes de poudre. Et je me suis dit que j'allais rentrer. Le fait d'avoir revu mes deux amis m'avait permis de faire ce geste de dégoût. La drogue c'est de la merde, elle doit finir au même endroit.

J'ai écrit, écrit des pages de haine et d'aigreur. Ma plume tranchait dans le vif d'élucubrations désordonnées mais pas si bêtes. J'écrivais des poèmes de perdant et de déçu, mes rimes s'accordaient avec déprime. Et puis j'ai commencé à avoir peur de tout. De sortir, de bouger, de partir, j'étais là, cloué et enfermé. Incapable de vivre l'action. Un soir, en catastrophe, avec des larmes de douleur et de désespoir, j'ai appelé mes amis Jean et Annie Galvanie à Toulouse. Je les ai suppliés de venir me chercher.

Ainsi finissait mon calvaire à Saint-Tropez.

Bordeaux : suicide ou châtiment

Sauvé des eaux. C'est un vrai repêchage que Jean Galvanie et Jean-Marc Géry réaliseront en venant me récupérer dans les abysses de la drogue. J'étais réellement devant le fantôme de moi-même. Prisonnier des griffes de la cocaïne, je pleurais, je tremblais, j'étais terrorisé et accablé d'épuisement. Je m'abandonnais à eux, soulagé, dès leur arrivée. J'étais comme un bébé, incapable de vivre, de marcher ou de décider quoi que ce soit seul. Je venais de stopper aux rives de la folie, prêt à plonger dans la névrose profonde et le délire permanent. Un sursaut de lucidité, le courage de crier à l'aide, m'ont permis de me jeter dans leurs bras. C'est une loque humaine qui a quitté Saint-Tropez pour Toulouse.

Maintenant, ne me demandez plus de dates ou de précisions de cette sorte. Mon esprit a oublié – veut oublier – le déroulement et les détails de cette période où je vivais entre la réalité et le délire, où mes mots et mes gestes oscillaient entre la raison et la folie. Je continuais mon incroyable travail de sape. Je faisais tout pour me rendre haïssable, je ne désirais qu'une chose, qu'on me déteste, qu'on me rejette. Je voulais m'écœurer au maximum du dégoût de moi-même. Je rêvais d'être le martyr absolu de la farce commencée par d'autres et continuée par moi, contre moi-même. Je n'agissais que pour me dévaloriser. Plus j'étais minable et veule, plus mon égoïsme s'épanouissait dans l'absolu négatif. Mon cerveau lui-même ne savait plus, j'affirmais une chose en y croyant et, quelques instants plus tard, je faisais le contraire en oubliant la décision précédente. Je racontais que j'allais mieux, que j'allais réagir et rencontrer Berquez pour assumer la situation et prendre en main mes affaires. Mais ces mots n'étaient ni mes décisions ni des mensonges, ils étaient le reflet de ce que les autres voulaient entendre, je leur faisais plaisir pour qu'ils me lâchent. En fait, j'étais en conflit total avec moi-même. José avait décidé de tuer la bête immonde en lui, ce Touré faible et célèbre, honoré et peureux, qui nous avait amenés – lui et moi, moi et lui – à la ruine par faiblesse et facilité.

José avait décidé de mettre plus bas que terre cet indigne personnage qui avait tout raté. C'est Touré qui avait été trahi, c'est Touré qui avait trahi le bonheur promis. José n'était que l'élu du Macadam Football, le jeune sympa et pas fier qui avait tout donné au ballon au nom de l'amitié. Plus tard, c'était à Touré d'assumer la célébrité et les honneurs. C'est lui qui avait attiré les chacals du foot-business. C'est lui qui, lâchement, avait laissé son destin se briser en l'abandonnant à des mains sales.

Le pur gamin du soleil voulait la mort de cette vedette puante que la corruption systématique du foot-business avait dépouillée. Il fallait exorciser ce pacte avec le diable. Il fallait à jamais damner cette image trompeuse. Il fallait faire subir à l'homme trop gâté – devenu pourri – le châtiment définitif.

À cette époque et depuis lors, je ne suis redevenu le chevalier de ma vérité qu'en organisant le malaise, qu'en répandant le malheur, qu'en détruisant tout, pour que le chaos ambiant m'absorbe. Je n'étais vrai que dans ces crises violentes. Je voulais, comme un serpent, opérer une mue; je désirais, plus que tout, disparaître pour renaître sans les stigmates de ma gloire : le mensonge, la honte et la déchéance. J'étais enfermé dans le labyrinthe de l'horreur et de la peine.

Apparemment remis, je quittai Toulouse et les Galvanie pour m'installer à Bordeaux chez d'autres proches, sensibles et fidèles, les Audebert. Nous étions devenus amis à mon époque girondine. Lui, gynécologue renommé, elle, femme de cœur et d'esprit, m'avaient fait découvrir chez les bourgeois bordelais, si critiqués, les vraies valeurs du respect de l'autre, une culture qui m'impressionna sans m'écraser, une disponibilité qui me rassura, moi, sans cesse assoiffé des liens affectifs profonds. Je les considère toujours comme des amis – rares et réels – qui m'ont plus donné que je ne leur ai apporté, et qui sont, dans mes périodes d'analyse lucide, mes modèles, l'exemple pour moi de ce à quoi une personne équilibrée peut tendre.

Dans leur belle maison, malgré un climat de sympathie et un accueil familial, j'étais toujours torturé par mes démons. Le cirque habituel commença, grandes déclarations à tous les dieux du ciel, grandes supplications ponctuées d'accents de révolte. Je me sentais si seul et désabusé, j'avais mal d'avoir arrêté la coke, mal dans ma tête. Un grand blues m'oppressait. Je suis sorti dans le jardin sous la pluie. Je chantais avec la musique à fond. Et je me suis jeté dans la piscine en jean et en baskets, torse nu. Puis, en sortant, j'ai commencé à escalader la façade. Le destin me prit par la main et me laissa tomber sur la verrière de la chambre des Audebert, que je traversais me coupant très profondément au bras droit. Évelyne Audebert entendit le bruit du verre. Je lui dois la vie, sa rapidité à appeler les secours m'a sauvé.

J'ai failli mourir là, dans une mare de sang, choqué par la chute, ivre d'alcool et paralysé par l'odeur de mon propre sang que je perdais abondamment. J'ai senti la mort me caresser. Heureusement le CHR de Bordeaux était tout proche. À l'hôpital on me transfusa des litres de sang. J'ai le souvenir d'un flou, d'un vague sentiment de grande faiblesse, presque de libération et puis une idée m'empêcha de m'évanouir : « Dis, tu vas pas crever, pas comme ça, pas maintenant. Dis, tu va pas mourir. » Blouses blanches, gestes précis, électrochocs pour me faire émerger, l'efficacité du personnel de l'hôpital de Bordeaux fit le reste. Les médecins allaient me sauver la vie et mon bras tailladé jusqu'à l'os.

Dans les journaux, la nouvelle de cet événement fut pimentée d'une interrogation : suicide ou accident? Il faut bien vendre du papier. La vérité est la glissade, tout simplement.

Je ne suis pas du style à me suicider. Je m'aime trop, je suis aussi trop peureux, mon goût du théâtre me pousse vers d'autres fins. D'ailleurs, à cette période, le suicide était une issue trop douce pour celui qui, depuis des semaines déjà, avait décidé de vivre sa propre mise à mort, lente et spectaculaire. Si j'avais dû me jeter par une fenêtre, il y a longtemps que je l'aurais fait. Voilà ce que je me disais en écoutant les rumeurs des médias au réveil d'une opération de six heures en vue de sauver mon bras droit dont les nerfs, les artères et les veines avaient été tranchés par la verrière.

Un homme, dans le type de processus que j'avais engagé, ne sort pas lui-même l'écriteau « FIN ». Il n'était absolument pas question de suicide, je ne voulais pas mourir, juste m'abîmer et m'effacer de la mémoire du monde. Et puis, je désirais aussi retrouver la force de faire éclater la vérité sur les trahisons qui m'avaient fait imploser.

Après, peut-être, je pourrais accepter que ma vie se termine. Mais avant, il me fallait lever le rideau sur l'infecte comédie dont j'avais été le héros.

Comme après toutes mes grandes crises, ma convalescence commença dans une douleur morale accablante. Comme chaque fois, je me demandais comment j'avais pu me laisser aller à de tels débordements. Je m'en veux de ne pas être capable de réfléchir clairement à mon sort. Je me répète des phrases, des mots, des discours pour me remettre en confiance, pour me convaincre que je peux rétablir la situation. Mais chaque crise me plonge plus profondément dans le gouffre où je me suis jeté. J'étais paumé, sans solution. Ma famille était absente, incapable de me rassurer et de prendre les rênes d'une vie qui l'avait laissée ébahie et impuissante. Mes amis essayaient tant bien que mal de colmater toutes les brèches provoquant mon naufrage. Ma femme, elle aussi effrayée et dépassée par mon attitude, ne pouvait qu'observer de loin une situation qui la peinait.

Tout me coulait, d'abord la trahison de Claude, ensuite ce football trop vite abandonné, qui me laissait là sans raison de vivre, ma vie sans but n'avait aucun sens. J'étais seul. Je le savais. Je le redoutais et je le recherchais, peut-être conscient que j'étais irrémédiablement dans un de ces moments où il faut accepter de jouer son destin à pile ou face en solo.

De toute façon un camé, ou un alcoolique, est un être insaisissable, en glissade constante dans le calice noir de leur inconscient et de leur manque chronique de couilles. Et plus tu fuis, plus tu as peur. L'engrenage est terrifiant. Je suis allé comme un nomade en crise poser mon baluchon d'angoisses et de colères chez mes amis les plus chers.

Au Canon au Cap-Ferret chez Philippe Techoire, je trouvais dans l'océan un horizon plus large, mes peurs s'y dissipaient dans la brise. Les pieds dans l'eau et la tête dans les nuages, j'échappais à l'impasse de mes jours. Le soir j'allais chez Christian Pasco manger des huîtres pour revitaliser mon corps anéanti par mon voyage dans la blanche. Nous buvions du vin chaud, la parole coulait plus facilement avec cette boisson qui réchauffe aussi le cœur. Mais je ne pouvais m'éterniser. J'ai fini par remonter vers Paris. Étape chez Yannick Noah, le grand frère, le sportif intelligent, la vedette qui a su gérer la pression qui tue la personne derrière l'image. Bien sûr après sa victoire en 1983 à Roland-Garros et même plus tard, Yannick a décroché, il a dû et su prendre ses distances pour se sauvegarder. Il a su se dégager du succès qui ronge la vie, du stress qui étouffe. Yannick savait ce que représentait ce ras-le-bol soudain de soi-même et du système. Il disait souvent : « Ce qui t'arrive il n'y a pas un sportif de haut niveau, pas un artiste, qui ne risque un jour d'y plonger. » Il avait connu le vertige, lorsque le miroir renvoie soudain l'image d'un étranger à celui qui s'y cherche, quand la vie devient insupportable.

Yan me rassurait, il est un frère de race, fils de l'Afrique et de la France. Il a compris mes angoisses, résultat d'une passion trop destructrice. Ce qui me rassure en lui c'est qu'il m'a connu lorsque j'étais en béton. Je n'avais à cette époque aucun respect pour ceux qui ne m'avaient jamais connu avant ma démission. En revanche, ceux qui m'avaient côtoyé avant Monaco étaient comme les dépositaires d'un peu de ma vie respectable. Je partageais avec eux de bons souvenirs. En les regardant, ou en les écoutant évoquer la belle époque, je retrouvais des raisons d'espérer. Lorsqu'on va aussi loin dans la déchéance et la négation de soi, on vit un grand malheur parce qu'on se met à douter de tout. On se demande même si on a existé avant de chuter.

Yannick a tout fait pour moi. Il m'a hébergé, nourri et totalement pris en charge. Il m'a remonté le moral à sa façon. Yan n'est pas moraliste, ou grand philosophe. Il me parlait en sportif, en copain, en homme, son discours se finissait toujours par la même phrase : « Il faut reprendre le foot. » Il voulait me remettre dans le coup, pour que je retrouve mon identité et mon milieu. Avec Darmon, un fidèle qui ne me lâchait pas, ils m'avaient même trouvé un club. Nice était prêt à redonner une place à Touré, ça devait être en 1991. Mais Touré ne voulait plus manger de ce pain-là. La blessure était trop profonde, trop ouverte. Campora et Tomatis m'avaient à jamais vacciné. Ce sport puait le vice et la corruption, je le détestais.

Je vivais dans une peine totale, mentale et physique, renforcée par le fait de ne pouvoir l'expliquer avec des mots à mes amis. Je suis allé en Suisse chez Yan, me cacher, échapper à la proposition de Darmon. Je passais pour un lâche et un con. J'agissais comme tel.

Mes amis n'ont pas mesuré à l'époque l'importance de mon déséquilibre. Je n'étais pas déprimé, j'étais détruit. J'avais implosé sans que personne le remarque vraiment. Je ne jouais plus la comédie, l'acteur avait tiré sa révérence. Mon mal – le désespoir – se développait en moi, je n'avais plus aucune force, plus aucun espoir. L'avenir était vide comme un désert, dur comme un mur. Il fallait y échapper à n'importe quel prix.

J'ai alors commencé la deuxième partie de mon voyage dans l'horreur. Yan avait été exemplaire, mais les mots les plus amicaux ne soignent pas une âme brisée. Il ne pouvait être 24 heures sur 24 à mes côtés. Je me suis à nouveau laissé glisser vers le néant.

Coke en stock et cuites en fuite

La nuit est redevenue ma vie. Mon itinéraire de looser a transformé mes pérégrinations parisiennes en une visite permanente dans des catacombes peuplées de tout ce que Paris compte de paumés et de célèbres, d'inconnus et de reconnus, tous réunis dans la nullité qui, la nuit, se travestit en illusion.

Je ne sais qui, de David Lynch ou de Pier Paolo Pasolini, aurait le mieux pu mettre en scène le sordide spectacle auquel j'ai participé des mois entiers. Dans Fellini – *Roma* – il y a de la chair et de l'humour, populaire et grotesque. Dans mon film il n'y avait que des masques et des têtes de morts vivants. La coke-nection m'attendait à chaque rencontre, dans chaque lieu, à chaque heure. J'ai vécu dans une ville, Paris, où il neige toutes les nuits chez les branchés désabusés. C'est la monnaie d'usage, on se parle parce qu'on est accro aux mêmes lignes sans fin. C'est la monnaie d'échange, on est ami parce qu'on ouvre ensemble le petit sachet pour réchauffer, l'espace d'une illusion, le linceul de nos vies de con. On ne drague plus, on ne charme plus, on baise des salopes et des paumées qui pour un peu de blanche vendent leur cul. On a beaucoup d'amis tant que les dealers fournissent. La veulerie et l'hypocrisie sont les valeurs reines de ce monde où chacun est la pute de quelqu'un.

Attention danger, ils sont trop nombreux à se poudrer le nez, qui la journée servent de modèles ou font rêver. Attention imposture, ce qu'on vous vend comme des héros ne sont que des zéros, et ils le sentent si fort qu'ils n'ont plus confiance que dans leur dealer. Qui ? peu importe. Tous, chanteurs comme sportifs, journalistes de télé comme producteurs branchouillés, nymphettes cablées comme intellos caviar, tous plongent dans la vacuité de l'ère du vide. Tous abonnés aux mêmes nuits pleines de discours creux et sans actes.

Je n'échappais pas à la règle, celle de refaire le monde la nuit dans nos réserves – boîtes, restos, bars – pour malades du jour, pour impuissants chroniques, pour vedettes baudruches mortes de peur de se dégonfler au moindre changement de tendance. Le jour, je n'écrivais pas ce livre non, seulement des monceaux de belles rimes et des dépôts de mots à jeter, sans sens, sauf celui de m'expliquer, sans succès, le pourquoi du mal qui me rongeait. Une seule valeur sûre régnait sur mes nuits et celles de mes complices de dérive, la coke, cette pute, si chère et si froide.

La nuit à Paris, vous les croiserez si votre œil voit plus loin que leurs aspects de fashion victime, ils sont là, errant sur le radeau des médusés, la pupille dilatée, la narine irritée et la lèvre nerveuse. Ils sont pitoyables, j'étais parmi eux. Les forçats du rail, voilà ce que nous étions, mes amis et moi. Pour oublier cette réalité je me suis menti. Je me suis caché. Mes amis les plus chers ont connu la peine en m'écoutant, en m'attendant, en me croyant. J'ai déçu la terre entière. Mes crises folles cassaient tout sur leur passage, la confiance, la promesse, les objets et ma dignité. Un camé est une ordure.

Bien sûr, au début de mes aventures de looser je riais lorsque les bonnes âmes me mettaient en garde, lorsqu'on me disait : « Attention, la drogue tue. » Je m'esclaffais ou j'ironisais, je pensais aux poètes de l'absinthe, de l'opium, pour moi le passionné, j'y voyais des accessoires flamboyants pour l'essor d'une vie chaotique et créative. Malheureusement en me soûlant, je ne devenais pas Hemingway, en me poudrant le pif je n'écrivais pas comme Bukowski, mes comptes de la folie ordinaire n'additionnaient, à la fin de mes nuits, que des galériens du vide, de pauvres types même célèbres. J'étais et je restais dans la catégorie des impuissants de l'alcool et de la dope. Je n'étais qu'un de ces bidons de baudruche créés par les médias et classés dans la sous-rubrique mondaine au rang du spectacle sportif, un zéro du show biz, un abruti de l'espèce de Mickey Rourke, ou Mike Tyson. Un type manipulé, sans tête ni entourage à la mesure d'un destin trop lourd à gérer.

Mais mon registre et mon aura n'arrivaient pas à la cheville des tops de la catégorie, rien à voir entre le petit dribbleur déchiré, héros de stades minuscules, et « Brando-la-souffrance » ou « Keith Richard-la-déchéance ». Nous vivions tous la même maladie, mais nous ne la méritions pas de la même façon. Nous ne la mettions pas en scène avec le même brio. Il est des degrés dans l'alcoolisme – c'est bien connu –, certains ivrognes d'exception sont des génies, les autres, normaux et anonymes, sont des poivrots, un point c'est tout. J'avais l'alcool médiocre, il me laissait plus souvent dans le caniveau, qu'il ne provoquait en moi des créations admirables. J'étais un poivrot pour qui les portiers, les taxis, les barmans avaient un petit sentiment, entre la pitié et le chagrin, de voir un type pareil se déchirer ainsi et se vomir dessus, sans faire avancer d'un poil l'humanité.

Heureusement les frères de la coke existent. J'ai été hébergé et poudré plus d'une fois chez des gens bien sous tout rapport. D'ailleurs j'aurais pu faire la grande « Une » des canards boiteux de l'info. J'aurais pu toucher au sublime, devenir un petit Maradona tricolore du fait divers, par hasard, le jour où, accompagnant un ami, je me suis retrouvé dans un quartier sale et gris à l'attendre en fumant une clope, les yeux perdus sur cette tristesse appelée banlieue. Le pote est revenu, je le savais un peu dealer et je n'avais pas sourcillé lorsqu'il avait dit : « On fait un détour, j'ai de la came à récupérer. Ça ne sera pas long. » J'allais pas sauter hors de la caisse. Je l'accompagnai, quand on est au bal on danse. Et j'étais pas mécontent de penser qu'on se ferait une petite ligne, ou deux, ou trois ou plus pour le détour. À son retour, le souffle court, il me tend le paquet : « Tiens, pose ça sous ton siège. » Il me tendait un papier journal emballant un paquet et il redémarre en trombe. Les lendemains de défaite, on ne réagit pas vite. Oui, c'était lourd, mais je n'ai posé aucune question. De là, direct chez une grande dame, star du cinéma français. Elle est une Mère Teresa du dopé en manque. Chez elle la porte s'ouvre toujours et il y a toujours de la poudre pour l'ami en manque. Un malheur familial lié à la dope ne l'a pas guérie, au contraire elle se dit que ce qu'il y a de pire pour un drogué c'est le manque. Elle a raison, sauf que c'est le manque d'amour – pour soi-même – pas le manque de saloperie.

Nous avons débarqué chez cette sœur de la blanche, bise et bienvenue avinées. Elle s'accroche plutôt à sa bouteille. Mon pote se met à déplier son colis. Quelle folie! Je n'avais jamais vu autant de poudre : un kilo de coke sans sucre. Mille grammes, cent millions de centimes à la revente, pour cette blanche très pure deux à trois millions. J'hallucinais. Nous l'avons goûtée, elle était sublime. Je n'ai même pas pensé que si les flics nous avaient coincés, les gros titres des chiens de la presse m'auraient crucifié à la Une de leurs journaux : « Touré arrêté avec un kilo de cocaïne sous son siège », « Touré trafiquant de drogue ». Qui m'aurait cru si j'avais dit que je ne savais pas ce que ce colis pouvait contenir, si j'avais dit que j'étais totalement étranger à cette livraison. Si j'avais tenté d'expliquer que je n'y étais pour rien si ce kilo de merde était sous mes fesses. Pas le juge, pas la Une, ni l'opinion. On m'aurait sacrifié sur l'autel de la morale collective. Un drogué, on l'oublie, c'est un malade, pas un meurtrier. Il faut le soigner, pas l'emprisonner.

De retour de Sainte-Lucie, aux Caraïbes où Yannick m'avait invité pour le tournage du clip de *Saga Africa* – dans lequel on peut me voir me trémousser derrière Bamboule – je suis rentré bronzé, mais même pas rassuré par toutes les belles qui voulaient prolonger hors tournage, la saga de la nuit africaine. J'avais baisé comme un dingue et après. On ne calcule rien ni personne lorsqu'il y a coke en stock.

J'étais devenu un clochard de luxe, squattant à droite à gauche, opportuniste et pas reconnaissant. Je ne vivais plus chez Yan, il souffrait trop de me voir devenir un zombie parmi les zombies. La drogue me tuait à petit feu, je n'évaluais plus rien. Moi, le guerrier des terrains, j'étais devenu l'esclave d'un fléau qui ne conquiert que les faibles. Je ne me reconnaissais plus, je me vidais petit à petit de ma sensibilité, je cauchemardais les yeux ouverts.

À l'aéroport de Sainte-Lucie j'ai rencontré Anna S., en m'hébergeant elle allait m'offrir une famille, un toit et une écoute. C'était une amie, elle me considérait comme son quatrième frère, et ne me jugeait pas. Un jour dans sa cuisine je lui ai dit : « J'ai un truc à t'avouer. Je prends de la coke, très grave. » Elle répondit simplement : « Je sais. » Ça me donna le courage de dire : « Je veux me soigner, aide-moi. » Je cherchais à en sortir. Au début, on en parle sans rien faire et puis à force d'avoir menti, d'avoir failli, l'envie grandit.

C'est chez une femme, une autre, que j'ai puisé la force de me dire que je devais arrêter. Un peu d'amour et l'épave que j'étais avait à nouveau envie de reprendre un sillage normal. Mais on ne sort pas facilement de la nuit des zombies.

QUATRIÈME PARTIE

L'ÂGE DE RAISON

1. Ma lutte pour la résurrection

L'amour donne des ailes

Le déclic se trouvait dans son sourire. Ce soir-là je venais de défiler pour Yohji Yamamoto. Ce styliste japonais aime faire présenter ses collections par des hommes qui ne sont pas des mannequins professionnels. Hommes de la rue au look particulier ou célébrités qui portent bien ses vêtements; cette année-là Yannick et moi étions du défilé. Un regard, un seul, et j'ai senti en elle une île dans mon océan de malheur. L'attachée de presse de Yohji, Nathalie Ours, fit le branchement : « J'ai une amie qui a craqué pour toi, elle aimerait faire ta connaissance. » Elle s'appelait Sylvie, grande brune, cheveux courts. Son visage tendre me parlait autant que ses yeux gourmands d'amour. Elle me donna instantanément envie de décrocher. Enfin j'avais une raison d'arrêter. Au deuxième ou troisième dîner je lui ai parlé. Je ne voulais pas la perdre. Or la blanche exclut l'amour, elle est trop possessive pour partager. Nous étions dans un resto chinois, j'étais en confiance, je lui contais mon mal de vivre et mon esclavage. Ce soir-là je fus honnête, c'était si rare à l'époque. Je voulais donner un sens à ma vie, mais j'avais besoin de lui dire, elle devait savoir où elle mettait les pieds. Je lui parlais de mon malheur, elle me répondait bonheur. Sylvie était prête à m'aider. Elle croyait en moi et appréciait ma sincérité. Avec elle j'ai commencé mon chemin de croix vers la résurrection. Plein d'essais, d'erreurs, de promesses et de rechutes. C'est la période où j'ai rencontré des psychiatres et des psychanalystes qui me prenaient plus d'argent que mes dealers. J'ai tout essayé, des cliniques de riches inefficaces pour moi, la clinique des Pages puis celle du Château où la journée d'hospitalisation coûte le prix d'une suite au Ritz et où des psy branleurs soignent leurs malades en les laissant sur la paille, sûrement pour éviter qu'ils retournent voir leurs fournisseurs.

Le docteur G., de Paris, un psy de la pire espèce, me pompa tout ce qu'il put avant de passer au suivant.

Voulant à tout prix échapper au zombie qui souvent revenait hanter ma vie, j'allai même dans la région de Barcelone dans une célèbre clinique, c'était en septembre 1991. Cet institut pour toxicos au dernier degré me semblait être la solution. Je me souviendrai toujours de ce séjour.

Le centre de soins était une grande bastide comprenant une ferme avec des animaux. J'étais parti pour trois mois minimum. L'arrière-pays est fait de collines douces parsemées de petits villages, le cadre était beau et paisible. En arrivant j'avais l'impression de débarquer dans une pension de famille pastorale. Mais je sentais une pression, celle de l'hospitalisation, même volontaire, j'ai du mal accepter cette contrainte. Il y avait là une quarantaine de pensionnaires *a priori* dans le même cas que moi. Sauf qu'eux étaient tous héroïnomanes, se fixaient depuis longtemps, alors que je ne me suis jamais piqué. C'était tous des enfants de bonne famille et ils étaient tous – à cause des seringues – séropositifs. J'étais un ange chez ces spécimens. Ils me demandaient ce que je foutais là, moi l'amateur cocaïnomane, adepte depuis seulement un an alors que certains en étaient à leur treizième année de drogue à tout juste vingt-cinq ans. J'ai tenu deux jours, pas un de plus. En les écoutant, en les côtoyant, j'avais l'impression d'être guéri, d'être sauvé tellement ceux que je voyais en face de moi me signifiaient clairement ce que je pouvais devenir en continuant à m'oublier : un mort vivant.

De retour à Paris je me moquais de moi. Petit sniffeur de coke show business qui s'achetait ce qu'il y a de meilleur pour s'envoyer en l'air et refaire le monde, pour se sentir supérieur et intouchable. J'étais encore dans le faux. Ça c'était la scène, encore l'acteur. L'enfer du décor c'était ma parano perpétuelle, ma folie douce-amère, ma traîtrise vis-à-vis de moi-même, mes mensonges aux autres, en un mot ma non-vie. Je devais quitter Paris. Mon père m'avait lancé une invitation. J'acceptai. Je voulais tuer le zombie, et lui connaissait de grands marabouts. Je partis vers l'Afrique. Cette fois je n'étais plus le José Touré triomphant de mon dernier voyage, je n'étais plus l'enfant prodige. J'arrivais comme un malade en quête d'une santé nouvelle, prêt à prendre toutes les médecines pour conjurer le mal.

Marabouts du fleuve Niger

Le malheur rend humain. Le succès fait disparaître chez l'homme qui le vit un caractère fondamental : l'humilité. Lors de mon séjour précédent j'étais là en vainqueur, aveuglé par ma propre satisfaction de vivre un destin.

Là, je voyais d'autres choses; dans le regard des gens j'ai perçu le désarroi, une certaine mélancolie. Je regrettais l'âge d'or, mon insouciance, mon manque de rigueur. Les années où je gagnais beaucoup d'argent je pensais – était-ce sincère? – que je devrais m'investir dans l'humanitaire. En fait je me disais : « Il faut aider le Mali », sans agir le moins du monde, sorte de petite lâcheté quotidienne comme nous en vivons tous. Je m'en suis même ouvert une fois à Berquez qui trouva l'idée excellente et me conseilla juste : « Après ta carrière tu auras tout le temps pour t'y consacrer. »

Je me sentais merdeux de revenir les poches vides et de n'avoir pas mieux gaspillé mon argent en agissant au bon moment.

Mon père me reçut à bras ouverts, sans rien laisser paraître – comme à son habitude – mais je savais que le fait de me voir là représentait pour lui une victoire. J'imaginais aussi qu'il se sentait un peu responsable de mon état. Il était parti revivre en Afrique lorsque j'avais quinze ans, et j'avais comblé mon manque de père en faisant un transfert sur Claude Berquez, d'où mon attachement aveugle et total pour lui. Pour mon père, venir à mon secours était primordial. Nous communiquions avec difficulté. J'avais confiance en lui mais en même temps, au fond de moi, il était responsable de mon malheur. C'est lui qui m'avait poussé vers Claude. Je refusais d'en parler car je m'en voulais, je désirais guérir de ce ressentiment en l'étouffant. À quoi bon revenir sur le passé? Voilà ce que je pensais à Bamako fin 1991, je ne savais pas que c'était seulement en revenant sur le passé que je pourrais un jour guérir toutes mes plaies. Je pensais pouvoir m'asseoir sur du solide et reconstruire sans avoir à les soigner véritablement.

J'aime vraiment mon père et je savais qu'il n'avait pas prémédité mon malheur. Certes, il n'avait pas été là, lui le footballeur, pour m'épauler au moment crucial de ma vie. Mais c'est un type bien, il m'avait loupé, c'est tout.

Nos retrouvailles furent difficiles, puis se transformèrent en échec. Il n'est ni pédagogue ni psy et moi j'étais à vif, incapable de trouver les mots pour lui dire ma peine. Pour sortir de cette atmosphère tendue et du sevrage terrible, j'ai disjoncté. Arrêter la blanche crée un immense trou dans la tête. Le manque est psychologique, mais il est très douloureux. Tous mes neurones étaient dépendants. Je suis devenu le fêtard-alcoolique le plus célèbre et spectaculaire de Bamako. Le cercle vicieux s'est arrondi. J'angoissais, donc je buvais, et plus je buvais plus j'angoissais, dur d'en sortir. Après l'euphorie mitigée du retour aux sources, ce fut la profonde mélancolie. J'agonisais, même en Afrique.

Je chantais dans des boîtes à whisky locales. Pendant deux mois, chaque soir avec des copains musiciens, je récitais mon blues pour payer mes consommations. Être soûl en permanence me permettait d'affronter les gens et de délirer sur les thèmes qui me hantaient : l'amitié et l'amour.

J'obtenais mon petit succès, et me contentais d'être un autre que moi-même, pour changer un peu. Souvent je restais trois ou quatre jours sans dessoûler à me battre contre le monde, à injurier mon père à cause de qui tout ça était arrivé. L'alcool me donnait le courage d'être lâche. Mon père m'observait et me laissait me mutiler l'âme et le corps. C'est lors de ce séjour que je me suis éclaté la tête et fait la tache qui marque mon front. Un lendemain de délire, alors que je m'excusais accablé, il finit par me convaincre : Bamako ressemblait encore trop à Paris, trop de tentations pour le damné que j'étais. Il m'emmena dans la brousse. Dans une maison sans eau, ni électricité, dans un village poussiéreux et perdu, au bord du fleuve Niger.

La civilisation était mon ennemi. Là, je me lavais dans le Niger. Je faisais mes courses au village. Pas de boîte à la con, pas d'amis prêts à me suivre dans mes délires. Chaque matin à l'aube, je me levais en forme. Je respirais l'Afrique, ça sentait bon le pays. Avec mon père on mangeait en tête à tête midi et soir sur la terrasse du jardin. Il tuait le poulet, je le plumais avant de le faire mariner et de le cuire sur les braises. C'était le pied. J'accompagnais les pêcheurs du village sur des presqu'îles désertes, territoires d'hippopotames paisibles et pacifiques. L'après-midi je m'allongeais, sur un transat en bambou sous un baobab, une brise légère ramenait mes sens à la surface de mon enveloppe corporelle. Je revivais. Une sensibilité enfin redécouverte me faisait oublier mon pif et ma tête, uniques lieux de l'euphorie à la coke.

J'ai lu *L'Éducation sentimentale* de Flaubert « un livre pour les jeunes en colère », j'ai relu *Le Parfum* de

Suskind. En revenant lentement au rythme de l'Afrique, je retrouvais mes marques. Et puis j'ai suivi mon père dans l'Afrique des villages perdus. Dans le monde de la magie traditionnelle, il était persuadé que seuls les plus grands marabouts, les purs, dans leur village isolé, pas les charlatans des villes, pourraient me tirer définitivement d'affaire. En Afrique, le marabout joue un rôle essentiel.

Par trois fois mon père m'amena chez ces guérisseurs de l'âme en qui l'Africain croit dur comme fer. Pour lui faire plaisir je me pliai à ces rituels. Les marabouts que j'ai vus étaient tous vieux, invoquaient Dieu et parlaient posément, dégageant une sorte de sagesse. Ils me semblaient si pleins d'humilité que j'étais serein face à eux et ouvert à leurs cérémonials. Chacun avait sa méthode, mais l'esprit était semblable. Ils me faisaient déshabiller. Je buvais du lait d'ânesse et des mélanges de plantes dont je ne savais pas le nom. Puis je devais suivre un traitement, soit me laver avec une mixture chaque matin, soit porter un gri-gri rempli de secrets et de matières inconnus, ou dormir avec. Cela peut faire rire, moi je m'y pliais volontiers. Je me disais que de toute manière ça ne pouvait pas me faire de mal.

Porteur de la force du Niger et des espoirs de mon père dans le savoir des marabouts, je rentrai en France après quatre mois importants où j'avais décroché de la coke et oublié la destruction systématique par l'alcool. Il m'arrivait encore de boire un coup de trop occasionnellement, mais je savais revivre sans me noyer dans l'alcool. J'avais enfin un but : parler à Berquez, j'avais assez de force pour ça, plus de vingt mois après qu'il m'eut trahi, j'allai enfin lui demander des comptes.

La réalité en face

« Tu es déjà de retour d'Afrique? » Eh oui, Claude, j'étais de retour, maraboutée et décidé.

Il me donna rendez-vous au bar du palace parisien le

Royal Monceau à neuf heures du matin. J'appréhendais, j'avais demandé à Sylvie de m'accompagner.

Berquez n'était pas très à l'aise. Bien entendu il confirma ses bonnes intentions à mon égard. Le projet avec lequel il tempérait mon impatience était l'ouverture ou la reprise d'une galerie d'art. Après le rendez-vous, Sylvie exprima son scepticisme. Elle l'avait rencontré quelques mois plus tôt. Au cours de cette précédente entrevue il lui avait remis dans une enveloppe kraft cinq briques – 50 000 francs – en liquide. Il en avait profité pour lui déclarer que j'étais un drogué, qu'il avait tout tenté pour m'aider et qu'elle ne devait pas avoir confiance en moi. Elle était très étonnée par le double discours d'un homme qui aujourd'hui se disait décidé à me confier une galerie, qui jouait en ma présence au patriarche rassurant, alors que derrière mon dos il tenait un tout autre discours, n'hésitant pas à me descendre.

Berquez est un gros malin, mais il n'est pas intelligent. Il manque de psychologie et de finesse. Il faut même être bête pour penser qu'une femme amoureuse va écouter des critiques si dures et se taire indéfiniment. Sandrine, puis Sylvie, après avoir hésité, me confirmaient que Claude Berquez, à qui je vouais une immense affection, avait la trahison dans le sang. Aujourd'hui en tout cas, Sylvie peut témoigner. Berquez, alors que j'étais camé au dernier degré, me balançait des enveloppes pleines de liquide.

Entre-temps j'ai eu droit à un contrôle fiscal; Berquez n'avait pas déclaré mes impôts de 1989, d'où la curiosité des services du Trésor public. Notre rencontre fut instructive et je pus enfin commencer à mieux cerner mon « père spirituel » très particulier. Je chargeais Maître Dupeux d'attaquer Berquez pour récupérer mon dû. Malheureusement mon manque de papiers et d'organisation allait me pénaliser, mon dossier était inconsistant, nous allions être déboutés. Je n'avais même pas la comptabilité de la société J.T.D. : José Touré Drive. Un jour ma mère était allée à Saran dans les bureaux de l'entreprise Rousseau où Claude Berquez avait domicilié mes sociétés, là elle fut reçue par Claude, Monsieur Rousseau et Maître Brigitte Longuet, l'avocate de Berquez, qui refusèrent de lui donner quelques documents que ce soit. J'étais fait.

Berquez comptait sur le temps qui jouait en sa faveur. La loi prescrit certains délits financiers au bout d'un certain temps. J'étais désarmé face à lui; le spécialiste du dépôt de bilan menait la danse. Et je ne savais pas comment m'y prendre pour récupérer quelques billes. La catastrophe était totale. Je regardais la réalité en face, j'étais ruiné et bafoué.

2. Qui êtes-vous, monsieur Claude Berquez?

Cette question me hantait. Un soir d'été et de gamberge, en 1989, triste et seul, les yeux rivés sur les lumières de Monaco au loin, j'avalais des verres sans fin, allongé sur ma terrasse à Roquebrune. La trompette de Miles Davis écorchait le silence. Sublime et chirurgical, le son de *Round Midnight* laissait s'insinuer le doute dans mon esprit. Ambiance noire de thriller et de complot, amertume en bouche, je me demandais qui était vraiment Claude. Aux indiscrets qui disaient : « Mais qui est ce Berquez, tu es sûr de lui? » je criais qu'il était mon père, le second, le spirituel, l'essentiel. Entre lui et moi pas d'autre filiation que celle choisie et sentie. Il m'avait adopté, je l'avais sacralisé.

Pourtant je ne le comprenais plus, j'allais mal, très mal et il n'appelait pas. Il était pratiquement injoignable. À son bureau ou chez lui, on me répondait toujours la même chose : « Absent, il rappellera. » Il ne rappelait pas.

Cinquante briques cash

Je décidai de lui faire passer en quelque sorte un test. Nous avions dû toucher nos premières 200 briques off shore – 2 millions de francs – je voulais acheter des tableaux pour ma nouvelle maison du Cap Martin le

« Château de la mer ». J'ai amorcé le piège : « Claude, tu n'es pas facile à joindre. Enfin, je t'ai. J'ai besoin d'argent pour acheter des tableaux. J'aimerais que tu le prennes sur le compte. Tu vois ce que je veux dire? » Silence et puis : « Oui je vois. Combien veux-tu? Tu sais, José, que cet argent je te le réserve pour plus tard. Ne le gaspille pas. » Moi, excédé : « Attends, Claude, je le place, j'achète des tableaux. Je ne le gaspille pas. J'ai besoin de 500 000 francs. »

Je l'avais senti traqué, fuyant, hésitant. Pour la première fois j'exigeai, j'ordonnai presque. Il lui fallait obtempérer à contrecœur : « Ce sera long, tu sais, il faut qu'un commissionnaire aille récupérer ça. Enfin je m'arrange. » Il était contrarié, mais je m'en foutais. « Cause toujours, Claude, de toute façon j'y comprends rien à tes histoires de commissionnaires et autres. Envoie la monnaie, elle est à moi. » Voilà ce que je pensais. J'étais sceptique pour la première fois sur notre bonne association, mais jamais je n'aurais imaginé qu'il oserait me duper. Pour moi ce test était simplement destiné à le faire agir selon ma volonté, j'en avais marre de toujours supporter ses idées et ses options.

Berquez me rappela pour me mettre en rapport avec un de ses collaborateurs Michel Vandeputte – ça ne s'invente pas un nom pareil dans une histoire tordue – que j'avais rencontré avec Claude. Pas très grand, trapu et bedonnant, le teint pâle et l'œil clair, Vandeputte était insignifiant, il me semblait être le factotum de Claude, je n'en savais pas plus.

Après un premier rendez-vous dans une brasserie en bas des Champs-Élysées à côté du Safari Club, l'homme de Berquez me la joua petit espion et grande précaution. Dans un imper style Burberry's – l'automne parisien était là – il ressemblait plutôt à l'inspecteur Gadget qu'à James Bond. Il prit mon téléphone pour fixer les détails de la livraison des cinquante briques. Deux jours plus tard je l'attendais en début de soirée devant le drugstore Saint-Germain. Un ami m'accompagnait, et fut le témoin de cette scène. Vandeputte était à l'heure, un appel de phares attira mon regard vers une Mercedes. Je reconnus mon agent trouble au volant. Je me glissai à côté de lui. Il me remit un gros sac poubelle plein de billets : cinquante plaques en billets de 500 francs. Ça en fait mille, un joli petit paquet. Et là Vandeputte me demande 20 000 balles, sa commission, il me l'annonçait au dernier moment, pas fier. Je me marrais de voir sa bobine. Je ne refusai pas. J'allais partir quand il me tendit un papier : « Au fait, Claude m'a demandé de te faire signer ce reçu. » Connerie ou pas j'ai signé le bout de papier certifiant ce versement. Le plus étonnant, je l'ai appris plus tard, c'est que la brigade financière, qui officiait sur mon dossier, était au courant de cette transaction pourtant mise en scène comme dans un polar classique.

Les mains sales

Plus tard, après ma dérive mauricienne, une fois le chagrin passé et la frustration refoulée, je me suis demandé ce que Berquez allait me laisser. Lui qui disait rouler pour moi osait me réclamer deux cents briques officielles et me prendre deux cents briques off shore sur mon compte à Jersey.

Par hasard, j'ai relu l'article de *L'Équipe* écrit par Michel Nait-Challal titré : « Touré la joie de vivre » en date du jeudi 17 décembre 1987; à l'époque je jouais à Bordeaux, je revenais de mes sept mois de solitude et de lutte contre mon genou en béton. Dans ce papier, une pleine page, une photo de Claude était ainsi légendée : « Claude Berquez ancien cycliste et homme d'affaires de José. » Claude y développait sa stratégie et ses objectifs : « Je lui ai envoyé [à José] une lettre le mettant en garde contre les risques d'un vedettariat mal géré. C'est à ce moment que s'est scellé notre accord. » Le journaliste commentait : « Claude Berquez sera désormais présent à chaque signature de contrat. Il s'occupe désormais des affaires de José Touré, avec une grande exigence pour tout pourcentage. Une structure de six personnes, détachée de sa société, gère avec un soin minutieux les intérêts du Bordelais. » Six personnes pour gérer mes affaires comme si je m'appelais Mickey; là, Nait-Challal s'était laissé aller. Je ne vois pas comment j'aurais pu entretenir un tel staff avec mes seuls revenus. Berquez était un tel beau parleur : « Nous versons à José, racontait-il, un salaire mensuel. J'ai exigé qu'il règle son rythme de vie avec les exigences du métier. C'est pour cette raison que j'ai souhaité qu'il se débarrasse de sa Porsche. Pour le reste nous nous en occupons. Aujourd'hui, José est propriétaire d'un immeuble à Nantes, de son appartement à Bordeaux, d'une maison à Fougères et d'une salle de gymnastique de mille mètres carrés à Blois. Pas de gâchis. Je veux qu'il soit prêt pour l'après-football. » Superbe programme. Mais comment se fait-il qu'à la fin de mon contrat à Monaco je me sois retrouvé nu et cru? Comment se fait-il que je n'aie plus rien alors que je n'ai rien vendu de tous les biens dont parle Berquez? Il faut peut-être remédier à des erreurs bien indignes d'un homme d'affaires sérieux. En 1987, j'étais seulement titulaire de crédits pour payer les biens évoqués par Claude Berquez. J'aurais vraiment pu être propriétaire de ma maison de Fougères, si lui, Claude, ne m'avait pas emprunté mes 700 000 francs de primes de prolongation, obtenus à Nantes grâce à Maître Vignoles, pour permettre le financement de l'achat de sa maison de Blois. Le journaliste décrit d'ailleurs en une phrase l'opulence de mon protecteur : « L'histoire de Touré commence réellement à Blois. Claude Berquez, homme d'affaires, y vit aujourd'hui, confortablement installé dans 400 m^2 de réussite. » Quand j'y pense, j'étais comme ces boxeurs des quartiers pauvres appartenant à des minorités culturelles ou raciales qui prennent des coups pour que leur manager s'engraisse. Il y a des négriers partout.

Pour en finir avec les mensonges, si j'ai abandonné ma Porsche en arrivant à Bordeaux, ce n'est pas une décision due à la sagesse avisée de mon père spirituel, mais à un ordre du président Bez, intraitable, qui cette saison-là exigea que tous les joueurs roulent dans une voiture de la marque de notre sponsor : Opel. Berquez aime se donner de l'importance et ne dit pas toujours la vérité.

Qui est Berquez? Des amis, constatant mon dénuement après une belle carrière et de gros contrats, cherchèrent la réponse à l'énigme. Je vous avoue que, personnellement, je n'ai eu ni le courage ni les ressources de me consacrer à ces investigations. Toutes mes questions sont restées en suspens et j'espère que ce livre, à sa parution, permettra d'y répondre. La mise au clair devra être faite, en public, puisque c'est aux yeux de tous que cet homme a déclenché ma mort sociale, ma déchéance personnelle, mon envie de me détruire obstinément. Voici, dans les grandes lignes, le résultat des investigations minutieuses qui ont démasqué celui que la presse appelait mon « homme d'affaires ». Grâce au travail et à la patience d'amis précieux, j'ai pu reconstituer le puzzle dans lequel Berquez m'avait imbriqué, avant de se débarrasser de moi.

Les liaisons dangereuses

Berquez entre dans ma vie vers 1970, il vient d'acheter sa maison de Chitenay et porte le titre de président délégué du club de foot local. En 1974-1975 Claude Berquez est exclu du club de football, pour une histoire de malversations. Il continue d'organiser des épreuves cyclistes dont le Prix de Chitenay. Avec son habituelle folie des grandeurs, il prétend pouvoir financer le surcoût des charges qui sera finalement supporté par l'AAJ Blois.

1978 : il épouse Claudette Maunie, à Saugatte dans le Nord, lieu d'où sa famille est originaire. Il monte sa première société, la S.A.R.L. « Ordina Son », avec des capitaux champenois et le brevet d'un certain Chartrain. Il s'agissait de la mise au point et de la commercialisation d'une caméra son, procédé nouveau pour l'époque. Après quelques mois la société disparaît faute de rentabilité. À cette époque, Claude Berquez, qui se dit agent commercial, habite à Saint-Germain-en-Laye, et décide d'approcher le milieu des affaires. C'est le président du vélo club du XIIe, club parisien dont Berquez était licencié, qui lui ouvre son important carnet d'adresses. Introduit dans le groupe Elf-Aquitaine, il crée en 1980 la S.A. CDE. Cette société, installée 12, rue Christophe-Colomb à Paris VIIIe, produit les emballages de la marque Handi-Bag. Berquez, principal actionnaire, est aussi le P-DG.

La même année, je signe mon premier contrat pro à Nantes, où j'étais en formation depuis 1977.

Claude devient président de la section football de l'AAJ Blois. Le club, évoluant en deuxième division nationale, est déficitaire. Berquez veut fonder une société d'économie mixte, projet repoussé par la municipalité. Il reste trois mois à la tête du club et accroît le déficit de presque 100 000 francs par un programme ambitieux de publicité et communication grand public.

1983 : Berquez prend la présidence du tour cycliste du Loir-et-Cher, il a pour objectif de doubler un budget de presque 220 000 francs grâce à la prospection de nouveaux sponsors. Pour la première fois il prend en main des négociations concernant ma carrière. Avec l'assistance efficace de Maître Albert Vignoles il renégocie mon contrat avec Nantes. Je lui prête les 700 000 francs de prime obtenus, pour l'aider à financer l'acquisition d'une maison dans le Blois résidentiel.

Cette année-là Berquez se rapproche encore du groupe Elf-Aquitaine. La société SET Holding, filiale du pétrolier, chapeautant plusieurs sociétés dans le secteur de l'emballage apporte des capitaux à CDE, la société de Berquez.

En 1984, Berquez cède la majorité des actions de la CDE à la SET contre la somme de 2 200 000 francs. Il n'est plus P-DG de la CDE. Il devient, à compter du

1er janvier 1984, le directeur commercial de la société. À cette même date, la société CDE, désormais filiale d'Elf-Aquitaine, se développe et acquiert des chaînes automatisées pour le papier aluminium destiné à l'usage domestique. CDE, propriétaire des machines, confie l'exécution de ce rouleautage à un sous-traitant, la société ALMAX. Son dirigeant s'appelle M. Claude Berquez.

En 1985, Claude acquiert une superbe maison au 202, rue Albert-Ier à Blois au prix de 1 200 000 francs. Bientôt, il fera construire un jardin, une piscine, rien ne manquera à cette résidence des beaux quartiers de la ville.

Fin 1986, la SET le licencie, il reste cependant P-DG d'ALMAX. Mais cette année-là il flambe en marquant ses vrais débuts comme mon homme d'affaires. En avril je signe chez les Girondins de Bordeaux. Les négociations entamées par la société Proserv International et Patrick Proisy, responsable de la filiale française, doivent rapporter à Proserv 760 000 francs. Proisy convient de m'en reverser la moitié. Promesse jamais respectée.

Claude arrive, s'impose grâce à ses amitiés maçonniques. Il entre aussi en relation avec Ladislas Poniatowski député local, fils du terroir, protégé d'Olivier Guichard, autre baron de la région. En juillet 1986 le contrat est signé pour quatre ans, je dois recevoir 10 millions de francs si je désire quitter le club avant le terme du contrat, je devrai reverser 2 500 000 francs par année non effectuée. Mon salaire annuel est de 1 300 000 francs. Désormais, Claude s'occupe officiellement de mes intérêts financiers. Il me propose de constituer un patrimoine « pour assurer ta retraite sportive et tes vieux jours ». Je lui laisse carte blanche, l'argent est étranger à ma passion pour le ballon. Et Claude est mon second père, il a toute ma confiance.

Il crée une première société pour moi : l'EURL José Touré Drive. J'en suis l'associé unique, il en est l'administrateur. Il a aussi procuration sur plusieurs de mes comptes et s'occupe de toutes mes opérations financières. Je me repose sur lui les yeux fermés. Claude n'est-il pas un grand homme d'affaires, ami d'hommes politiques respectables? Mon premier investissement, Claude l'oriente vers une société gérant une salle de sport à Blois, la SARL « Blésoise de mise en forme » à l'enseigne « Espace-Santé ». Cette salle de musculation et de gymnastique est leader sur la ville. Auparavant, elle était exploitée par Michel Provost, professeur d'éducation physique, fils du fondateur du tour du Loir-et-Cher, c'était une petite salle. Claude veut, avec mes apports financiers, la faire « décoller ». Il se nomme gérant d' « Espace-Santé », et prend Michel Provost comme directeur. Il propose également à Edmond, le père, de reprendre son magasin de sport. Alors en règlement judiciaire, Edmond a trouvé un repreneur à 700 000 francs, Berquez lui propose un meilleur plan, lui fait refuser cette offre, et prétend que José Touré Drive va racheter le magasin et développer une gamme de vêtements de sport griffée « José Touré ». Claude prend des contacts dans ce sens avec l'ancien footballeur Christian Lopez employé chez Adidas. Bien sûr l'opération n'aura jamais lieu. José Touré Drive n'achètera pas le magasin d'Edmond Provost qui sera liquidé. Lui-même en sortira ruiné, le repreneur précédent n'étant plus intéressé.

Claude Berquez va domicilier toutes les sociétés créées avec mes capitaux dans les locaux de l'entreprise de transport Rousseau à Saran dans le Loiret où il a installé ALMAX.

Dès le début de l'exploitation de la salle « Espace-Santé » Claude décide d'investir dans la communication, sans me prévenir. D'ailleurs, à l'époque, je ne suis informé de rien. Je joue au foot, je gagne l'argent, Claude le gère. Il signe donc un contrat avec l'agence de publicité Magenta présidée par Bertrand Louis, – une connaissance de Ladislas Poniatowski – qui rendra service à Berquez en l'introduisant dans une banque d'affaires amie. Ce contrat s'élève à 500 000 francs alors que « Espace-Santé » réalise, alors, un chiffre d'affaires annuel d'environ 800 000 francs.

Michel Provost proteste en vain. Berquez a sa solution. Un apport en compte courant de José Touré Drive va permettre de payer Magenta.

S'est-on servi de fausses factures, voire de surfacturation de pseudo-publicité pour « dépenser » mon argent ?

Dans le même temps des contrats publicitaires sont signés avec les Docks de France et AGF pour le tour du Loir-et-Cher par l'intermédiaire de Magenta ; le montant avoisine parfois les 200 000 francs mais moins de la moitié de ces sommes sont reversées dans les caisses du Tour. La surfacturation est-elle une stratégie systématique employée par Claude Berquez ? L'emploie-t-il à des fins d'enrichissement personnel, ou pour rendre service à des amis ou à un groupe ?

Berquez vit des élans mégalos, pour animer le tour du Loir-et-Cher il fait venir, moyennant finances Carole Varenne et Denise Fabre – chez qui il aime dîner, dans le superbe restaurant de son mari, Francis Vandenhende, Le Manoir de Paris. Il m'y invitera plusieurs fois, même avec Patrick Amory, pas effrayé par les additions de mille francs par tête. Qui finançait ce train de vie luxueux ?

Fin 1987, Berquez quitte la direction du tour du Loir-et-Cher le laissant avec un trou supérieur à son budget d'origine, de plus de 200 000 francs. La même année la SET octroie généreusement un prêt de 500 000 francs à Berquez. Il monte deux nouvelles sociétés destinées à apporter : « un plus, pour la gestion de tes intérêts financiers ». La « Société financière d'investissement et de développement » – la SFID – et la S.A.R.L. « Assistance conseil et gestion », ACG, sont constituées. Il crée aussi la société ACTIF.

L'année suivante Berquez fait tout pour que je quitte Bordeaux. Je signe un contrat de trois ans avec l'AS Monaco, Claude mène les négociations de main de maître. Les conditions suivantes sont établies : mon salaire mensuel sera de 250 000 francs en 1988, 300 000 en 1989 et 350 000 en 1990. En plus l'AS Monaco me verse 4,6 millions de francs à la signature en juin 1988 : ils serviront à rembourser 5 millions de francs à Bordeaux pour racheter les deux ans de contrat restant. Je recevrai 4,1 millions de francs le 31 juillet 1989 et 2,8 millions de francs le 31 juillet 1990. « Tu es riche, José. J'ai assuré ton avenir. » Claude se frotte les mains. « En plus nous allons recevoir chaque année sur un compte à Jersey 2 millions de francs. Ça c'est ta cagnotte : 6 millions off shore. Tu es tranquille. » Coup de maître mis au point avec la bénédiction de certains responsables du club monégasque.

Le malheur prend racine dans cette richesse imméritée. Je me blesse en 1990. Depuis quelques mois je me cherche. La SFID est liquidée. Berquez l'avait créée pour moi en juin 1986 dès ma signature chez les Girondins. Le capital était bizarrement constitué de trois parts égales entre Claude, moi et Ladislas Poniatowski. Le 31 juillet 1988, Berquez me faisait racheter toutes les parts. Je faisais deux chèques de 20 000 francs, l'un à Claude, l'autre à Poniatowski. Claude en restait le gérant. Je venais de perdre encore 40 000 francs dans une société que Berquez lâchait, pas assez rentable sans doute, avant de la mettre en faillite. Prudent, monsieur Ladislas Poniatowski était lui aussi sorti à temps de cette coquille pourrie. Je n'ai jamais vu la comptabilité de la SFID, je ne sais donc pas à quoi elle a servi avant d'être liquidée, et rachetée auparavant par le stupide Touré manipulé par le malin Berquez.

Les autres entreprises ne donnent pas les résultats escomptés par Claude. Il ne croit plus en moi, le Brésilien est loin. Il décide de fonder un autre groupe, il m'en parle, me promet monts et merveilles, puis m'écarte du projet. Est-ce sans moi mais avec mes capitaux que Claude Berquez a monté son groupe autour de la société Berblois, destinée à devenir le Holding d'une structure commerciale qui devait produire et commercialiser du foie gras? Cette dernière est également chargée d'effectuer des prestations pour le groupe Handi-Bag. Cette activité semble en grande partie fictive et n'aurait servi qu'à sortir de l'argent (notamment une indemnité de licenciement due par la SET d'un montant de 1,2 million de francs) ?

Pour consolider sa structure Berquez fait prendre des participations à des industriels connus et des amis respectables et aisés. Étrangement, la S.A. Berblois au capital de 2,2 millions de francs, domiciliée à Saint-Germain-en-Laye, aura plus tard ses locaux 8, rue de Bourgogne au-dessus d'une librairie, tout près de l'Assemblée nationale où Claude a des amis qui aiment faire affaire avec lui. D'ailleurs à cette époque à qui ces locaux appartiennent-ils officiellement ? Claude roule sur l'or, il perçoit des salaires des sociétés ALMAX, ACTIF et ACG. Il entame alors des travaux coûteux dans sa maison du 202, rue Albert-Ier à Blois. Il prend contact avec trois sociétés, les travaux sont estimés à 2 millions de francs. Ils consistent en la réalisation d'un jardin d'hiver et autres aménagements luxueux. Ils seront terminés en 1991. L'étude est effectuée par la société GBHL pour environ 50 000 francs. Cette structure est gérée par un neveu par alliance de Valéry Giscard d'Estaing. Le maître d'œuvre est un architecte parisien, Robert Tibier, rue du Laos à Paris, pour un montant de 1,5 million de francs. Une société angevine effectue des travaux pour 230 000 francs environ.

Cette même année Michel Vandeputte, employé de Claude chez Berblois, me remet 500 000 francs en espèces, moins 20 mille francs de commission. Claude surveillait-il l'opération de son véhicule, ce jour-là à Paris, face au Drugstore Publicis à Saint-Germain-des-Prés ? Cet argent arrive tout droit de mon compte à Jersey ouvert et contrôlé par Claude, grâce à la compréhension active de Claude Tomatis, le trésorier de l'AS Monaco que Berquez, à cette même période, pour mieux le contrôler – et le remercier ? –, a associé dans ses projets et sa société Berblois.

Fin 1989 Berquez me lâche et me rançonne. Le prix de la confiance aveugle et de l'affection issue de l'enfance : 4 millions de francs dont 2 off shore, d'un compte auquel je ne sais même pas accéder. Malgré ma demande à la fin de la saison 1989-1990, Tomatis vire 2 autres millions de francs sur « Toison d'or ». Est-ce une partie de cette somme qui en avril 1991, lorsque Berquez va mal financièrement, transitera de Jersey via une banque suisse pour être mise à sa disposition par exemple, c'est une supposition, dans sa banque d'affaires préférée, la banque d'affaires JOIRE et PAJOT MARTIN au 51, avenue Hoche à Paris VIIIe ?

1990 : Campora et Tomatis me balancent, je suis blessé et déprimé. Au mois de juin l'AS Monaco me verse une indemnité de 3,8 millions de francs, répartis ainsi : 2,8 millions de francs sont directement versés à la perception de Menton car je n'avais pas complètement acquitté mon impôt sur le revenu de 1988, le reste à moi.

Fort de son capital, Berblois développe sa stratégie autour du commerce du foie gras à travers quatre sociétés : la S.A. CB Pierre Florent chargée de mettre en place les points de vente, liquidée le 6 octobre 1993 ; la S.A.R.L. CBM chargée de la vente par correspondance, liquidée le 31 mars 1993 ; la SCI Rabelais-Étain, propriétaire des locaux de Tours, siège des deux sociétés précédentes, mise en liquidation judiciaire le 11 mars 1993, et la S.A. MCB chargée de la fabrication du foie gras, mise en règlement judiciaire le 15 février 1992 puis reprise par la famille Malpat installée à Mézos dans les Landes. Cette famille Malpat sera très malmenée dans l'échec de ce groupe.

Entre-temps les travaux de la résidence de Berquez se terminent.

Fin 1991, la société « Blésoise de mise en forme » passe en liquidation judiciaire. Berquez se fait nommer liquidateur. Cette salle « Espace-Santé » a absorbé des apports en compte courant de José Touré Drive de l'ordre de 2 millions de francs. Berquez m'a fait signer des papiers appelés des abandons de créances qui, je le saurais plus tard, me font perdre l'intégralité des sommes investies et englouties dans les campagnes de pub et autres dépenses hors de prix réalisées par le gérant Claude Berquez. D'ailleurs, étrange coïncidence, en 1991 l'agence Magenta est mise en liquidation judiciaire avec un passif de 7 145 730 francs, elle est liquidée le 25 septembre 1991. Dans le même temps le groupe Handi-Bag : SET, CDE, ALMAX, est racheté par la filiale française de la société allemande MELITA. Un crédit de 2 millions de francs débloqués pour la S.A. CB Pierre Florent du groupe foie gras, destiné à acheter des magasins à Arcachon et Sangatte, aurait disparu des caisses avant l'achat de ces points de vente. Que d'argent perdu, Berquez n'a pas de chance en affaires...

Début 1992, ma mère constate sur les lieux « d'Espace-Santé » des détournements d'actif, au moment de la reprise de la « Blésoise de mise en forme ». Je refuse une liquidation à l'amiable de ma société José Touré Drive, Berquez me proposant un abandon pur et simple de mes créances soit 2,7 millions de francs.

Claude gérait toutes mes affaires, il était en relation directe avec le comptable et l'avocate de mes sociétés, Maître Brigitte Longuet. Je suis seul, dépouillé, sans aucun recours ni argument pour comprendre comment je me retrouve sans rien. Absolument rien. Pas même ma comptabilité, ni les papiers officiels de mes sociétés bloquées par le gérant Claude Berquez. C'est la débandade. Je cède à perte à mon ami le joueur Sénac mon appartement de Bordeaux pour payer mes impôts. Claude revend tout le reste dans des conditions plus que suspectes, toujours à perte. Les miettes de ce désastre qui échappent aux crédits, et aux impôts me servent à colmater les brèches de ma situation désastreuse.

En 1991, apeuré par mes crises, Berquez me remet dans ses locaux parisiens 50 000 francs en liquide, dans une enveloppe, et un billet d'avion aller-retour Paris-San Francisco pour assister au mariage de mon ami, le rugbyman, Jean-Pierre Rives. Je ne m'y rendrai pas, je suis si désespéré qu'avec ces sous je vais me défoncer à en mourir ou presque.

Il remettra ensuite, après une discussion orageuse, à nouveau 50 000 francs à mon amie Sylvie. Une fois encore, et, c'est prévisible, cet argent disparaîtra dans le gouffre de mon autodestruction.

À cette époque où la justice pouvait encore m'aider, Berquez a peur, de moi et de ce qu'il a fait, je suis persuadé qu'il veut calmer mes crises. Sinon pourquoi m'arroserait-il ainsi ? D'ailleurs d'où sort-il tout ce liquide ?

Historiquement, l'action de Berquez vis-à-vis de la poule aux œufs d'or José Touré s'est développée ainsi : phase 1, il a investi à long terme en « m'adoptant » à Chitenay. À Nantes il touche les premiers intérêts en m'empruntant 700 000 francs jamais remboursés. La phase 2, le retour sur investissement, s'effectue à Bordeaux. Je n'entends plus parler que de ses amis politiques et des combines compliquées permettant de défiscaliser mes gains, de bénéficier d'achats immobiliers loi Malraux, un charabia qui m'effraie. Je lui laisse les mains libres, et mes comptes ouverts. Il se sert. Phase 3 : j'arrive à Monaco, je suis au bout du rouleau, déséquilibré dans ma tête par le doute et usé physiquement. Sans famille, sans appui, je suis seul. Berquez décide de tout pomper. Il m'achève et m'abandonne. La stratégie de Claude Berquez est très simple. Elle m'a ruiné, et d'autres familles aussi.

Que pense la famille Provost, propriétaire « d'Espace-Santé » à Blois, des méthodes, de la gestion, de la morale de Claude Berquez ? Qu'est-il arrivé à la famille Malpat, productrice de foie gras dans les Landes, pour avoir cru aux paroles et aux projets de Claude Berquez, et de Berblois, son holding destiné à faire fortune avec le foie gras produit par les Malpat ?

Voici la stratégie de Claude Berquez : premièrement, trouver un pigeon, de préférence avec un nom porteur et des capitaux disponibles puis lui proposer des affaires. Deuxièmement, créer des sociétés pour réaliser les objectifs établis, leur capital étant constitué par l'argent du pigeon. Berquez se fait nommer gérant et prend une petite part du capital. Troisièmement, commencer à investir, et perdre de l'argent par le biais de facturations fictives émises par diverses sociétés prestataires de services. Rappeler le pigeon à son rôle, lui expliquer qu'il faut apporter plus d'argent pour atteindre les objectifs. Quand le pigeon n'a plus rien à donner, ou commence à douter, il faut sortir au plus vite des sociétés et du système. L'affaire est alors conclue de façons différentes. Dans le meilleur des deux : expliquer au pigeon plumé – ou à la poule aux œufs d'or dépouillée – que ça n'a pas marché pour telles et telles raisons. Se proposer d'être le liquidateur amiable de la société, sous-entendu il vaut mieux éviter la justice. En fait, très souvent l'unique créancier de la société est le pigeon qui a tout perdu. La liquidation à l'amiable est facile. Le *nec plus ultra* étant de faire reprendre l'entreprise ou la société par un homme de paille, et donc de rester, sans le pigeon déplumé, propriétaire, si l'enjeu en vaut le coup, du bien liquidé. Cette stratégie et ce *nec plus ultra* furent tentés et auraient réussi pour ma salle « Espace-Santé » si au dernier moment l'homme de paille choisi ne s'était pas dégonflé. Dans le cas le moins favorable, la conclusion n'échappe pas au déroulement classique d'une faillite. La société subit un redressement puis une liquidation judiciaires. Alors Berquez repart vers de nouvelles aventures, à la recherche d'un autre pigeon, d'autres œufs d'or, puisque les tribunaux de commerce sont encombrés et jusqu'à très récemment la justice s'intéressait peu à ce type de dossier.

En y réfléchissant, je pense, aujourd'hui, que Claude Berquez a toujours aimé le fric et la magouille. Dans les années 80, profitant de la crédulité des gens et de la présence de Mitterrand au pouvoir, il trempe dans une histoire financière incroyable : pour un investissement de 50 000 à 200 000 francs, il est possible d'acheter des parcelles de plantation de jojoba au Paraguay. Je ne sais si c'est lui qui a monté cette juteuse arnaque, où des dizaines de naïfs vont laisser leurs économies cachées et donc se taire, escroqués mais honteux. Berquez m'en parle, son ami le chirurgien Michel Laigneau de Tours est là. Il me dira plus tard déçu : « Berquez est un mauvais gestionnaire. » Berquez s'est-il enrichi avec le jojoba ou a-t-il appauvri ses amis ?

Comment Claude Berquez m'a-t-il ruiné ? Un simple exemple concernant sa gestion de mes affaires : avec la S.A.R.L. « Blésoise de mise en forme », le 16 février 1987, la société José Touré Drive apporte 82 600 francs de prise de participation dans le capital de 150 000 francs de cette société. Berquez en devient le gérant. Sept mois plus tard, le 12 octobre 1987, Berquez décide d'une augmentation de capital de 150 000 à 950 000 francs, par voie de compensation d'une créance, celle de José Touré Drive. Entre ces deux dates j'ai versé environ 1 million de francs sur le compte de la salle. Le 31 décembre 1987, le capital est réduit à 70 000 francs, Berquez fait abandonner à José Touré Drive, moi, la somme de 800 000 francs. Disparus dans les caisses de l'agence de publicité ; Magenta, entre autres ? Dans le jargon des comptables ça s'appelle le coup de l'accordéon, et ce coup-ci c'était ma tournée.

Voici comment en dix mois mon « père spirituel » m'a spolié de 80 briques le plus légalement du monde.

Questions : Berquez était-il actionnaire de Magenta ? Pour qui roulait Magenta ? Ultime question : qui êtes-vous, monsieur Berquez ? Pour qui travaillez-vous ? Est-ce un hasard si monsieur Ladislas Poniatowski, votre ami député, apparaît avec vous pour me vendre le 31 juillet 1988 les parts d'une société, la SFID, qui va mourir ? À quel titre, au fait, monsieur le député était-il actionnaire de cette société destinée à faire fructifier mon argent ? Claude et Ladislas m'auraient-ils cédé leurs parts si les affaires avaient marché ? Je ne comprenais rien à leurs montages et « démontages » financiers. Ont-ils, eux, les hommes respectables, abusé de l'ignorance d'un jeune sportif ? D'ailleurs qu'a fait Berquez du milliard de centimes touché à la signature avec les Girondins ? Sur quels comptes a-t-il transité ?

Bien sûr il n'est pas interdit en république de s'associer pour faire de mauvaises affaires, mais n'est-il pas troublant de voir à nouveau Berquez et Poniatowski associés dans le capital de 250 000 francs de la société CB gérée par Berquez, domiciliée au 164 *bis*, rue d'Aguesseau à Boulogne dans les Hauts-de-Seine – tiens, à la même adresse que Magenta, la si chère agence de publicité à laquelle Claude est si fidèle –, avec d'illustres et utiles partenaires : Ladislas Poniatowski 120 parts, Claude Tomatis 250 parts et Michel Vandeputte 25 parts seulement.

Dans une autre entreprise on retrouve encore le nom des Poniatowski associé à Berquez si doué pour les affaires, c'est la société de commercialisation CB et associés, S.A. au capital de 2 millions de francs. Berquez y est bien sûr le président du conseil d'administration. On retrouve à ses côtés Michel Laigneau le déçu du jojoba et madame Constance-Marie Guichard, fille du baron Olivier Guichard et princesse Poniatowski par son mariage avec Ladislas le 17 mai 1971. C'est décidément une habitude de chasser ensemble le coup juteux, mais attention, avec Berquez il se transforme systématiquement en coup foireux.

À qui profitent les pertes énormes constatées sur les comptes des sociétés de Claude Berquez ? Parce qu'il faut noter que Claude est un champion en la matière : la société Berblois dont l'objet social est de faire de la prospection arrive à perdre de l'argent. C'est une performance : en 1992, pour un chiffre d'affaires de 780 000 francs Berquez déclare un déficit de 613 589 francs, en 1993 c'est pire, 800 286 francs de perte pour 543 440 francs de chiffre. Pour la société S.A. CB Pierre Florent c'est terrible aussi, en 1991 un chiffre réalisé de 706 590 francs pour 890 844 francs de pertes, la faillite sera pour 1993.

Paul Jambon et Antoine Piroton, partenaires de Claude dans le groupe Berblois, ainsi que les amis Michel Laigneau et Constance Poniatowski, ont-ils profité ou pâti de cette cascade de désastres financiers ou bien ont-ils été involontairement utilisés pour couvrir les méthodes de leur ami affairiste?

L'une des dernières sociétés, dont Berquez est le seul actionnaire, est l'EURL Berkley, encore en activité et domiciliée au 6, rue de Lisbonne à Paris, cette entreprise ayant pour objet la prestation de services, arrive elle aussi à perdre de l'argent. Beaucoup d'argent puisque en 1992, pour un chiffre d'affaires de 825 000 francs elle perdait 1 120 000 francs. Pauvre Claude, ça doit être désespérant de vivre autant d'échecs.

Eh oui, que voulez-vous, il est illégal dans ce pays de voler une pomme à l'étalage ou dix francs à son voisin alors qu'au travers de n'importe quelle société on peut perdre des millions de francs le plus légalement du monde, sans mettre en danger sa propre fortune. Il suffit de le savoir...

Malgré cette calamiteuse carrière, Berquez aime le beau monde et prise particulièrement les grands noms de la politique. On notera que Guillaume Henrion, neveu de Valéry Giscard d'Estaing, a traversé à plusieurs reprises le sillage agité de l'étonnant Claude Berquez.

Les artifices, Claude est prêt à les utiliser tous : homme de paille, rachat en sous-main avec l'argent et la sueur d'autrui de sociétés suicidées. Est-ce vraiment légal? Comment l'argent sort-il de cette combinaison de sociétés créées et tuées? Comment fonctionne cette cascade de capitaux qui finit bien par remplir une escarcelle? Il existe plusieurs possibilités : l'argent investi dans le premier projet ne fait que transiter dans la première société et sert à financer la création d'une deuxième société... Autre combine, se payer sur la bête et se servir en frais, parfait pour un homme qui aime mener grand train. Autre méthode plus risquée cette fois, mais très pratiquée, utiliser des sociétés « amies » pour réaliser de la surfacturation, dite aussi fausse facture, ou des opérations bidon, facturation fictive. À l'arrivée, on partage l'argent avec les sociétés « amies ». Dernier moyen, acheter des biens immobiliers et mobiliers – bureaux, magasins – et les revendre à perte en encaissant la différence.

Mais la question essentielle est où va tout l'argent ainsi perdu, par qui est-il récolté en fin de parcours? Dans quel but toutes ces faillites? Pour agrandir sa maison ou pour aider des amis, des politiques par exemple, eux qui sont toujours en manque de fonds pour partir en campagne? Est-ce cela qui explique la présence imprudente et fidèle de grands noms sur les « montages russes » des combines de Berquez? Est-ce grâce à des protections que l'ami Claude n'a encore pas été sérieusement contrôlé sur l'ensemble de ses activités?

Qui êtes-vous monsieur Berquez? Le direz-vous à celui qui avale ses larmes et a le goût du sang au fond de la gorge, parce qu'aujourd'hui il est absolument ruiné de n'avoir cru qu'à deux choses : la passion du foot et l'amitié des hommes.

À la recherche de la dignité perdue

Pauvre foot, pauvre fou, exploité et tué, Touré est mort. Je me dois de ressusciter, pour prouver à tous que l'homme sincère n'est pas condamné par la dérision et la trahison, à une mort certaine, dans ce monde qui pue tellement le fric et la corruption qu'il donne le vertige, et ne cesse de me faire vomir.

Trouverai-je un jour le courage de revivre? Peut-être, si certains m'aident à découvrir une réponse à cette obsession : qui êtes-vous, monsieur Claude Berquez?

Que tout soit clair, le chapitre précédent ne s'intitule pas « J'accuse », il s'appelle je veux comprendre. Après des années d'errance et de désespérance, j'ai pris la peine de formuler des questions. Là où d'autres auraient décidé de mourir ou de tuer, de s'effacer ou de disparaître, j'ai finalement eu le courage de repartir à la recherche d'une dignité perdue.

Je veux ce que tout le monde revendique : la transparence, le respect et la vérité. Je veux être le dernier sacrifié sur l'autel de la corruption, je ne veux pas mourir ignorant. Je mérite d'y voir clair. Je veux trouver des solutions. Il faut m'aider à fixer une vérité. C'est une question de vie... ou de mort. C'est le cri d'un homme qui revient de l'enfer. C'est le souhait d'un ressuscité qui rêve de vivre.

3. Les prolongations

Rejouer : l'espoir des autres

Imaginez ma peine. Je traînais dans Paris, désemparé. Plein de courage je faisais des footings pour occuper mon temps, renforcer mon corps, ne pas repartir vers le pays des zombies et des baudruches nocturnes. Je discutais, avec un ami cher, de la possibilité de créer une ligne de vêtements de mode, il me décourageait. « Il faut beaucoup de capitaux, José, pour lancer une marque. » Cette conversation aussi me laissa plein de désillusions. Après cette formidable passion que le foot m'avait offerte, j'étais là, comme un débris sur les trottoirs de la ville, essayant d'éviter le reflet de ma silhouette fuyante dans les vitrines des magasins. Je baissais les yeux. Je maudissais mon destin. Et chaque soir je m'enfonçais dans mon lit, brisé, sachant qu'aucun lendemain qui chante ne m'attendait.

M'apitoyant sur mon sort, j'échouais encore, le coude sur un bar, pour mieux noyer la tristesse. J'en ai eu vite marre, des nuits à dormir sur les paillassons devant les portes closes pour l'ivrogne. J'ai eu trop honte de ne plus me contrôler, et de tout casser pour répandre la ruine qui m'avait abattu. Retrouver les nuits de Paris c'en était trop. Je suis reparti à Fougères dans ma maison près de Blois, où vivaient ma mère et ma grand-mère, depuis la mort de Marius.

Là, à la campagne, devant la belle Sologne, je me recroquevillais protégé par l'amour et l'affection. Ça me changeait des sourires hypocrites et des regards narquois des noctambules devant le spectacle écœurant que je donnais à chaque crise. Dans ma maison, j'écrivais toujours des poèmes et des délires, et je peignais le blues de ma vie. De temps en temps je m'oubliais en séchant un litre de vin rouge. Le calme n'arrivait qu'avec l'épuisement vers cinq heures du matin, après une nuit blanche remplie d'idées noires. Au lever, la campagne si belle m'accueillait, mais je n'y voyais toujours que du noir.

Une nuit d'horreur déchirée par la révolte, je sautai dans une voiture, et je me dirigeai vers la maison de Berquez, si belle marque de sa réussite et de ma pitoyable connerie. Sur la route je pleurais, je lui parlais à Claude, mon ami, je lui demandais pourquoi il m'avait fait ça. Pourquoi il m'avait laissé choir ainsi comme un misérable. L'argent, bien sûr, mais moi je l'aimais, pourquoi?

Son beau portail ne résista pas à ma voiture. Je l'écrasai et le défonçai. Dans son jardin, je hurlai ma douleur. Je l'appelai. Je le voyais, une serviette autour des hanches derrière une fenêtre. Craintif et lâche, il ne sortait pas. Sa femme s'aventura devant la porte pour me crier de partir. Lui appela les flics. Lorsqu'ils arrivèrent, j'étais toujours là, prostré devant la maison de l'homme à qui j'avais donné mes grandes années et qui me les avait volées. Très gentils, les policiers m'emmenèrent, bouleversés par ce spectacle. Touré, la star locale, en sanglots comme un enfant, expliquant les causes de son désespoir, dans son langage alcoolisé mais très lucide.

Plus tard, l'un d'eux revint me voir : « Moi je vous crois, d'ailleurs monsieur Berquez n'a pas voulu porter plainte, il ne se sent pas propre. Il faut vous battre, ne pas vous laisser faire. » Me battre avec quoi, contre qui?

Une de ces crises, terrifiantes, car à la limite de l'automutilation, dévasta un jour ma propre maison. Fou de rage et de frustration, après encore des nuits de réflexions sans issue, je bus pour oublier, et mes griefs ressortirent. En fureur, je cassai tout ce qui pouvait l'être. Ma mère et ma grand-mère s'enfermèrent dans une chambre, seule pièce sauvée du cyclone Touré. Mes proches étaient terrorisés.

Un lendemain de débordement, un médecin vint à la demande de ma mère. Je me doutais que quelque chose se préparait. Je suis plus lucide et perceptif en crise qu'en état normal. Je me souviens, je regardais ma mère, ennuyée, avec des yeux accusateurs. « C'est pas bien ça, maman, c'est pas bien ce que tu fais. » Elle avait peur. Pardon, maman, pour tout ce que tu as subi. Personne ne mérite de supporter autant de peine. Ni moi, ni toi, ni aucun de mes proches. Je me suis retrouvé embarqué dans une camisole de force et enfermé dans une chambre capitonnée. Une horreur indescriptible m'étouffa, lorsque je me suis réveillé là, j'étais prêt à devenir réellement fou. J'imagine le calvaire des gens que la famille fait enfermer là pour avoir sa tranquillité. Je n'ai pas protesté, j'ai eu peur, j'ai eu mal. Je me suis renfermé tout au fond de moi. Je n'ai pas bougé. Heureusement ma mère est venue au bout de quelques heures me chercher, je lui ai dit : « Maman, faut pas me faire ça. » Je l'ai embrassée, je crois que les larmes encore nous ont unis.

À ces moments difficiles Moknachi est apparu, l'ami de Bako du temps de Limoges. Il a été de toutes les étapes de ma vie, je suis parti à Nantes grâce à lui, il a partagé avec une égale fidélité les beaux instants de ma vie, et les périodes infernales. Mok – comme je l'appelle – était venu me repêcher sans succès avec mon père à Saint-Tropez. Il insista pour que je reprenne le foot. Il avait tout arrangé avec le club de Tours. Jacky Manic, le patron du foot de la ville, était intéressé. Il y avait au moins un endroit où on m'attendait, où je pouvais servir à quelque chose, un stade.

Je refusai. Mok insista, c'était lors d'un déjeuner copieux, bien sûr, préparé par Carmèle, ma grand-mère. C'est elle qui eut le mot qui tue : « Vas-y Jo, vas-y mon petit, essaie. » Je l'entends encore entre l'encouragement et la supplique, avec son accent de Marseille. Je me suis mis à rire : « Bon, OK, je veux bien essayer mais laissez-moi un peu de temps pour assimiler. » Mok triomphait : « Tu vas voir, José, un an à Tours et tu reviens en première division. » Je haussai les épaules : « Tu rêves, Mok.

– Quoi, je rêve? Tu as vu toutes les chèvres qui courent en première division, tu as encore ta place à l'aise. Il suffit d'y croire. » Tout ça s'est fini par une partie de pétanque entre ce sacré Mok et moi, sous l'immense noyer, animée par nos discussions pour savoir à qui est le point. Je détestais toujours perdre.

Le soir même dans mon lit, je m'endormis l'esprit plein de têtes plongeantes et de une-deux magiques avec Lolo Amisse. Je me rappelai un instant qui j'étais, qui j'avais été.

Jacky Manic je le connaissais depuis 1979, nous avons été médaillés d'argent ensemble aux jeux méditerranéens à Split avec l'équipe de France amateur. Ça me faisait plaisir de le revoir. Et voilà des buts, un ballon, l'amitié, le processus était enclenché, je partais pour faire mon come back.

Installé à Tours je retrouvai mes marques. Et puis cette putain de vie a encore tout chamboulé, dans le mauvais sens pour mon malheur. Ma petite grand-mère adorée est morte. Celle qui m'appelait « mon soleil » partait rejoindre son Marius. Qu'est-ce que je l'aimais cette grand-mère! Elle était parfois un peu irritante parce que autoritaire, le sang napolitain est entier, mais elle savait aussi être douce. On a eu tant de bonheurs ensemble. À sa mort une partie de ma vie s'est engloutie. Je n'ai pas pleuré, j'ai repensé à mon enfance. Pour elle, j'ai décidé de continuer à me ressaisir. J'allais à l'entraînement. Je prenais mes antidépresseurs le soir, pour éviter les cauchemars éveillé, et bien dormir. Et puis un soir, quelques jours après, je rentrai au centre de formation après le dîner. Dans le hall Patrick Gasperonni – le directeur du centre – m'invita à boire un verre. Je ne devais pas sortir, je me suis laissé tenter.

La suite, elle est évidente. J'étais encore trop fragile, j'ai craqué. Et le cocktail antidépresseurs-alcool me rendit fou. Je revenais enfin vers le foot, je sortais du désespoir absolu, et je foutais tout en l'air une fois de plus. Une fois de trop : au lieu de commencer la saison sur le terrain, c'est la prison qui m'attendait.

Pauvre de moi, l'espoir des autres ne me suffisait pas, il fallait me décider, mourir ou reconstruire mon espoir, le mien, la seule chose qui m'appartiendrait désormais.

Mes relations avec la presse

Le jour de ma libération je me doutais bien que journalistes et photographes, tels des rapaces à l'affût, m'attendraient.

C'était un dimanche, neuf heures du matin, un ciel gris et brumeux m'accueillait. J'hésitais, pour moi le piège était derrière cette porte. Un maton me confirma : « La presse t'attend. » J'ai demandé au chef de me garder « encore un jour, je sortirai demain quand ils seront partis ».

Paradoxalement ma sortie ne me libérait pas du tout, j'avais l'impression de perdre ma tranquillité en allant dehors. La prison m'avait servi de cocon.

Je restais là, le regard effrayé, la main crispée sur mon sac. Les matons m'observaient. Mon comportement avait été irréprochable et, sans avoir de rapports privilégiés avec mes gardiens, j'avais sympathisé avec quelques-uns. Le foot est un passeport universel. Là encore il m'avait ouvert, dans cet univers clos, des possibilités d'être bien ensemble, avec mes codétenus, comme avec mes surveillants. Devant ma panique l'un d'eux eut une idée. Ils m'ont conduit dans un fourgon banalisé bleu marine qui était dans la cour. Je me suis couché à l'arrière. Ils ont prévenu la personne qui était venue me chercher, et ils m'ont sorti comme ça, clandestin et protégé contre le monde libre. Je goûtais mes premières minutes de liberté planqué dans ce fourgon. Perdu et honteux, car ce séjour et cette sortie flanquaient de sacrés coups à ma fierté.

Au fur et à mesure que l'on s'éloignait de la prison, j'ai relevé la tête pour jeter un regard noir sur ces esclaves de rédaction en train de faire le pied de grue à l'affût du Touré libéré. Comme si c'était une info. Je me demandais pourquoi ils n'allaient pas faire leur métier ailleurs, là où on a vraiment besoin d'eux. Un sourire de dédain effaça mes questions. Le fourgon me lâcha dans la ville, loin de cet acharnement insupportable.

Une certaine presse adore remuer le fumier. Trop souvent, ceux qu'on dénomme journalistes ne sont que des cloportes fouillant les immondices de la vie d'autrui. Pour quoi faire, pas pour la beauté du geste, c'est sûr, mais pour faire saliver leurs lecteurs, et remplir les poches de leurs patrons. Je crois que le manque de morale des médias et la course effrénée au fric ont perverti les journalistes et permis que des monceaux d'ordures soient imprimés dans les feuilles de chou d'ici et d'ailleurs. Être une vedette, c'est aussi supporter ça. Le harcèlement, la critique et malheureusement la calomnie et l'injure par des gens qui n'ont aucun respect de la personne humaine.

C'est une des premières choses que j'ai apprises : me méfier et me détacher du journaliste et de ses articles. Pourtant Dieu sait que j'ai été gâté, chouchouté et adulé. Le joker, puis le Brésilien, mes surnoms avaient fait de moi une star de série B du petit monde du ballon.

Le premier qui m'a fait comprendre que la presse peut faire mal sans prévenir c'est Vierne. Ses critiques justes et acides pouvaient faire autant de bien que de mal. Je le classe pourtant dans la catégorie des bons, comme Retaker, Laurent et Nait-Challal. Avec ces deux derniers j'ai même lié des relations amicales, je dirais presque de confiance. Et puis dans cette catégorie des journalistes très propres, il y a beaucoup d'autres noms, mais je tiens à citer ceux qui m'ont marqué pour leur passion et le respect qu'ils ont su garder pour les joueurs. Michel Drucker et Michel Denisot en font partie, chez eux j'ai toujours senti l'intérêt sincère pour l'homme et le jeu. Leurs questions et leur approche étaient marquées par cette même résonance qui me faisait vibrer, l'amour du ballon et des hommes qui y jouent. Deux autres monstres sacrés de la profession furent des compagnons de route fidèles : Thierry Roland qui ne se prenait pas au sérieux. Son petit geste lors de mon anniversaire à Saint-Jean-de-Monts fera peut-être sourire, mais pour moi c'est un grand moment d'émotion dans cette période aussi triste. Thierry s'est ensuite toujours réellement soucié de ma santé et de mon évolution. L'autre, c'est Jacques Vendroux, il est à l'origine de mon transfert chez les Girondins de Bordeaux. Mais surtout, à la pire époque, il était là pour aider Patrick et Yannick à me faire soigner, à me mettre au vert pour me faire échapper à mon pitoyable sort. Jacques, plus qu'aucun autre journaliste – hormis Patrick –, s'est impliqué dans mon combat comme s'il était de ma famille.

Mais ces hommes-là font partie – à mon avis – de l'ancienne génération, au même titre que le généreux Eugène Saccomano.

Un soir, il y a peu de temps, en évoquant le foot et ses excès, au cours d'un bon dîner avec les anciens : Marcel Aubour, Bernard Bosquier et André Guy, je les écoutais me parler du bon vieux temps. Celui où il y avait toujours un joueur pour ramener Thierry Roland à la gare suite à la bouffe d'après-match. Celui où Michel Drucker tapait avec habileté le ballon avec eux pour le plaisir de jouer ensemble. Les journalistes et les joueurs vivaient en harmonie. La course au fric dans les années 60-70 n'avait pas encore pourri les esprits et les mentalités. Les joueurs eux-mêmes vivaient une autre vie. En les écoutant se marrer en parlant de leurs vieux potes, des vacances avec leurs femmes et les enfants, tous ensemble entre joueurs, j'avais l'impression d'entendre parler d'un monde qui m'était absolument inconnu, pourtant ils étaient footballeurs quinze ans avant moi.

Aujourd'hui dans la même équipe certains joueurs encaissent 1 million de francs – cent briques – par mois, et d'autres 150 000 francs par mois. Alors la jalousie, la pression empêchent la vraie complicité de se créer. Certains sont interviewés, d'autres délaissés par les médias, alors le footballeur célèbre est de plus en plus seul, entouré de ses copains non footballeurs, de ses conseillers : avocats et managers, toujours un peu hypocrites et très intéressés.

Même les femmes des joueurs sont en compétition. Sandrine s'est presque toujours abstenue, lorsque j'étais à Nantes et à Bordeaux, d'aller aux matchs avec les épouses de mes coéquipiers, pour éviter le concours de la connerie, mettant en rivalité celle qui a la plus belle fourrure l'hiver, les plus chères godasses, la plus grosse Rolex. Ça vole souvent pas haut dans cette partie des gradins. Tout ça pourquoi, parce que le fric rend malade, et que la célébrité isole.

L'article qui m'a le plus fait mal est paru en 1993. Je me refaisais une santé. Au travail quotidien avec Jean-Claude Darmon, j'ajoutais tous les soirs des séances de réflexion avec Patrick Amory pour préparer le livre et ouvrir les cases les plus douloureuses de ma mémoire. Un journaliste nommé Gérard Edelstein me lança son venin sans prévenir. Me traitant de « joueur à côté de ses pompes », caricaturant, dans un mot d'humeur, ma vie d'homme en la qualifiant de « déviante » et de « calamiteuse ». Tout ça dans un canard qui avait fait ses choux gras de mes exploits passés. J'ai pleuré de rage et de déception en voyant ce crachat imprimé dans *L'Équipe*. Comment le rédacteur en chef de ce journal a pu laisser publier cette ignominie où on pouvait lire qu'il ne fallait pas pleurer sur le destin d'un type qui, après avoir encaissé 80 briques par mois, était à la rue, dans un pays qui compte des millions de chômeurs. Comment oser faire de telles associations ? Comment juger, sans connaître les causes de ma ruine ? Ce jour-là, cette gazette n'a pas fait preuve d'esprit sportif. Tirer sur une ambulance c'est pas une performance. Me faire ça à une époque où mon travail chez « Média Foot » pour Jean-Claude Darmon consistait à prendre contact avec des chefs d'entreprise, et où je souffrais pour m'adapter à cette période de réinsertion, relevait de l'assassinat gratuit et odieux.

Quand on porte le nom d'Edelstein on devrait avoir plus de chagrin ou de pitié pour son prochain. Et surtout éviter de jouer les délateurs et les accusateurs, moi ça me rappelle les pires heures d'une presse pourrie dans une France occupée. Je ne pardonnerai jamais cette ordure lancée avec insouciance dans ma vie renaissante. Les salauds m'ont trop blessé pour que je pardonne encore à ceux qui m'ont offensé.

Il faut hurler plus souvent SALAUD à celui qui agit sans conscience et met la vie d'autrui en danger.

La main tendue

Le foot, c'était fini pour moi. Je l'ai compris à ma sortie de prison. Certains s'étonnent, d'autres s'indignent. Il faut essayer de me comprendre. Moi je n'ai jamais joué pour gagner ma vie, le foot n'a jamais été un travail, je n'ai jamais mis mes crampons dans mon sac en faisant la gueule, j'ai joué pour le plaisir. Un homme brisé dans sa dignité n'a plus le courage, ni l'envie de se passionner pour quoi que ce soit. Voilà pourquoi le foot, ma passion, faisait définitivement partie du passé.

Est-ce que je le regrette? La question ne se pose même pas, c'est ainsi. J'agissais comme un looser et non comme un champion; il était temps de réapprendre à vivre, le jeu c'était du luxe. Quand on sort de prison et qu'on se sent encore plus enfermé dehors par ses erreurs, qu'on l'était dans sa cellule, le problème est grave, le mal est profond. J'en étais là.

En ce début 1993, socialement, je ne représentais plus rien. Je n'avais plus de Sécurité sociale, je n'étais pas inscrit à l'ANPE, professionnellement je n'existais plus. La main, la seule, c'est Darmon qui a osé me la tendre. « Touré le givré », « José à la dérive », lui ça ne lui a pas fait peur, il a tenté quelque chose. Il a récupéré un « Touré éparpillé façon puzzle » – comme dirait le génial Audiard.

« Tu sais, José, tu vas pas m'embrouiller. Je sais d'où tu viens et comment tu y es arrivé. Tu sors de la drogue et tu t'es réfugié dans l'alcool. Tu t'es laissé aller, et tu as eu tort. Plusieurs fois je suis venu pour essayer de te conseiller, et tu n'as pas écouté. Ton Berquez, le premier jour que je l'ai entendu et vu, j'ai senti qu'il puait. Il faut te battre pour sauver ce que tu peux encore récupérer. Mais surtout tu dois te ressaisir. Je t'offre une chance, apprendre un métier dans un domaine qui est le tien. Mais que les choses soient claires, si tu me baises je te vire. Ne triche pas avec moi, compris ? » Jean-Claude a parfois l'air d'un grand fauve. Ses yeux se concentrent sur sa proie, ses mots s'échappent de sa mâchoire de prédateur. Dans ces instants vous vous sentez peu de chose face à lui. Ce mec-là ne fait jamais dans la broderie. Les genoux bien écartés dans son fauteuil – les couilles à l'aise –, il est fort et le sait. Son immense bureau très design est le symbole de sa réussite. Une grande table où il travaille et « réunionne », des fauteuils et un canapé où il reçoit pour finir – ou commencer – à bouffer cru son interlocuteur. Jean-Claude en affaires, il a l'appétit et les coutumes d'un cannibale.

Apparemment rien à voir entre lui et moi, sauf l'essentiel : un certain respect. Lui, pour ce que j'ai été. Moi, pour ce qu'il est devenu. Mais en plus de ça il y a l'affection.

La légende dit qu'il a commencé à vendre des limonades à la buvette du stade de Nantes. L'histoire de ma famille raconte que mon père lui a filé un coup de main et qu'ils se sont appréciés, il y a longtemps déjà.

Darmon est puissant et intraitable, donc jalousé et critiqué. On le critique plus souvent qu'on ne l'encense.

Moi je m'en fous des racontars et des commérages, Jean-Claude est ce qu'il est, et en plus il est fidèle. Dur et exigeant, mais avec un cœur gros comme ça, qu'il cache sous sa panoplie de patron gagneur dans le monde impitoyable du fric, du sport et des médias. Merci, le dur, de m'avoir bougé le cul, de m'avoir dit mes quatre vérités. Mais de m'avoir aussi ouvert ta porte et donner une chance, celle de comprendre – doucement – que le monde existait en dehors de mon malheur.

C'est Bruno Dalle d'Europe 1 qui m'a mis en relation avec le boss de Média Foot. Mon travail chez Darmon consistait d'abord à me lever tous les matins pour aller au bureau. Ça vous fait rire, mais pour moi cette vie d'employé à trente ans c'était une découverte, de l'exploration, presque une aventure. J'ai commencé par aller au bureau boulevard Malesherbes en taxi, puis quand mon mois y est passé en quelques jours, j'ai pris le bus ou je me suis fait accompagner. Darmon avait tout compris, je devais me frotter à la vie ordinaire. Il m'a laissé patauger en me surveillant de loin. Il m'a filé des listes de patrons d'entreprises que je devais convaincre en un coup de fil de me recevoir, accompagné d'un commercial de la société. Mon boulot c'était de piquer du fric là où il est. Et permettre aux marques de se faire voir là où il y a du monde – les stades – et des caméras – la télévision. Darmon ne me faisait pas de cadeaux, parce que, pour me lever et être au bureau à neuf heures trente et devoir me casser la tête au téléphone toute la journée, il me filait royalement 5 000 balles pour ramer à sec. J'en ai chialé. Mais j'y allais. Et j'ai survécu comme un smicard. Il avait raison le dur, fallait m'apprendre la vie. J'avais été trop gâté, je m'étais trop écouté. Je ne vais pas vous faire pleurer, mais le blues que m'a filé ce boulot certains jours est indescriptible. « Allô, c'est José Touré, ancien international de foot... » L'horreur. Et en même temps je me suis accroché, j'avais un deal, un objectif. Je vendais des panneaux, mais en fait je rachetais mon âme.

Chez Média Foot soit tu bosses, soit tu gicles, c'est la

règle pour tout le monde, alors j'ai essayé. Pour moi le mot essayer c'était déjà une victoire. Je revenais de si loin, de si bas devrais-je dire. Quand je croisais Jean-Claude dans les couloirs, il y a des jours où il ne me disait même pas bonjour, parce qu'il savait tout de moi, même que la veille j'étais arrivé en retard, ou que j'étais sorti comme un looser trop tard la nuit précédente. J'avais les boules, parce que Jean-Claude et moi avons une longue histoire. Quand j'avais neuf ans, il venait manger à la maison. Avec mon père, ils avaient créé le livre d'or du club de foot de Blois. Bien plus tard je suis allé en vacances dans sa maison à Cassis, avec Marcelle, son épouse à l'époque, et leur petite fille. Il y avait aussi l'adorable Claude Cohen. Lui et Jean-Claude sont comme chien et chat, mais sont aussi inséparables. Darmon il est comme ça, il lâche pas facilement les copains.

« Ça va être dur pour toi, mais j'ai envie de te faire confiance, alors bats-toi. » Malgré son emploi du temps de forçat, il m'a souvent pris à part pour me refiler la pêche et me remonter les bretelles. Dans ces instants son regard se fait doux et il aime donner une accolade d'homme pleine de chaleur.

Des efforts j'en ai fait, des conneries aussi, ça c'est le côté cocasse. Touré dans le monde du business ça vaut le détour, c'est un peu comme *Tintin au Congo*. Une de mes victoires au tout début fut de décrocher un rendez-vous avec les éditions Larousse. Après le coup de fil, je filais dans le bureau de mon directeur commercial – et ami – Alain Asse. « Ça y est, Alain, j'ai un rendez-vous, un client de ma liste : Larousse. » Il me félicita et me briefa sur les inter-relations à créer entre la jeunesse, le savoir et le foot. Je sortis le crâne farci de son bureau, mais fier de mon exploit.

Le vendredi 4 février, date de ce rendez-vous que je n'ai pas oublié, je sortis de chez moi à neuf heures quarante-cinq pour être à dix heures à cinq cents mètres de mon appartement rue d'Assas. Costume sombre, chaussures impeccables, serviette noire, j'avais le look du parfait commercial, peut-être un peu trop élégant. A dix heures précises je me retrouve devant une dame paralysée du bas du visage qui me mâche avec difficulté : « Monsieur Touré, je suis désolée, mais je sors de chez le dentiste, l'anesthésie me bloque, j'aurai du mal à soutenir une conversation... » Hors de question pour moi d'annuler. Je lui dis : « Ne vous inquiétez pas, madame, je serai bref et c'est à moi de parler. » Et me voilà parti dans un exposé enflammé sur la rencontre essentielle, trop tardive, entre le foot et Larousse. Basant toute ma démonstration sur l'association du sport et du savoir de la jeunesse, avec l'image de Larousse, le leader du dictionnaire et le foot, le leader des sports de jeunes. Elle essayait de temps en temps de m'interrompre, je lui faisais signe de m'écouter en lui clouant le bec par mon débit incessant. Finalement une demi-heure plus tard lorsque je calais, à court d'arguments et de salive, je la laissai me dire de façon à peine audible : « Mais monsieur Touré, ici vous êtes chez Hatier... »

En sortant de là je me suis dit : « Là t'es vraiment un superbourrin, un bourrin aux pieds carrés. » La vie, c'est un drôle de match, où je n'étais pas encore un virtuose, loin de là.

Il y a aussi eu ces rendez-vous obtenus juste sur mon nom. J'ai le souvenir d'un type dans l'immobilier qui m'a fait traverser Paris. Et lorsque je suis arrivé à son bureau, j'ai commencé mon baratin « Média Foot blablabla... » Il m'a interrompu : « José Touré, vous êtes mon héros. » Il me regardait comme une madone en joignant les mains : « Mon fils, tu sais que tu m'as fait rêver. Laisse tomber Média Foot et parlons un peu, et surtout ne repars pas sans me signer un autographe pour mon gosse, quand je vais lui dire ça, José Touré dans mon bureau, c'est pas beau. » Vous savez ce que j'ai fait? Non? Et bien je l'ai écouté, on s'est marré – surtout lui – et j'ai signé un petit mot pour « le gosse » et je me suis retapé une heure de transport en maudissant ce nom célèbre qui ne servait à rien et cette gentillesse qui me transformait en « Touré la galère ».

J'en ai chié. Plusieurs fois, trop, je me suis cassé dans la nuit parce que faire le tapin au téléphone c'était pas ma vocation. Bien sûr j'ai rencontré des gens intéressants dans ce boulot : les patrons d'Auchan, Virgin France, Nouvelles Frontières et d'autres mais je n'étais pas à ma place. Au fait où est ma place?...

Le travail a fini par me peser parce que chaque fois que je téléphonais, je me présentais et ça me rappelait qui j'étais. José Touré n'avait rien à foutre là. S'il ne s'était pas fait embrouiller, José Touré n'aurait jamais dû gagner 4 700 francs net à s'échiner dans un boulot pas fait pour lui. Pourtant avec ça j'envoyais 1 500 francs à ma mère chaque mois, et le reste du temps, je tirais la langue. J'avais l'immense chance de partager ma vie avec une fille aimante, mais je souffrais au bureau. Et donc je finissais par péter les plombs. Si souvent et si fort que Sylvie, ma copine à ce moment, a jeté l'éponge. Elle qui ne m'avait pas laissé tomber lorsque j'étais allé en taule, et qui était même venue me voir en Afrique, a fini par se lasser de me voir la délaisser pour des nuits d'ivresse, où tel un loup famélique je hurlais après la lune et ma vie de con.

Ce livre, ma thérapie

Dans cette période je continuais à dégoûter de moi tout ceux qui m'aimaient. Mes femmes ont toujours fini par me jeter et me quitter, poussées à bout. Avec elles c'est comme si j'attendais cette issue, pour renforcer mon désespoir et me conforter dans l'idée que je suis né pour être abandonné. C'est Patrick Amory qui m'a récupéré un week-end de grande crise. Lui n'a pas peur de moi, même lorsque je suis une tornade, et moi je me calme face à ce faux décontracté, que j'ai vu exploser plus fort que la Soufrière, lui ce fils des Antilles et de l'Ardèche, c'est un sacré prototype, un volcan d'énergie, de force de vivre et un cœur fidèle, un authentique.

J'ai débarqué chez lui plein de liquide et d'amertume. Sylvie ne me voulait plus. Nous avons parlé, parlé et encore parlé. À un moment de notre conversation marathon qui dura tout un dimanche, pour ne pas m'assommer tellement mon attitude était nulle, il alla mettre un grand coup de tête dans un haut radiateur de l'atelier d'artiste où il vit. J'ai plaint le radiateur et j'ai souhaité ne jamais être la cible de sa rage. D'ailleurs on s'est battu, un jour, lui et moi. On s'est vidé, il m'a mis à l'heure avec ses tripes, je lui ai vomi dessus – réellement. Il s'est changé et moi aussi j'avais envie de changer.

Le lendemain j'étais décidé. Avec Patrick j'avais pris beaucoup de décisions : raconter mon histoire dans un article. Un livre me faisait encore trop peur, mais je voulais m'exprimer pour faire oublier le crachat lu dans *L'Équipe*, quelques jours avant. Cet article m'avait déséquilibré et blessé, je devais réagir. Patrick m'avait fait comprendre que parler m'aiderait à sortir tout le malheur que je cachais en moi, me permettrait de me libérer de mes cauchemars. Il est la première personne qui m'a vraiment persuadé que je ne devais plus chercher la vérité ou une solution dans l'alcool, mais dans l'analyse. Pour lui je n'étais pas un alcoolique dépendant, j'étais angoissé et trop faible pour envisager d'examiner ma situation, d'où ma fuite. Et il était prêt à m'ouvrir sa porte, son temps et son esprit. Il m'a tendu une perche, je m'y suis agrippé de toutes mes forces. J'étais allé si loin dans ma dérive que ce projet était ma dernière chance.

Au début, nous travaillions deux fois par semaine. Je parlais, il enregistrait. J'ai commencé à vider mon abcès. Petit à petit j'ai eu besoin de nos conversations. Il ne se contentait pas d'écouter, il ne jouait pas les psy, non il mouillait sa chemise, il parlait aussi. Ses mots m'éclairaient. J'avais l'impression que nos rencontres me nettoyaient. J'ai senti que mon courage à m'ouvrir enfin pouvait me guérir.

Mes conneries m'avaient isolé. Chez Serge Blanco, dans son institut de thalasso à Biarritz, j'avais tout cassé un soir de cyclone intérieur. Jacques Vendroux, en rééducation après le drame de Furiani avait assisté à ce triste épisode. Serge était toujours amical mais échaudé, il préférait me savoir loin. Je le comprends. Yannick était déçu, comme à tous mes proches je lui avais menti. Il avait tant fait pour moi. Il m'a écrit lorsque j'étais en taule. Il est venu me voir à Tours pendant ma conditionnelle. En faire plus c'est pas possible, Yan a beaucoup donné, et moi j'ai pas été élégant. Je suis sûr qu'il m'en a voulu sur le coup. Maintenant c'est du passé. Mais je regrette d'avoir été si lâche envers tous mes amis.

La difficulté c'est d'accepter de ne pas juger avec sa morale un type dans l'état où j'étais. Patrick savait ne pas s'impliquer de façon affective vis-à-vis de moi. En fait il n'attendait rien de moi, rien de bon, il s'attendait à tout. Depuis dix ans qu'il m'avait côtoyé, rien, même pas le pire ne pouvait le surprendre. J'étais devenu un pourri, égoïste et lâche. Il me l'a dit. Je devais m'en sortir, il y croyait. Et il me l'a prouvé. Face à sa détermination et son intelligence de la situation je ne pouvais qu'être à la hauteur. Envers moi il s'est comporté comme un éducateur et a réfléchi en humaniste. Je sais qu'il n'aimera pas ces qualificatifs lui, plus proche du ni dieu ni maître que du « sois mon disciple ». Mais c'est lui qui un jour m'a chargé dans son Range pour m'amener dans une clinique. Jacques Vendroux avait trouvé l'adresse. Patrick était le seul qui n'ait pas peur de m'accompagner là pour mon bien.

En réalité c'est moi qui avais un peu peur de lui, sa force morale et ses quatre-vingt-dix kilos de détermination musclée représentaient un sacré obstacle à l'embrouille quelle qu'elle soit. Il ne me laissait pas le choix de fuir encore. Avec lui je me sentais vraiment rassuré. J'ai accepté de me soigner, parce qu'il m'accompagnait. Je ne voulais pas qu'on se débarrasse de moi en m'envoyant me faire voir ailleurs, même chez les médecins. Je ne voulais pas qu'on m'abandonne encore, même si je le méritais.

Une voie s'est ouverte. Et une voix a appelé Patrick. C'était Jacques Lanzmann, l'écrivain, le marcheur, l'aventurier, le généreux, il venait de lire mon interview faite par Patrick pour le canard d'Ardisson, *Interview*. J'y faisais pour la première fois un bilan sans concession. « Ça m'a donné un coup au ventre, je suis sûr que ça ferait un bon livre. Vous pourriez aider Touré à l'écrire. » Lanzmann nous a lancés. Le premier essai pour exposer ma vérité m'avait plu, j'étais d'accord pour un livre. Patrick est allé chez Lattès – chez qui Lanzmann est directeur de collection – pour parler avec Radford et Colosimo de sa vision du livre. Car un autre éditeur spécialisé dans le chant des pleureuses nous avait contactés. Patrick l'avait envoyé balader, il savait trop qu'on m'avait spolié pour accepter un projet qui me volerait la dernière chose qui m'appartienne, la vérité sur ma vie.

Notre décision était claire, on ferait un bouquin pour tout dire ou on ne le ferait pas. Chez Lattès, parce qu'ils y croyaient, parce que Radford est un frère de peau, parce que trop de cons ne croyaient même pas que j'aurais la force de cracher mon histoire. Un tel projet est un marathon plein d'obstacles. Moi d'abord j'avais envie mais j'avais peur et puis ce travail astreignant m'était si étranger. Et puis les autres, les critiques ou les envieux, qui traitèrent Patrick d'opportuniste, ne savaient pas que notre voyage dans les méandres de ma vie durerait quinze mois.

Amory était ma chance, parce que lui l'ancien prof d'éducation physique, tendance pédagogie des situations, lui l'anthropologue qui aime avant tout se consacrer aux combats de l'homme seul face aux gros systèmes, avec ses connaissances et sa conscience politique, voyait dans mon histoire exemplaire comme la démonstration à exposer à tous, aux jeunes, aux footballeurs comme au public et aux dirigeants, de ce qui ne doit plus jamais se produire dans un sport bien géré et dans une société propre, qui respecte la personne. Notre projet prenait sens, et ma vie avait enfin une direction, celle que je me choisissais : redevenir libre en parlant sans peur.

Patrick et moi, nous en parlions aussi avec le psychiatre qui m'aidait à me restabiliser après ces trois années de destruction. Son diagnostic fut favorable, il était même enthousiaste, comme peut l'être un psy : « Le temps est venu pour José de tout mettre à plat. C'est la partie essentielle de sa thérapie. Raconter et tout raconter sans honte, ni censure. »

La honte, je m'étais habitué à vivre avec tous les jours, après mes nuits de pauvre type. Et la peur, bien sûr, elle ne me lâchait pas. J'ai fait faux bond à Patrick de nombreuses fois. Certains jours j'espérais qu'il me dirait : « OK, ça suffit. T'es un raté, j'arrête. » Comme tant d'autres l'avaient fait, ou l'auraient fait. En réalité, j'avais peur de m'en sortir, c'est si douloureux mais facile de ramper. Mais non, ce mec n'a pas lâché, il m'a attendu. Et moi je l'ai pompé un max, il m'a supporté et un jour j'ai pu lui donner un peu et plus, et finalement tout ce qu'il espérait : ma vérité et ma volonté de me relever.

À la même époque, excédé, Darmon me vira. Ce fut l'accélérateur de notre projet. Je m'étais bourré à midi en bas du bureau, et j'étais remonté, ça faisait trop désordre. Jean-Claude nous reçut Patrick et moi, il m'a traité de tricheur et de faible et m'a montré la porte. Il m'avait déjà prévenu et laissé X chances de me récupérer. Il a demandé à Pat comment il faisait pour s'accrocher ainsi. « Toi, tu fais dans l'humanitaire », a dit Darmon à Pat qui a souri et répondu : « Je le connais, José. Je ne le lâcherai pas. Je savais où je mettais les pieds. Ça prendra le temps qu'il faut mais on y arrivera. » Enfoiré de Pat il avait décidé de m'avoir. Patrick est fils d'enseignants, il a été éduqué dans le respect de la personne et dans l'espoir de voir évoluer l'homme. Il n'est ni homme d'affaires, ni homme de résultats, il osait donner son temps et son énergie à ce projet incertain comme l'était ma volonté. Et sans ce projet Dieu seul sait où je serais et dans quel état.

En tout cas Amory était le seul face à qui j'accepte de tout dire. Car ne croyez pas que se foutre à poil comme je l'ai fait soit facile. Les premiers jours je ne venais pas à nos rendez-vous ou bien je voulais qu'on parle d'autre chose que de ma pauvre vie. D'autres jours, j'en souris aujourd'hui, j'allais boire en cachette dans le bar de Patrick entre deux parties de nos conversations, l'alcool me permettait de me lâcher. Lui, il voyait tout et comprenait ma peur et ma douleur, il était patient mais tenace. C'était terrible, mais c'était ma thérapie. Ne plus fuir, me raconter. Ne plus mentir, me souvenir. Ce livre allait changer ma vie au quotidien et je l'espère transformer définitivement mon avenir.

Souffrir pour survivre

En avril 1993, avant d'être vidé du bureau je pris une grande décision. Ne plus m'opposer à mon envie de guérir, de m'en sortir... Avec l'autorisation de Darmon, je quittai le boulot. Patrick m'accompagna pour faire un cheek-up en vue de ma première vraie tentative de soins. À vrai dire je ne faisais rien. Mais me laisser faire, c'était ma façon à moi d'accepter. C'était déjà beaucoup. Mon corps était épuisé, mon esprit brisé... Trop de luttes contre moi-même, trop de défaites acceptées, trop d'humiliations subies. Le guerrier, de la cause perdue, avait besoin de repos.

Échapper à ma dépression n'était plus une question de bien-être mais de salut. Cette maladie est terrible. Chacune de mes cellules, chacune de mes paroles, chacune de mes idées étaient sous son emprise. Je ne voyais plus clair, je ne pensais plus juste. Je m'imbibais ou je restais prostré, complètement anéanti par ma situation.

Le seul que je ne fuyais pas systématiquement c'était Patrick. Alors il me prit par les épaules et m'accompagna. J'avais besoin qu'il fasse le premier pas. J'étais sans force, sans volonté.

C'est terrible d'avoir peur de tout et même de soi. C'est encore plus angoissant de se voir arriver dans une clinique psychiatrique. Jacques Vendroux avait trouvé l'adresse, Patrick m'y conduisit. Il parlait beaucoup, pour m'expliquer que ça me ferait du bien de dormir et de m'ouvrir à un médecin.

J'arrivais à Andilly, à la clinique des « Orchidées », pour y faire une cure de sommeil. Une cure de sommeil ! C'est une parenthèse de repos dans ma vie de crises et de craintes. C'était bon. Il fallait que je sorte de l'engrenage : alcool, déprime, désespoir... ma longue fuite m'avait complètement usé psychologiquement.

Lorsque j'ai refait surface, j'ai appelé Patrick « Mais qu'est-ce que je fais chez les tarés ? » lui ai-je crié au téléphone. Je continuais à me cacher mon état. Ma tactique dans ces moments-là était de rejeter ce qui me gêne. Patrick me proposa de venir, sur-le-champ, me chercher. Il me prévint « Tu vas continuer à ramer et à te détester ». Puis il me rappela mon itinéraire, mes longs mois à Saint-Jean-de-Monts, mon opération et mon retour. Certes aujourd'hui la blessure était mentale, mais il avait espoir en ma guérison. C'est tout ce que je voulais entendre et croire. J'ai choisi de rester.

« Les Orchidées » sont un lieu ouvert, seuls les patients qui le décident y séjournent. Là, je me suis remis en cause, et j'ai dû m'accepter tel que j'étais, mal dans ma peau. Je me sentais traiter comme un grand enfant.

Ce milieu n'est pas déprimant et j'y étais comme dans un cocon. Les infirmières, malgré leur travail de titan, sont à l'écoute, douces et prévenantes. Si la psychothérapie ne m'ouvrit pas la voix du moi profond, elle me donna une nouvelle foi en ma volonté.

Bien sûr il y a eu les révoltes. Ça me minait d'être là, sur ce parking aseptisé, entre parenthèses du monde où j'avais tant de mal à me faire une place. Alors je sortais de la clinique, j'allais encore pleurer ma détresse, au lieu de réfléchir, je laissais filer entre mes doigts ma volonté. Je baissais les bras. C'est très dur de décider de s'en sortir vraiment surtout lorsque, comme moi, on a tendance à se laisser soigner, pas à se prendre en main.

J'ai fait deux séjours à Andilly, à un an d'intervalle.

Chaque fois, j'en ai tiré des forces. Je laissais derrière moi ma sale image, et les rumeurs. Je me mettais en vacance de ce pauvre type, qu'on disait foutu, cuit à l'alcool, shooté à l'héro... et même séropositif, ce qui est faux, rassurez-vous.

J'ai souffert pour survivre. Guérir est une épreuve. Il faut s'abandonner, se confier, faire confiance. Moi, après mes expériences je préférais me pourrir la vie plutôt que m'ouvrir, même pour me soigner.

Alors j'ai pleuré d'abattement. Je me suis abruti à force de pilules et de zapping télé. J'ai partagé une clope ou un instant de solidarité avec des fêlés sympa.

Mais j'ai aussi redécouvert le bien-être de la nuit, la magie du sommeil. Se relâcher, se laisser faire, ne plus vivre oppressé et traqué comme dans une impasse. Ça m'a reposé en profondeur.

Le docteur Jean-René Susini m'a rassuré. Je n'étais ni un alcoolo dépendant, ni un maniaco-dépressif. Je souffrais d'une longue crise qui m'avait poussé vers les produits toxiques. Et je devais apprendre les lois d'une vie plus normale que celle que j'avais menée lorsque j'étais un champion.

Pendant toute cette période de luttes et de doutes, d'abandon et de repos, je sentais le venin, qui m'empoisonnait, se résorber dans l'effort.

Comme tout le monde, j'ai mes failles et mes faiblesses. Certains chocs affectifs – vous les connaissez maintenant – m'ont littéralement fait imploser, ouvrant des brèches béantes, où je me suis enfoncé. À partir de cette époque, j'ai commencé d'en sortir.

J'ai décidé de me soigner pour remercier ceux qui m'aimaient. Au début, c'est à travers les autres que j'ai fixé mes objectifs. Aujourd'hui, c'est à moi que je pense. Après avoir fini ce livre, après avoir parlé de mon histoire, je veux continuer à prendre du temps pour rétablir les bases solides de mon nouvel élan.

Carton rouge

La seule vraie violence que j'ai réussi à exprimer, c'est contre moi que je l'ai mise en œuvre. Pendant ces crises terribles, où j'implosais sous le coup de séismes destructeurs, pour retrouver un chemin dans mes ruines intérieures.

Enfant, je détestais les bagarres. Le sport me bouffait toute mon énergie et puis, je l'avoue, les castagnes, ça me foutait un peu la frousse. Il m'est arrivé de me battre, pour des bêtises d'enfants, des histoires de susceptibilité, jamais méchant. Ma fierté c'est d'être rentré dans le monde des coups en justicier. L'histoire est ancienne, je rentrais de l'école toujours à rêvasser, je suivais à cinquante mètres mon frère Patrice et un copain de classe. Lorsqu'un gars les accosta et, menaçant, empoigna le copain de Patrice. Je me précipitai, le gars était de ma taille, avec une allure gavroche et une tête pas commode. J'ai cogné pour sauver « les petits ». J'ai eu l'impression d'être un sauveur, pas un bagarreur. C'était un acte de mon époque « guerre des boutons ».

Au centre de formation, je ne me suis jamais battu avec un copain. Des mots, des contrariétés mais pas de gestes, les seuls que j'ai vus se frictionner vraiment ce fut Nounours (Baronchelli) et Bib (Bibard) pour un énervement lié à un exercice tactique que Suaudeau nous faisait faire sous forme de duel. De toute façon le mot « bagarre » pour moi, dès cette époque, est devenu noble. Balle au pied je ne me laissais pas toucher, de même que je ne voulais jamais être dribblé. Cette bagarre-là aide à devenir fort dans sa tête, c'est un cocktail d'émulation et d'affirmation, dans un milieu passionnel où tu dois conquérir ton espace chaque jour.

Pendant ma carrière je n'ai été expulsé que deux fois. La première au Canada en tournée avec Nantes, au cours d'un match contre le Manic de Montréal. Il y avait un blanc-bec, raciste à souhait qui me cherchait. Au cours d'une bousculade, il ne fait pas le poids, et d'un geste réflexe il a craché sur mon maillot en me traitant de fils de ma race. J'ai vu rouge, M. l'arbitre aussi. J'ai décoché une droite et séché ce salopard, tandis que l'homme en noir m'expulsait normalement. J'étais heureux, soulagé d'avoir aligné un adversaire aussi peu hospitalier.

La seconde fois c'est à Marseille, en championnat, j'étais encore nantais. Le Hollandais de l'OM de l'époque venait de coller un péchon à Vahid Hallilhodzic. Sur un corner Vahid me glissa : « Il faut pas le louper. » Dans le feu de l'action, j'ai enfoncé mon coude généreusement dans la ganache du Hollandais. Un peu groggy et furieux, il m'attrape et esquisse un upercut, plus rapide je lui en colle un qui lui ouvre un grand sourire et lui éclate les lèvres. La bouche en sang, il s'affale KO à mes pieds. Et là encore l'arbitre me sanctionna justement.

Je n'en suis pas fier de ces épisodes, il n'y a là rien de glorieux. Et surtout pas d'exemple à offrir aux jeunes. La violence du foot je l'ai subie. Parce que moi à mon époque « brésilienne » j'en ai souffert des bouchers des terrains. Ces fondus sans cervelle qui cassent de l'adversaire qui brille trop. Mes coups de poing, vous le savez maintenant, se sont toujours inscrits dans une pulsion de justice. Le raciste et l'agresseur ne méritent que de brouter l'herbe. Mais ce n'est pas une solution. J'ai fauté, j'ai payé. Mais ce que j'ai fait est peu de chose, comparé au méchant tacle qui a brisé ma carrière. Ces gestes-là, de la part de professionnels, sont indignes, et la nouvelle réglementation mise en œuvre aux derniers championnats du monde aux États-Unis est parfaite. Dehors les tacleurs fous!

À Bordeaux, en coupe de France, je portais encore les couleurs de Nantes lorsque j'ai subi un tacle vicieux d'une violence inouïe, fait pour casser l'homme, pas pour subtiliser le ballon. C'est Rohr qui m'adressa en plein tibia un coup de semelle d'une telle force qu'il me transperça mon protège-tibia. Je me demande encore comment j'ai pu m'en relever. C'est ce tacle-là qui aurait pu stopper ma carrière sans une chance extraordinaire.

Henri Michel me releva, il était fou de rage, car l'arbitre dormait sur ce coup. Je me suis dit : « Ce mec, je vais l'exploser. » Je me souviens encore de Tchoutcho – Oscar Muller – glissant au casseur bordelais : « Attention le grand noir il est cannibale, il va te bouffer. » À la fin du match je m'étais calmé, en serrant de très près Rohr qui ne broncha plus de tout le match. Je ne m'étais pas vengé, je lui avais fait peur. J'espérais simplement qu'il n'abîmerait plus les protège-tibias de ses adversaires. Je n'ai jamais été de la catégorie des méchants ni dans le foot ni dans la vie.

Dans la vie, seul l'alcool m'a rendu violent plus en paroles qu'en gestes. Sauf lorsque la haine débordait. La vraie violence je l'ai malheureusement fait subir en faisant peur, je n'ai jamais blessé qui que ce soit avec mes poings. En revanche j'ai retourné contre moi mon désespoir, rentrant souvent, les phalanges et le front en sang d'avoir trop martelé les murs de ma rage impuissante à me sortir de l'impasse. La vraie violence je la recherchais parfois. Souvent j'ai provoqué des monstres leur disant : « Allez, frappe, qu'est-ce que tu attends. » Par bonheur j'ai dû tomber, toujours, sur des King-Kong au grand cœur.

Une seule fois à Milan pour les cinquante ans de Pelé, j'ai pris la rouste de ma vie. Je finissais la nuit au Hollywood, une boîte très chaude. En ressortant m'avaient-ils suivi ou attendaient-ils le premier venu ? Quatre ritals me bloquèrent dans une ruelle déserte, il était trois heures du mat. J'ai vu que j'étais fait. J'avais encore l'âme en berne comme à chaque sortie nocturne. Je me souviens, je leur ai dit crânement : « Allez, frappez, enculés de Ritals. » Un premier coup de tête m'éclata le nez, me le mettant complètement de travers. J'ai rien senti, juste les larmes dans les yeux. Le second coup de tronche explosa mes lèvres, le sang chaud gicla. Je continuai : « Allez pédales, allez connards. » Mon cri et mon défi s'achevèrent en murmures et en souffrance, j'étais allongé en boule et ces pourris me finissaient à coups de pied. Ils finirent par me piquer mon fric et mon passeport. J'ai mis d'interminables minutes à me relever. Ces cons auraient dû demander poliment au lieu de s'énerver. Ça m'aurait évité une triple fracture du nez que j'ai résorbée sur place d'un coup sec avant d'aller à l'hôpital pour soigner mes côtes fêlées et mes doigts cassés par les coups de pompes. J'avais la tronche boursouflée comme Elephant Man, je faisais peur.

Cette violence-là aussi n'existe qu'à cause du fric, mais en fait elle détruit moins profondément que la violence des hommes d'affaires véreux qui, eux, te piquent tout en douceur. Pour moi quelles qu'en soient les causes je pense que la violence est la force des faibles. Pour ça ils ne méritent qu'un carton – le rouge.

Génération sacrifiée

Mike Tyson, Diego Maradona, Ben Johnson combien d'autres encore ont été sacrifiés au nom du sport business? Je ne suis pas juge et je ne tiens pas à le devenir, je ne sais pas exactement ce qu'ont fait Mike, Diego et Ben pour avoir vu leur vie brisée. Moi je n'ai pas triché, ni commis de crime, j'ai simplement été l'acteur puis la victime de la « comedia dello sport ». Le sport, ce merveilleux mot, sali par la cupidité. Si aujourd'hui trop souvent les vedettes du sport participent à une foire au fric et à une farce sans morale, ils n'en sont que les complices et, le plus souvent, les victimes. Ceux qu'on déclare coupables expient des fautes qu'une société entière tolère, que le sport en général admet. Je suis contre le dopage, contre la violence, contre la tricherie mais je ne peux assister aux sacrifices sans me révolter. Parce que Tyson, Maradona et Johnson, quelles que soient leurs fautes, ne sont que les produits de la culture pervertie du sport d'aujourd'hui. De cette course effrénée au big business, qui font que les imprésarios et les managers deviennent plus importants que n'importe quel juge ou arbitre. On ne me fera pas croire que Johnson ou Maradona ont eux-mêmes prévu de pourrir leur vie. Ils sont coupables, disent certains, ils sont complices, aurais-je tendance à dire, ce dont je suis sûr c'est qu'ils sont victimes.

Mon histoire est différente. Moi j'ai au moins eu ce courage et ce respect pour moi et ce sport qui m'a tant fait plaisir ; je suis parti, j'ai abandonné, j'ai fui au lieu de m'abîmer sur un terrain. Je suis comme ces éléphants qui vont mourir seuls loin du troupeau. Je suis parti me perdre dans mes labyrinthes loin des lumières de ma passion. Pourtant le virus du désespoir ce sont des notables du monde du foot qui me l'ont inoculé, ou qui, par complicité, ont activé ma contamination.

En lisant un dossier sur Mike Tyson je me suis senti frère de destinée du boxeur malheureux. Je me suis reconnu dans cet être assisté et naïf qui, pour se protéger de la réalité, pour vivre sa passion sans la pression extérieure, a confié sa vie à des personnages ni propres ni dignes. Lui, plus que moi, a vécu des caprices d'enfant attiré par tout ce qui brille. Tous ces gadgets que l'argent permet de posséder et qui finissent par dénaturer l'être. Le manque de prise de responsabilité, de ligne de conduite raisonnée rend aveugle et pousse vers la désillusion. J'ai l'impression en analysant ma trajectoire de n'avoir pas su gérer ma vie hors d'un stade, comme Tyson ne l'a pas dirigée hors d'un ring. Bien sûr la comparaison est exagérée. Je n'ai eu ni la gloire ni la fortune de Tyson, mais mon châtiment est comparable, même si nos situations vis-à-vis des lois sont différentes, nos vies dépendantes de la volonté d'autrui et de nos images publiques ont basculé dans la déchéance.

Mike Tyson n'est rien sans ses gants. Il ne pense qu'à remonter sur un ring. J'ai découvert que José Touré n'existait pas hors d'une pelouse. Aujourd'hui l'écriture et la réflexion sur la vie, la mienne, et d'autres valeurs plus générales, m'ont permis de redécouvrir un espace de liberté.

J'ai dû moi aussi vivre la prison pour accepter de me retrouver, obligé par la force de la loi. Mike Tyson a découvert en taule Machiavel, Voltaire et la philosophie. Moi j'ai appris à réfléchir sur moi-même en maison d'arrêt. Les réacs diront « tu vois, la prison ça leur fait du bien », pas si simple, j'aurais bien aimé, moi, réfléchir et lire en dehors d'une prison. Je ne suis que le produit de mon éducation. Avec les outils qu'on m'a donnés pour me former, je ne sais pas si je suis le vrai responsable de ce que je suis devenu, pas le seul en tout cas.

Aujourd'hui Amory m'a proposé de lire des textes en relation avec mon histoire qui me font avancer. Je me suis marré en lisant *Candide*; Voltaire aurait pu faire une chronique sur Touré en voyage au pays du ballon rond. Ma curiosité s'est éveillée parce que j'ai compris qu'elle pouvait enrichir ma vie. Trop longtemps je me suis contenté d'être heureux en étant comme les autres avaient envie que je sois. Ce n'est pas la vraie vie. En travaillant sur ce livre je viens d'apprendre la volonté, celle qui te donne foi en toi. Ma prise de conscience date d'hier, avant je n'avais aucune conscience, ni politique ni morale. J'étais animé par une passion, et je laissais faire la vie. Je viens de découvrir que le réalisme donne une énorme confiance en soi. Le statut de vedette éloigne du réel et concourt à une dégénérescence de la croyance en soi. Je me contentais de bien faire mon boulot. Je ne regardais rien du monde, trop de monde me regardait. L'échec à cet instant n'offre qu'une issue : la fuite ou la lutte pour reconstruire une personnalité, j'en suis là et j'ai la foi.

Trahir et tricher

Je ne suis pas une pleureuse. Le premier enculé que je maudis d'avoir vécu ces prolongations en enfer, c'est moi.

Parfois je donnais – aux jours les plus amers – raison à ceux qui m'ont dupé. Mon rapport diabolique avec eux était tel que j'ai fermé les yeux et qu'ils m'ont trahi, et plus ils m'ont trahi plus j'ai fermé les yeux. Comme si j'aimais ça, comme si se faire mettre était une jouissance. En fait je n'étais moi-même habité que de tristesse. Elle me ramenait à ma condition d'homme responsable. Dès que j'étais heureux, soit je m'engouffrais dans l'horizon dégagé, soit après la trahison, j'essayais de comprendre mon passé et je me déséquilibrais dans la révolte stérile.

Aujourd'hui encore je n'accepte pas ma propre trahison, je me suis abandonné aux autres, et je me suis aussi laissé abandonner par eux. Je ne me le pardonne pas. J'ai bu et j'ai sniffé pour oublier d'abord ma tricherie vis-à-vis du réel. J'ai ressenti plus tard la honte d'avoir respecté, fait confiance et aimé des êtres sans foi, ni loi qui m'ont trahi et nié. J'ai subi cette grande lassitude de la culpabilité. Je me suis damné parce que je m'étais condamné. Vulnérable et surpris par la gloire, je n'ouvrais les yeux que sur un stade, ailleurs je frimais, j'évitais, je n'étais rien. J'ai nourri le monstre qui m'a anéanti. Je me suis battu longtemps, je me bats encore pour échapper à la torture de ce type de réflexion. Mes amis ont souffert, ma famille a subi cette désarmante croyance en quelqu'un qui dit qu'il lutte mais chute et rechute continuellement. Je n'ai menti qu'à moi-même en ne disant pas la vérité aux autres. On me reproche de tricher, je me sens seulement éternellement trahi. Ce mal intérieur avait fait de moi un sceptique, et ce sont des forces extérieures qui m'ont permis de retrouver mon énergie.

Je commence à me pardonner d'avoir manqué de vigilance aux moments cruciaux de ma vie, c'est pour ça que je ne crie plus « BANZAÏ! » mais « José Alléluia ».

Les grands juges et les autres...

Un homme blessé n'a plus rien à perdre. Mon honneur et mon image, je les avais sabordés depuis longtemps. Aussi, lorsqu'un contrôle fiscal me tomba dessus parce que Claude Berquez n'avait pas fait ma déclaration d'impôts 1989 – alors qu'il s'en chargeait ces dernières années depuis qu'il était mon « homme d'affaires », je décidai de réagir. Il faut dire qu'entre 1991-1992, lors des phases de lucidité et d'espoir, j'essayais de me débattre pour ne pas couler à pic.

Je me rendis donc à Paris pour rencontrer Philippe Piat, le vice-président de la FFF (Fédération française de football) et le président de l'UNFP (Union nationale des footballeurs professionnels). Je lui présentai mon dossier et lui expliquai les détails de l'affaire Berquez et de mes accords avec l'AS Monaco, sans oublier bien entendu l'opération off shore par l'intermédiaire d'un compte à Jersey. Peut-être était-il au courant de ce genre de pratiques ? En tout cas il n'eut pas l'air étonné de ce que je lui racontais. À la fin de notre conversation il me proposa de parler avec le président Campora, qu'il devait voir quelques jours plus tard.

Dix jours passèrent avant que je recontacte Piat. J'étais impatient de connaître le résultat de son entrevue avec Campora. « Écoute, José, me répondit-il j'ai pris à part Campora pour lui parler de ta situation. Il n'a pas relevé mes propos concernant le off shore, et m'a dit que pour lui José Touré était trop dépensier, et que Berquez était un homme bien. » Je tombais de haut. J'étais vraiment le dindon de la farce.

Sans oser douter de la franchise de Piat, je me suis quand même demandé si, vraiment, Campora s'était ainsi moqué de moi... et du président de l'UNFP.

Tomatis, le trésorier de l'AS Monaco, et son président, le bon docteur Jean-Louis Campora, ne pouvaient ignorer que Berquez tirait toutes les ficelles de mes finances et que ma ruine ne résultait pas de mes seules dépenses. Ils connaissaient les sommes en jeu, et savaient que je m'étais affolé lorsque les 2 millions de francs avaient été virés sur le compte de Jersey. Ils savaient pourtant qu'il y avait un problème entre Berquez et moi.

Je me souviendrai toujours des paroles de Tomatis me répondant qu'il était obligé de virer l'argent comme prévu, sinon Berquez allait les attaquer, les accords signés étant les accords ! Je rêvais ! Quel culot il avait eu de me dire cela au moment où il était invité à Blois par Berquez. Je ne savais pas encore qu'ils prévoyaient de monter d'autres affaires ensemble. J'étais désarmé, seul et dégoûté.

Aujourd'hui, je veux que les juges enquêtent sur mes déclarations. Si je me dénonce moi-même au fisc c'est pour qu'enfin la vérité éclate. Je souhaite simplement qu'en souvenir du coq et du maillot tricolore que j'ai porté, et de l'honneur bafoué d'un joueur, donc de tous les joueurs, les instances supérieures du football agissent. Elles savent porter plainte lorsqu'elles le pensent nécessaire : José Touré les appelle à son secours. Tant pis, si je ne récupère jamais mon bien, au moins que ma dignité soit restaurée, que ceux qui m'ont bafoué soient sanctionnés. Le sport ne survivra pas à la mise à mort de ses forces vives, de ses joueurs. Je dois être le dernier jeune naïf manipulé et ruiné. Je veux être la dernière catastrophe du foot. Il ne faut plus jamais que d'autres Touré plongent si bas, déchirés par des voleurs d'âme et de biens.

Mon malheur n'est plus un secret. Ainsi en août 1992, alors que j'allais méditer en prison, sur les risques d'associer les neuroleptiques à l'alcool, dans le journal *L'Équipe*, Erik Bielderman consacrait une page à mon naufrage. Il écrivait ces phrases sans équivoque : « Et puis il y a eu ce Claude X., un pote, un vrai. Un ami de papa (retourné depuis belle lurette au Mali) à qui l'on confie ses intérêts. C'est tellement plus facile de se déresponsabiliser. Dans les centres de formation on ne vous apprend que ça. À l'arrivée, la facture sera gigantesque. Huit millions de francs se sont envolés avec l'escroc qui, aujourd'hui, parade du côté de Blois. Rien que dans la salle de gym, ouverte par l'homme d'affaires de Touré, José a englouti trois millions. Et un jour, les 650 membres ont trouvé porte close, faillite paraît-il ? Le contentieux entre les deux hommes se réglera quand ? » Aujourd'hui, je suis prêt. Mais j'ai besoin de toutes les bonnes volontés, de toutes les amitiés. J'ai un immense besoin de ce mot si galvaudé, solidarité.

Je ne pourrais pas sans Sastre, sans Platini, sans Piat et sans tous mes amis sportifs et journalistes, lever le voile sur ces scandales que sont la corruption et le manque absolu de morale qui gangrènent notre sport.

Il y aura les juges, dont j'attends beaucoup, et il y aura vous, mes témoins, autres juges de ma vie, dont j'attends tout, pour que je sois le dernier footballeur détruit par le système. Pour que je ne regrette plus, comme aux pires heures de ma détresse, toute cette passion partagée dans la clameur des stades.

Au bout du tunnel

Pas de cri de victoire, juste une bouffée d'espoir... Il y a quelques semaines encore, je vous aurais dit : « Ça y est, je me sens fort, j'en suis sorti. J'ai gagné. » À présent je serai prudent. J'ai passé six mois sans plonger dans mes vieilles angoisses. Avec mes proches, et chaque jour avec Muriel, celle qui m'a compris, j'ai appris l'effort et la régularité dans la vie quotidienne. Mais je suis encore un convalescent. Parfois, les vieux démons resurgissent. La seule différence est que, maintenant, je les reconnais, et je peux me défendre, même si je ne gagne pas à tous les coups.

Désormais, il me faut accepter que ma vie ne soit pas faite d'exploits de champion mais de constants efforts.

Ce livre, je l'ai écrit pour que plus personne ne me juge en ignorant ce qui m'a fait basculer. J'ai été faible et fragile, certes mais j'ai surtout été le produit d'un système faible et fragile.

Il faut former différemment les jeunes joueurs. Il faut que les clubs respectent une charte morale. Il faut que des cabinets conseils, au-dessus de tout soupçon, s'occupent des individus qui réussissent leur carrière. Il est impossible à un jeune, qui joue au ballon depuis toujours, de savoir gérer sans aide extérieure les fruits de ses succès. Aujourd'hui Rocheteau assume ce rôle, mais il faut d'autres Rocheteau et moins d'imprésarios bidons. Il faut éliminer les hommes d'arnaques véreux.

La coupe du Monde, qui se jouera chez nous, doit se dérouler dans un pays où la fédération et les institutions auront prouvé qu'elles savent protéger les joueurs.

Ma dernière grande crise, je l'ai eue après le match France-Israël. Pas à cause du score, mais à cause du tableau que m'ont offert ces drôles de spectateurs privilégiés, dans les loges du parc. Assis derrière leur cage de Plexiglas, ils bouffaient des mets raffinés et buvaient du champagne, en regardant le spectacle. Ils commentaient et critiquaient ceux qui suaient et allaient finir par pleurer. J'ai eu l'impression d'être à Rome, au cirque antique. Sauf que les lions étaient là, dans les gradins. Ils humaient et jaugeaient le malheur qui se déroulait en bas, dans l'arène. Ce tableau m'a paru ignoble, à des années-lumière du sport dont j'ai toujours rêvé. Les yeux de ces fauves, luxueusement installés, ne brillaient pas d'admiration, ni de respect, ni d'amitié. Je n'aurais pas aimé, ce soir-là, mouiller mon maillot pour cette faune. Dans la nuit, je me suis enfui, pour échapper aux tapes hypocrites sur l'épaule, aux autographes signés sans passion, pour me perdre dans l'obscurité et le néant. J'avais mal, comprenez-vous pourquoi ? J'espère...

Ce livre est ma thérapie parce que je me suis régénéré en le forgeant au fil des jours. Il est également une histoire d'amitié. Mais une amitié partagée, aussi, avec tous ceux qui liront mes confessions, mon réquisitoire et mon chant d'espoir.

J'ai écrit ces lignes en sachant que j'ai été responsable des mes prolongations d'enfer, mais pas le seul.

Aujourd'hui, je regarde vers le large. J'ai une fille, Marine. Pour elle et, grâce à elle, je dois reprendre ma vie d'homme. Pour les rares qui ont continué à me témoigner affection et amour, je dois prouver que de nouvelles forces me portent.

En fait, le chemin de croix commence. Il sera long et dur, et si par erreur, je remets le genou à terre, je me relèverai.

J'ai pris un immense plaisir à témoigner. Avant, ma vie était un tunnel sombre, je courais comme un fou dans le noir et j'avais l'impression que des rochers allaient tomber et m'écraser. Depuis que j'ai réussi à me raconter, le tunnel s'est éclairé. J'ai même vu un rocher tomber vers moi et se transformer en poussière, au lieu de m'écraser. Était-ce un rêve? Je me suis agenouillé, pour caresser le sable du rocher désintégré. Dans mon élan de joie, j'ai jeté vers le ciel cette poignée de sable, et une myriade d'étoiles s'est formée dans l'azur. J'ai lu dans ce songe un message apaisant d'espoir. José Touré n'est pas mort, il guérit. Mais il a encore beaucoup de combats à mener pour sortir vainqueur de l'abîme. Avoir la vie devant soi, ce n'est pas facile pour moi.

Sur le chemin de la vérité, je me sens enfin revivre. C'est un combat terrible et passionnant que je mène, un combat de tous les jours, contre le défaitisme et contre la tristesse, pour réussir l'essentiel : ma résurrection.

ANNEXES

Poèmes de José Touré

POÈME N° 1

Quand j'ouvrirai enfin les yeux
je pourrai dormir la nuit
elle fera renaître le feu
effacera les mauvais plis
détruis donc ce peureux
au lieu de fuir la vie
dans le noir lumineux
sur les pistes de l'oubli
le bouffon du roi vicieux
c'est ton nom, de toi on rit.

Août 90

POÈME N° 2

Si tu ne sais pas dire non
pour mieux te faire aimer
tu passeras pour un con
les gens vont pas se gêner

esclaves ou bouffons
ils te riront au nez
bouffis comme des ballons
cupides et sans pitié

naïf et trop gentil
tu te laisses embarquer
dans le tourbillon de la vie
ou le ver gourmand et affamé
se glisse dans ton fruit
pour ronger tes idées
et vider ton esprit

te laisse pas embarquer
au péril de ta vie
alors laisse tomber
oublie tous ces pourris
parce que t'as trop dit oui
arrête de rêver
aux cauchemars de papier.

Août 92, Tours

POÈME N° 3

Il faut laisser le temps au temps
et ne pas l'utiliser à vouloir le rattraper
mais lui permettre de s'organiser
il faut laisser le temps au temps
c'est le seul pouvoir qu'il puisse te procurer
sans jamais se lasser
il faut laisser le temps au temps
il nous donne le plaisir d'exister
et l'envie de créer
il faut laisser le temps au temps
de dire la vérité
et ne point la déformer
il faut laisser le temps au temps
il condamne celui qui veut en profiter
au vice le soin d'en abuser à vouloir le brûler
il faut laisser le temps au temps

29/09/92

POÈME N° 4

Pleure l'ami pleure
lâche donc des prières
et ouvre-moi ton cœur
d'où jaillit la lumière
la lumière du bonheur
aie l'image d'un fier
qui ne craint pas la peur
car tu dois insister
et vaincre ta rancœur

Dans la tourmente de la vie
comme un tourbillon de soucis
à l'intérieur tu cries
tu as peur dans la nuit
alors tu bois tu plies
dans l'ombre de ton ennemi
qui pas à pas te suit
qui rit et t'affaiblit.

Août 92

POÈME N° 5

Heureusement la vie
qui m'a donné la force
sans devenir féroce
je conserve l'envie
sans compter les échecs
produit de mon passé
comme le chat échaudé
par tous ces coups de becs

l'envie et le plaisir
d'enrichir ma quête
la vie d'en faire une fête
que les méchants déchirent
et si je crie l'amour
c'est tellement bon à prendre
loin s'en faut s'y méprendre
je n'y vais pas j'y cours.

Septembre 92

POÈME N° 6

Conscience

Chaque fois que ton chemin
s'échappera sous la pointe
de tes petits pas dansant
pense à moi et jamais le danger
ne pourra te brusquer
méfie-toi des faux gentils
qui voudront rentrer dans la ronde de ta vie
car parfum de cœur n'a pas d'odeur.

Août 90

TABLE DES MATIÈRES

Prologue 9

PREMIÈRE PARTIE : *L'âge de l'innocence* 19
1. Enfant de la balle 21
2. Rêves de foot 49
3. Mon foot passion 61

DEUXIÈME PARTIE : *L'âge d'or* 79
1. Formation nantaise 81
2. Premiers matchs, premiers succès 91
3. Les coulisses de la gloire 113
4. La rançon de la gloire 129
5. Sept mois de solitude 145
6. Grandes manœuvres bordelaises 155

TROISIÈME PARTIE : *L'âge de déraison* 175
1. Ma défaite : le victoire du foot-business 177
2. Monaco 191
3. Voyage en enfer 209

QUATRIÈME PARTIE : *L'âge de raison* 239
1. Ma lutte pour la résurrection 241
2. Qui êtes-vous monsieur Claude Berquez 249
3. Les prolongations 269

Annexes 303

Cet ouvrage a été réalisé par la
SOCIÉTÉ NOUVELLE FIRMIN-DIDOT
Mesnil-sur-l'Estrée
pour le compte des Éditions Lattès
en novembre 1994

Imprimé en France
Dépôt légal : novembre 1994
N° d'édition : 94232 - N° d'impression : 28958